# GLOBAL TAX REVOLUTION

## The Rise of Tax Competition and the Battle to Defend It

# 全球税收革命

## 税收竞争的兴起及其反对者

[美] 克里斯·爱德华兹　丹尼尔·米切尔 著
黄凯平　李得源 译

中国发展出版社
CHINA DEVELOPMENT PRESS

**图书在版编目（CIP）数据**

全球税收革命：税收竞争的兴起及其反对者／［美］爱德华兹，［美］米切尔著；黄凯平，李得源译．—北京：中国发展出版社，2015.1

ISBN 978-7-5177-0262-7

Ⅰ．①全…　Ⅱ．①爱…　②米…　③黄…　④李…　Ⅲ．①税收改革—研究—世界

Ⅳ．①F810.422

中国版本图书馆 CIP 数据核字（2014）第 236587 号

**书　　　名：** 全球税收革命：税收竞争的兴起及其反对者
**著作责任者：**［美］克里斯·爱德华兹　丹尼尔·米切尔
**出 版 发 行：** 中国发展出版社
（北京市西城区百万庄大街 16 号 8 层　100037）
**标 准 书 号：** ISBN 978-7-5177-0262-7
**经　销　者：** 各地新华书店
**印　刷　者：** 北京明恒达印务有限公司
**开　　　本：** 700mm×1000mm　1/16
**印　　　张：** 18
**字　　　数：** 370 千字
**版　　　次：** 2015 年 1 月第 1 版
**印　　　次：** 2015 年 1 月第 1 次印刷
**定　　　价：** 38.00 元

**联 系 电 话：**（010）68990630　68990692
**购 书 热 线：**（010）68990682　68990686
**网 络 订 购：** http：//zgfzcbs. tmall. com//
**网 购 电 话：**（010）88333349　68990639
**本 社 网 址：** http：//www. develpress. com. cn
**电 子 邮 件：** bianjibu16@ vip. sohu. com

---

# 出版说明

本书获得了克瑞伯基金会（Krieble Foundation）与霍尔曼基金会（Holman Foundation）的支持。

原书由加图研究所出版，在美国华盛顿首发。本书中文版翻译、出版获加图研究所授权，

# 译者序

《全球税收革命》讲述的是关于全球税收竞争的故事，这也是一本为全球税收竞争辩护的书。

从上世纪70年代开始，资本的跨国流动开始变得自由，各国政府对资本的管制也在一步步放松，为了吸引人才与资本，各国都纷纷在降低税率、改良税制，随之而来的是日益激烈的全球税收竞争。

全球化与自由贸易已经深刻地改变了这个世界，现在资本可以在全球范围内寻求栖身之地，人才也可以在全球范围内寻求安身之所。这样一来，即使是税收政策这样的内政，在今天也不可能只单纯考虑国内情况就可以，而是必须放眼全球，并紧盯邻国，稍有不慎，国内税基就会流失，大量资本和人才可能就会被税率更低的邻国抢走了。

1981年，法国密特朗政府开始征收“富人税”，当时包括影星阿兰·德龙（Alain Delon）在内的法国富人开始选择瑞士和比利时作为自己的居住地。法国国宝级演员“大鼻子情圣”杰拉尔·德帕迪约（Gérard Xavier Marcel Depardieu）2013年年初移民俄罗斯，原因是法国总统奥朗德打算向年收入130万欧元以上的个人征收高达75%的所得税，而俄罗斯的个人所得税采用的却是税率仅为13%的单一税率的个人所得税。德帕迪约的到来受到俄罗斯政府英雄般的欢迎，俄总理梅德韦杰夫保证“俄罗斯不会针对富人提高税收”，俄罗斯副总理德米特里·罗戈津则在微博上借机打广告说，“外国人还不太了解我们的税务系统。一旦他们了解更多，应该会有大批欧洲富人移民俄罗斯”。英国首相卡梅伦也曾表示十分欢迎法国富豪们前往英国避税，这还一度引发两国口水战。

香港与新加坡的税收竞争也是一个典型的例子。2007年，新加坡将其公司税降至18%，变得与香港一样，但香港反应非常迅速，马上将其公司税降至16.5%。《国际税务快讯》(Tax Notes International)称这次减税“是香港为了保持亚洲金融中心的地位而采取的措施，以应对来自新加坡与上海的竞争”。香港在2005年废除了遗产税，以保证香港作为企业与投资天堂的优势地位。在过去20年间，这一区域包括印度、马来西亚、新西兰以及澳大利亚在内的许多国家都废除了遗产税，香港要保持竞争力自然也不能掉队。香港的行动促使新加坡在2008年也废除了遗产税，新加坡希望它能“成为一个对新加坡人与外国人有吸引力的地方，使他们能在新加坡投资与积累财富。”

而像瑞士、开曼群岛等国家和地区因为低税率以及良好的隐私保护政策吸引了大量国际资本，在世界金融市场中脱颖而出。这让欧洲的高税负国家非常恼火，指责他们通过不正当的税收政策腐蚀了别国的财政。欧盟给他们戴上避税天堂的帽子，然后要求他们改变这些“有害的”税制。

差不多每个完整的故事都有对立的两派，全球税收竞争的故事也不例外。自上世纪美国里根政府与英国撒切尔夫人引领全球减税风潮开始，全球各国的所得税一直都在大幅下降，而且这种下降的趋势还在加剧，税收竞争的支持者们自然乐见其成；而面对日益激烈的税收竞争，经合组织(OECD)提出了有害税收竞争论，认为各国应该为防止税收竞争而采取措施协调各国的税收，以防止恶性竞争。欧盟也随之提出了一揽子建议来阻止其成员国的税收竞争。

税收竞争的支持者与反对者在各个场合展开了激烈的交锋，无论是在学术场合还是在议会辩论，双方都打得不可开交，互有胜负。经合组织与欧盟围堵税收竞争的行动最近又有了新进展，在2014年5月6日召开的欧洲财长会议上，包括瑞士在内的34个经合组织成员国与巴西、中国、新加坡等一共47个国家签署了《税务事项自动交换宣言》，承诺允许政府收集并与其他签署国每年自动交换纳税人的银行账户信息，这正是一项试图消灭避税天堂的行动，经合组织为此已经努力了近20年。

然而经合组织与欧盟围堵税收竞争的战役多数时候总以失败告终，原因固然有很多，但最重要的一个原因是各国不愿意也无法摆脱税收竞争，因为低税率给国民带了更多自由，为本国创造了经济繁荣。降低税收可以创造更多就业机会，随着税基的扩大，政府也可以获取更多的税收收入。

本书作者来自美国著名的加图研究所，这一个秉承自由理念的右派智库。作者站在维护自由市场与个人权利的立场上，为全球税收竞争进行了辩护；同时，作为一个美国人，作者对美国日趋下降的领导力很不满意，对美国繁杂而落伍的税制提出了批评，作者希望美国能进行一场全面的税制改革，简化税制、降低税率，以再次领导全球税制革命，捍卫全球自由市场。

美国制度的诸多优点与过人之处一直为中国人所津津乐道，但如果单纯就税制而言，美国可取之处却不多。由于美国不合理的税制，近 20 年来，很多跨国公司的总部纷纷迁出美国以便更好地施展拳脚；不仅跨国公司出走，富人也开始放弃美国国籍。2012 年 5 月，Facebook 联合创始人之一爱德华多·萨维林（Eduardo Saverin）宣布放弃美国国籍，他选择成为一名新加坡公民，这是一位在 16 岁时正式移民美国的巴西裔亿万富翁。2014 年 1 到 3 月，已有 1001 人宣布放弃美国公民和绿卡，如果此趋势持续下去，预期今年全年放弃公民和绿卡的人将超过 2013 年的 2999 人。他们放弃美国国籍的部分原因在于，美国是世界上为数不多的几个对公民的海外收入征税的国家之一，而奥巴马政府加强了对美国公民的海外收入的监管。

繁重的税负会把一个国家的资本与人才赶出国门。在任何一个国家，资本与人才都是生产的发动机，没有这些，经济增长就会陷入停滞，技术也很难创新，政府收入的降低自然不用说，还会导致失业率升高，大量穷人找不到工作，最终会降低整个国家的平均收入水平，损失的还是全体国民的福利，这正是中国需要避免的。

《全球税收革命》这本书提供的案例与全球视野，将给很多思考国内问题的中国人带来启发，我们相信这是一本有价值的书。全书共 10 章，我翻译了其中 1 至 8 章，李得源先生翻译了其中第 9 章与第 10 章。翻译完成之后，我对全书进行了统稿与校对，如有错漏之处，责任在我。恳请各位读者指正。

黄凯平<br>2014 年 10 月

# 目录

# 第一章 导　言

- 经济全球化与减税
- 活跃的税收竞争
- 劳动力与资本
- 税收竞争的反对者
- 美国面临的挑战

全世界的“大政府”现在都笼罩着一种焦虑，这种焦虑来自对日益激烈的全球税收竞争的担忧。全球化使个人与企业正在获得越来越多的自由去那些税负低的国家工作或投资，而这种自由正在侵蚀着政府的垄断权，迫使政府去改革税收制度并限制自己对财政的胃口。

为了应对全球化的冲击，很多国家的政府已经开始实施一系列减税政策，以改善本国的竞争力，效果很好。近几十年，个人所得税开始锐减，20 几个国家开始用简单的单一税代替复杂的各类所得税。与此同时，几乎所有国家都在削减公司税的税率，大家都认识到了商业投资的利润已变得具有高度流动性。

> 一场没有硝烟的战争已经展开，企图使税收收入最大化的决策者与相信竞争会带来优良税制的人开始短兵相接了。

这是个好消息。但同时也有坏消息，一些政府与国际组织正在想方设法试图严格控制国际间的税收竞争。一场没有硝烟的战争已经展开，企图使税收收入最大化的决策者与相信竞争会带来优良税制的人开始短兵相接了。如果企图扼杀税收竞争的计划得逞，那么经济增长肯定会衰退，政府则会变得越来越大，而经济自由度会大幅下降。

自 20 世纪 70 年代以来，资本在国际间的流动开始解禁，同时触发了税收竞争。本书记录的就是这一历史过程。本书概括了发生于全世界的激动人心的税制改革，解释了这些改革如何给普通家庭与普通劳动者带来利益，同样考察了反对税收竞争的各种理论与措施，并逐一分析了这些主张为什么是错误的。

本书最后一章讨论了美国税制改革面临的选择。美国的税制改革已经在很多方面落后了，而且美国的投资气氛也比其他大国要差。随着税收竞争的日益激烈，美国必须彻底检讨联邦税法，唯有这样，美国才能保证其繁荣并在世界经济中处于领导地位。

## 经济全球化与减税

全球化正在将分离的各国经济体转为一个单一的世界经济体，这一过程通过贸易与投资的增长、移民与技术转移实现。相比 1990 年，国际投资规模已经有了十倍的极大增长，因为跨国公司与投资者在国外市场上找到了新的机会。[1]

正如《纽约时报》的专栏作家弗里德曼（Thomas Friedman）在他 2005 年出版的一本畅销书中所说，世界经济正在“扁平化”。[2] 他的意思是说企业可以建在任何地方，它能把自己的产品送到全球任何一个地方的消费者手里；投资者可以通过键盘在全球寻找机会；而企业家可以在全球数以百计的热情的投资区融资、修建厂房和雇佣工人。

弗里德曼着眼于技术、熟练工人和教育，娴熟地分析了“扁平化”这一全球趋势，但他在书中基本上忽视了资本的全球化，也忽视了美国创造的接纳投资的气氛的重要性。他只聚焦于劳工，而基本无视资本。

> 税收竞争的兴起正是世界经济扁平化带来的直接结果。

弗里德曼同样也忽视了税收竞争日益增长的重要性，而税收竞争的兴起正是世界经济扁平化带来的直接结果。正是个人和企业都可以自由地利用国外的各种优势，经济决策对税制的敏感度也在增加。本书第二章探讨了劳动力、资本与利润的流动性为什么在今天比过去几十年要大很多的原因。这种流动性正成为不断推动各国减税的压力。

经济流动性增强了，税率降低了，这是我们在第三章要讨论的事实。在英国领导人于 1980 年代率先降低公司税税率后，其他主要的经济体也降低了他们的公司税税率。自从 1990 年代中期以来，经合组织（OECD）30 个成员国公司税的平均税率已从 38% 下降到了 2008 年的 27% 。[3] 同一时期，欧盟公司税的平均税率也从 38% 降到了 24% 。

自 2000 年以来，减少公司税的国家包括奥地利（从 34% 降至 25%）、加拿大（从45%降至34%）、德国（从52%降至30%）、希腊（从40%降至25%）、冰岛（从30%降至18%）、意大利（从41%降至31%）、荷兰（从35%降至26%）与葡萄牙（从35%降至25%）。[4]减少公司税的国家名单也不只限于经合组织内，这十年里，也有其他很多国家对公司税进行了大幅的削减，包括阿尔巴尼亚（从20%降至10%）、埃及（从40%降至20%）、毛里求斯（从25%降至15%）、罗马尼亚（从25%降至16%）和俄罗斯（从35%降至24%）。

个人所得税的税率也大大降低了。自1980年以来，经合组织成员国的个人所得税最高税率已经大幅下跌，平均降低了26个百分点。[5]这也是全球的趋势，非洲、亚洲、欧洲、拉美和北美的个人所得税的平均最高税率也差不多下降了同样的幅度。此外，有25个国家的个人所得税开始放弃了累进制税率，而采用单一税率，这些“单一税俱乐部”的个人所得税的平均税率仅为17%。

大部分国家也同样减少了对红利和资本增值的征税，许多国家已降低或取消了不动产税和遗产税，曾经在欧洲国家非常普遍的每年一征的财产税现在在很多国家也被废除了，而且全世界各国对跨境投资征收的税也大大减少了。所有税种的税基都是流动的，税收政策的制定者们都很清楚这个道理：征收重税将会导致国内投资衰退，税基很快就会流失。

国际间的税收图景已变得非常动态了。在1986年改革之后，美国成了全世界公司税最低的国家之一，但从那以后，美国的决策者们似乎在减税这个问题上开始睡大觉了，而其他国家则一直在持续不断地减税。现在美国公司税的税率之高已经在全世界排名第二了，在今天的全球化经济中，如果一个国家仍然这样坚持下去，它的落后将是必然的。

税收政策的制定者们都很清楚这个道理：征收重税将会导致国内投资衰退，税基很快就会流失。

包括对红利与股息的征税，经合组织成员国的平均税率（包括个人层面和公司层面）从2000年的50%下降到了2007年的43%，[6]这意味着美国49%的税率已经高于这个持续减税后的平均数了，更为糟糕的是美国计划于2011年对红利和股息征税的税率上调至64%，真令人震惊，美国将轻而易举地摘取税率世界冠军的桂冠。

## 活跃的税收竞争

概括地说，税收竞争就是一些国家减税所产生的对另外一些国家的影响。这些影响通过多种渠道发挥作用：决策者们会担心如果他们不回应国外的税收改革，税基将会流失；而商人与企业家等团体会不断游说他们要求减税以保持竞争力；学者们会论证国外税收改革的好处；公众听到国外减税的消息也会要求国内进行类似的改革。

税收竞争首先被少数几个带头的国家所驱动，这些国家进行减税改革之后，会激发其他国家进行同样的改革。在 20 世纪 80 年代，英国和美国领导了对个人所得税与公司税大幅减税的税收革命，到 90 年代，爱尔兰实行最低税率的营业税造就了投资的繁荣，这极大地影响了欧洲。而近来，爱沙尼亚与斯洛文尼亚推动着其他国家进行改革。

> 税收竞争就是一些国家减税所产生的对另外一些国家的影响。

现在让我们对目前全球活跃的税收竞争进行一个简要的概述。首先，我们从新加坡与香港的竞争开始。2007 年，新加坡将其公司税降至 18%，变得与香港一样，但香港反应非常迅速，马上将其公司税降至 16.5%。《国际税务快讯》（Tax Notes International）称这次减税“是香港为了保持亚洲金融中心的地位而采取的措施，以应对来自新加坡与上海的竞争”。[7]

香港在 2005 年废除了遗产税，以保证香港作为企业与投资天堂的优势地位。香港政府解释说：“包括印度、马来西亚、新西兰以及澳大利亚在内的这一区域的许多国家在过去 20 年里都废除了遗产税，香港不能掉队。”[8] 香港的行动促使新加坡在 2008 年也废除了遗产税，新加坡希望它能“成为一个对新加坡人与外国人有吸引力的地方，使他们能在新加坡投资与积累财富。”[9]

再看欧洲，英国曾经是税收改革的领导者，但现在像爱尔兰等一些国家已经超过了它，目前的在野党保守党强烈要求减税，并一直在推动降低公司税。他们的新闻发言人约翰·雷德伍德说：“爱尔兰的经验告诉我们，如果你降低资本税与营业税，你就可以创造更多的就业机会并产生更多的税收收入。”[10]执政的工党于1990年代执行减少公司税的政策，并于今年①继续将公司税减至28%。但最新的报告显示，英国最大的商业组织坚持认为公司税必须降至18%才能保持英国的竞争力。[11]

在金融服务行业，英国正感受到来自爱尔兰、荷兰、瑞士等一些国家的税收竞争的压力。2007年，英国政府提出要对私募股权公司（Private Equity Firm）加税，但结果却导致瑞士“出台一个雄心勃勃的计划以吸引原属于伦敦税源的金融服务公司。”[12]今年英国政府对居住在英国的外国富人加税，但却给其金融业带来了巨大的困扰，因为英国的金融业雇佣了大量国外的专家。[13]于是英国对冲基金的高管们和金融界的其他高层人士纷纷收拾行囊移往瑞士。[14]

德国是中西欧一个低税负的国家，但这个地区正给德国带来巨大的挑战，捷克、匈牙利、波兰、斯洛文尼亚和德国的其他邻国的公司税要比它低得多。为了应对这一挑战，德国今年把公司税从38%降至30%。《华尔街日报》称这次减税是“两年前欧盟的8个西欧国家实行差不多为零的公司税所导致的。”[15]德国的财政部长称这次减税将确保国家具有“国际性的竞争力”。[16]

具有讽刺意味的是，这位德国财政部长在减税之前曾抱怨奥地利将公司税减至25%是搞“财政倾销”，批评其“试图把企业引入奥地利的野心”。[17]但欧洲的税收竞争其实就是这样产生的：某些国家对其他国家的减税深怀不满，认为这损害公平，接下来这些国家自己也只有实行减税政策以保持其竞争力了。

奥地利与爱尔兰的低税率使荷兰的决策者们耿耿于怀，荷兰也将公司税从35%降至了26%。[18]荷兰的财政部长在谈起这次减税的理由时说：

荷兰作为一个商业地区，减税对增强其吸引力是非常重要的。为了在不久的将来争取到国外投资，降低公司税是必要的。而且国内的企业也需要一个低税

① 指2008年，译者注。

负的环境，只有这样它们才能与那些低税负国家的企业进行竞争……降低公司税还将创造更多的就业机会。根据荷兰经济政策分析局（Bureau for Economic Analysis）的分析，从长期来看，减少公司税比减少其他税能带来更多的增长。[19]

西欧国家正在被中欧和东欧的前共产主义国家拖入到一场税制改革的浪潮中来，因为中欧和东欧的国家似乎有胜出的趋势。这一地区是单一税（Flat Tax）革命的中心（本书第四章将讨论单一税的问题），这场革命首先发生在爱沙尼亚，它于1994年开始实施单一税，此后爱沙尼亚国内千疮百孔的经济一跃成为了波罗的海地区的巴尔虎。现在，共有25个地区加入了“单一税俱乐部”，它们都享受着实实在在的经济繁荣。[20]

斯洛文尼亚从2004年开始对个人与公司全部实施19%的单一税率，该国的财政部长说单一税“没有太多地妨碍生产，它对投资与创造就业机会来说有非常重要的刺激作用。很明显这是追上大部分发达国家生活水平的最好途径”。[21]自从实施单一税之后，斯洛文尼亚每年的经济增长都超过了7%。[22]

单一税国家都是最具雄心的税收改革者。马其顿的财政部长最近炫耀说，“一年来，我们已经把所有的精力都用于改进国内的经济局势……我们已经有了欧洲最富有吸引力的税收政策，只对个人所得与公司所得征收10%的单一税，并对再投资的利润实行零税率。”[23]在保加利亚，其经济部长指出，国家新的10%的单一税“将毫无疑问地吸引到国外资本，并为本国创造就业机会，带来更高的收入水平。”[24]

另一位改革者是韩国的现任总统李明博，李明博政府的政策是亲市场的，今年①韩国的公司税已从25%降至22%，并计划将来降到更低。李明博称“为了拯救我们的经济，现在是彻底检讨我们的税收政策的时候了。”[25]韩国一些批评者担心减税会导致政府收入减少，对此，李明博政府申辩说，“随着时间一久，投资将会大幅增长，而政府税收收入也会增加。”[26]

在一些国家，左翼与右翼的政党都支持减税。在加拿大，前左翼政府降低

---

① 指2008年，译者注。

了公司税的税率，并称“加拿大需要一个具有国际竞争力的营业税制，这之所以重要是因为营业税的税率对商业投资水平、就业、生产力、工资和收入有举足轻重的影响。”[27]今年加拿大保守党政府也继承了这一政策并走得更远，将公司税降得更低。

2007 年，瑞典废除了财产税，他们的财产税曾长期导致国内的百万富翁们带着他们的财产出走他国。

甚至社会主义的瑞典也开始回应全球的税收竞争。2007 年，瑞典废除了财产税，他们的财产税曾长期导致国内的百万富翁们带着他们的财产出走他国。瑞典的财政部长说，“所有的瑞典人都是大赢家，因为我们需要一个适合就业与企业成长的社会条件，以应对国际竞争”。[28]

税收竞争甚至正在影响非洲国家的政策。2005 年，埃及将个人与公司的最高税率从 40% 下降到了 20%，以减少漏税逃税并增加国外投资。[29]2007 年，毛里求斯开始对个人与公司统一实施 15% 的单一税制。纳米比亚中央银行的主管在最近一次演讲中呼吁减税，他说：“高税负给投资带来负面影响，并因而影响经济增长……我们的税收政策必须逐步与周边地区接轨，以增强吸引国外投资的竞争力。”[30]

## 劳动力与资本

本书有很多篇幅都在讨论流动资本，这是推动税收竞争很关键的力量，但熟练的技术工人、富人和私人存款也同样是税收竞争的内容。本书第五章将讨论知识与财富如何在税收的驱动下流动。工程师、科学家与其他熟练的技术工人移居他国，这种现象一般被称为人才流失。本书还探讨了各国如何争夺国外移民并通过税收优惠吸引熟练工人，我们认为美国现在在这些方面都落伍了。

富人在选择定居地与投资地时也有很大的灵活性。我们会看到，一些发现了低税负好处的著名企业家与运动员是如何选择居住地的。英国的歌星、德国的赛车手、意大利的男高音演唱家……都在利用全球化带来的好处逃避繁重的税负。

更重要的是企业家们变得越来越自由，他们渐渐从法国和瑞典这样高税负的国家出走。宜家家居（IKEA）的创始人英格瓦·坎普拉德（Ingvar Kamprad）是全世界排名第七的富人，他是瑞典人，却居住在瑞士的洛桑市。[31]像其他许多富有的企业家一样，坎普拉德是非常勤俭的，他当然要在纳税上省钱。税收政策制定者要考虑的一个重要问题就是，今天的富人基本都不是一个简单而被动的财产继承人，而是典型的创业者，都富有企业家精神。[32]这意味着，这些富人是经济增长的重要发动机，为他们创造一个低税负的环境是非常有意义的。

税收政策制定者要考虑的一个重要问题就是，今天的富人基本都不是一个简单而被动的财产继承人，而是典型的创业者，都富有企业家精神。

本书第六章的主题将从流动的劳动力转移到流动的资本，集中讨论美国的跨国公司。阅读这一章将是富有挑战性的，但因为大的跨国公司是经济增长的核心力量，理解这些跨国公司所要面对的复杂税收规则是很重要的。美国绝大部分贸易出口都是跨国公司做出的贡献，美国大部分民间科研也是由跨国公司资助的，美国的发展离不开跨国公司。

公司税的问题不仅仅与调整利益与股东有关，也关系到美国人的平均生活水平。在一个全球化的经济体中，企业所得税的负担将主要由薪水低的劳工来负担。如果因为美国的高税负而使得企业都不来美国投资建厂，美国的生产力必然会下降，这也必然会导致美国人的工资水平下降。因此，在讨论工人、就业与经济增长时，公司税应该是最重要与最优先的话题。

## 税收竞争的反对者

全球税收革命是一个通过减税来刺激生产与投资的革命。对供应方面进行减税降低了生产活动的成本，包括工作、投资和创业的成本。如果生产成本下降，产出就会增加，收入就会提高。税收革命并没有导致所有税收的税率普遍下降，但却产生了一种压力，这种压力能使那些对经济损害很大的税收大幅度降低。税收竞争越激烈，经济将越富有生产力，人们生活水平也会越高。

遗憾的是很多政客与饱学之士都没有看到这一点。在考察了种种反对税收竞争的声音之后，我们大致可以把它们分为两个主要的理由：第一个理由是说税收竞争会导致私人企业的扭曲，这一观点声称，不管通过什么方式，只要投资流动是被税收所驱动，那么这对世界经济来说是无效率的，例如爱尔兰就因为税收过低而导致投资“过热”。

第二个理由是税收竞争会扭曲公共部门。因资本与劳动力流入低税负国家而带来的政府税入减少被认为是无效率的“财政外部性”（Fiscal Externality），政府税收收入会因此被降到最佳税负水平以下并由此带来恶性竞争。

本书第七章讨论了这些理由的理论缺陷。首先，他们是以“政府的公共利益理论”为前提的，认定政府官员总是在努力为公民的普遍福利而奋斗。如果认为在没有税收竞争的情况下，政府决策者们垄断了财政权也会将税负设定在一个有利于人民的最佳水平上，这是非常幼稚的想法。

在现实情况中，批评者们所担心的税收收入的恶性竞争也从没有发生过。我们倒是希望它发生，但税收竞争并没有使臃肿的政府挨过饿。然而，在大多数发达的经济体中，税收收入所占国内生产总值的份额在近几年已经取得了平衡，在某些地方还出现了下降。我们依然认为，如果没有税收竞争的兴起，政府将会变得更大。

展望未来，税收竞争将建起一道有效阻止政府膨胀的藩篱。

展望未来，税收竞争将建起一道有效阻止政府膨胀的藩篱。在接下来的几十年里，美国政府在老年人的退休金与健康上的开支将越来越大，这将迫使政府在其他地方增加税收。如果决策者们能够进行改革将这个庞大的项目整体废弃，这当然是一件很好的事情。但如果他们不这么做，激烈的税收竞争将是一种限制政府开支膨胀的很关键的力量，这也将是21世纪维持有限政府的一个工具。

大政府的支持者们都知道税收竞争将来必定会损害庞大的国家福利，这是他们为什么要费尽心思竭力阻止税收竞争的原因。本书第八章讨论了这些问题，他们的策略就是让各国达成一个保持相同税率的协议以平衡税基，并共同分享各国纳税人的信息。这些反对者们想建立一个全球性税收卡特尔垄断联盟，就像臭名昭著的垄断联盟石油输出国组织（OPEC）一样。正如 OPEC 维持高油价一样，这样的组织限制税收竞争必然会维持高价格的政府服务，只不过这种价格是以税收的形式出现。

种种努力都在进行之中，他们通过欧盟、联合国和经合组织来限制税收竞争，减少各国减税的压力，他们还提议组建一个永久的世界税收组织以帮助限制税收竞争。一些专家甚至还提议征收国际税，以迫使各国的纳税人带上一个相同型号的紧箍咒。

讽刺的是，这些试图消灭税收竞争的努力与各国尊重贸易的努力形成鲜明的对比。政府签订协议降低关税，并尽力消除各种贸易壁垒以提升全球化的程度，使个人获取更多利益，事实上，这是 WTO 的主要使命。贸易壁垒与税收类似，扩大贸易自由的努力与减税的努力是类似的。

然而，像经合组织这样的机构却在尽力阻碍全球化，他们限止税收竞争并对实行低税率的地区采取行动。税收竞争的反对者们看到的不是税收竞争给个人带来的实实在在的好处，他们更多的是关注政府的损失，而这所谓损失其实是想象的，事实上并不存在。我们认为税收竞争与贸易自由一样值得尊重，毕竟它们的目标是相同的：扩大经济自由、减轻政府负担、提高居民的平均生活水平。

税收竞争的反对者们的一个重大错误在于将税收竞争视为一个非输即赢的零和游戏。正如贸易自由一样，税收竞争其实并不是这样的零和游戏。税收竞争促使各国降低那些效率很低的税种的税率，这样可以使国际贸易这块蛋糕做得更大。所有国家如果都采取减税的税收改革而刺激生产和投资的话，很快就能收获巨大的经济增长。各国不是竞争去分一块固定大小的蛋糕，而是尽量减少政府的负担并使居民变得富裕。

本书第九章将讨论限制税收竞争的努力将如何牵涉到个人隐私与人权。税收竞争反对者们的一个重要目标，就是要求各国政府共同分享各国公民的个人财务信息，这种“信息交换”政策对于那些捍卫数字时代的个人隐私的人来说无疑是非常糟糕的，就像最近英国国内的一起丑闻一样，政府在保护个人隐私与个人数据方面的记录是难以让人信任的。英国一个级别很低的税务官员就将包括有 2500 万英国人详细纳税记录、财务信息与存款记录的两张电脑硬盘丢失了。[33]这两张硬盘被交给快递员然后就不见了，到现在也没有找到。

如果碰到的是不太那么如意的政府，那问题还严重得多。居住在印尼的中国华侨利用税收天堂保护自己免受种族迫害，拉美的商人将他们的钱投在税收天堂以保护他们的家人免遭绑架与勒索。如果政府拥有一个全球化的税务警察系统负责收集与交换个人的财务信息，许多人的处境将变得非常危险。

很不幸，那些税负低且隐私保护很到位的地区正迫于经合组织等集团的压力而改变政策，他们的这些要求冷酷无情地辗碎了自由国家自己设定的经济进程，并误导高税负国家强化他们低效的税收体制。

## 美国面临的挑战

> “太多的美国政客似乎对世界的‘扁平化’一无所知。”

美国曾经主导全球的经济，它今天也依然是世界最大的经济体，但按人均水平计算，它已不再是最富有的国家，其增长也远说不上是最快的。在1970年，全世界排名前100位的顶级大公司美国占了64个，但今天它却只剩下38个了。[34]在1980年，美国的高科技技术的出口份额占到了全球的30%，而今天却下降到了16%。[35]

弗里德曼在他的书中说，“因为美国曾经主导世界经济长达一个多世纪之久就认为它必然会总是保持这种地位的想法是一种危险的幻觉。”[36]他甚至指出，“太多的美国政客似乎对世界的‘扁平化’一无所知。”[37]弗里德曼的这本书可以填补很多人的知识空白，至少在税收政策方面。

近年来美国的地位已相对削弱了，这不仅影响到了其他国家的快速增长，也影响到了国内停滞不前的改革。美国的经济政策已经僵化了，而其他国家却正在兴起。美国最后一次大的联邦税改革还是在1986年，这次改革曾经给现代经济带来了突飞猛进的增长，而最近的一次减税发生在2001年与2003年，并计划在2010年终止这些减税计划①。美国虽然仍然具有重要的经济优势，但

① 译者注：2010年12月，美国奥巴马政府与共和党达成妥协，该减税计划被延长两年。

与此同时其劣势也在与日俱增。

目前，美国的优势有：

与许多国家相比，美国的税收在其经济体中所占的比例比较低。联邦税、州税与地方税加起来占整个美国 GDP 的 27%，而经合组织（OECD）中 30 个成员国的平均比例为 36%。[38]

个人所得税的税率虽然很高，与经合组织（OECD）成员国的平均水平相当，但美国人的收入也比大多数国家高，这可以抵消高税率的影响，使受影响的人减少。

没有增值税。其他每一个大国都有增值税，增值税是个人所得税与企业所得税之外的又一个实实在在的税收负担。

另一方面，美国也有劣势：

企业所得税的税率高达 40%（35% 的联邦税加上各州的平均税率），在全球排名第二。相反，亚洲各国的企业所得税的平均税率为 29%，拉美为 27%，欧洲为 24%。

复杂且缺少竞争力的营业税制。根据世界银行对各国在商业领域的税负与纳税成本从低到高的排名，美国排第 76 位。[39]

纯益税的税率在经合组织成员国中的排名第八。

遗产税的税率在经合组织成员国中的排名第三。

对公司资本增值征税的税率是全球最高的。

当本轮减税在 2010 年结束后，在个人所得、资本增值、股息、红利与遗产方面的税收将会增加。

由各州征收的企业所得税在近几十年一直没有削减。

总的来说，美国的税负比其他许多国家要轻很多，但其他国家对消费税的依赖更严重，相比依赖所得税而言，它产生的对经济的损害要小。消费税在美国政府税收收入中占17%，而欧洲占32%。[40]但美国对存款与投资征收的税比其他很多经济实体要重。

对于经济学家来说，这些问题是众所周知的，而商业领袖们则一直对美国税收政策的无竞争力大加抱怨。英特尔公司董事会主席克雷格·贝瑞特（Craig Barrett）在国会作证时说：

很多国家都在吸引英特尔公司去他们那里投资建厂，他们相互竞争得非常激烈……越来越多的国家把注意力集中在吸引高科技产业与最新型最尖端的工厂，如英特尔。过去，他们都缺少必要的基础设施与训练有素的劳动力，但现在他们都有了，而且许多国家还提供了一揽子非常诱人的税收政策。[41]

英特尔认为美国的税负比其他国家要重，这会影响它在兴建新的半导体工厂时的厂址选择。[42]英特尔近日宣布将投资25亿美元在中国建一个芯片生产基地，其公司领导说中国无论是商业优势还是税收优势都要好于美国。[43]2006年，英特尔宣布它将在越南投资10亿美元建半导体工厂，英特尔的这项投资在头4年无需缴纳公司税，而且在接下来的9年里也可享受50%的税收优惠。[44]

《华尔街日报》近日报道，“明尼苏达矿业制造股份有限公司（3M）这个制造业企业集团计划在接下来的几年里把更多的业务移往税收更低的国外，以降低公司整体的税收成本。”[45]该公司的实际税率为33%，高于它的竞争对手，如果它把一些业务移往国外，一年就可以节省上亿美元的税收成本。

除了税收之外，还有很多因素在影响像英特尔与3M公司的国际投资决策。不幸的是美国在其他方面的制度也落后了，这就造成了竞争力的问题。全球四大会计师事务所之一的毕马威会计事务所（KPMG）的一项研究，对9个不同国家在27个方面的企业成本进行了考察，结果显示美国的总成本在这些国家中排名第三高。[46]

另一个问题是美国国际贸易的效率。世界银行将美国贸易物流的效率仅排在第14位，落后于加拿大、德国和日本等国家。[47]而且美国的港口也不如欧洲和亚洲的港口那么有效率，一个来自政府的报告指出，“美国的港口在效率上远落后于国际运输中转站，如新加坡、鹿特丹。”[48]如果既要忍受贸易过程中的如此种种问题，同时又要承受高额的公司税，人家凭什么还要把工厂建在美国呢？

美国金融市场的竞争力也是一个需要考虑的问题。纽约金融业的就业率近几年已经停滞不前了，而伦敦金融界的就业率则一直在增长。[49]2007年，伦敦证券交易所首次公开募股的总额是纽约证券交易所与纳斯达克总和的两倍。[50]

> 对于决策者来说，本书提供了一些建议以帮助美国追赶全球税收改革的浪潮，对于所有的读者来说，我们希望本书能激发大家对全球化的关注与兴趣。

麦肯锡公司2007年的一项研究发现，纽约金融市场在一些方面具有领先优势，但却因为不良管制制度、法制环境与公司税的影响而业绩平平。[51]伦敦金融城2008年主持的一项调查考察了全球几大主要金融中心的税收竞争力，其中纽约得分很低，调查报告说“纽约被视为缺乏竞争力的金融中心，它税收高，其税务机关野心勃勃，还有一个零碎而复杂的管制系统”。[52]

伦敦证券交易市场的领袖给美国的决策者提了一些建议：“资本是在全球流动以寻找效率最高的市场，美国人与其狭隘地固守着美国是‘资本主义的发源地’这个连自己都怀疑的偏见，还不如接受资本全球流动的现实以获取更好的服务。”[53]她说得非常对，美国人不需要抱怨经济的全球化，而是需要改革以利用全球化的优势。

今天，美国不再是被社会主义海洋所包围的独一无二的自由市场孤岛。最新发布的《世界经济自由度》排名将美国的经济自由度排在第五位，与加拿大和英国相当，落后于香港、新加坡、新西兰与瑞士。[54]从这个排名来看，美国这些年的经济自由度一直保持得非常稳定，但其他国家却有很大进步，这因而削弱了美国的优势。

我们认为美国应该成为世界经济自由度排名最高的国家，在经济繁荣与税收竞争力方面也应该是首屈一指的。在第十章，本书建议美国改革联邦税，个人所得税的税率应该降至15%与25%，取消过于狭窄的所得税减免措施，公司税的税率则应该从35%降到15%。这些改革措施将是迈向单一税的重大步骤，单一税将平等地对待每一位纳税人并将投资与增长最大化。

很多美国人担忧美国经济的未来，本书描述了税收政策对竞争力与生活水平的重要影响。对于决策者来说，本书提供了一些建议以帮助美国追赶全球税收改革的浪潮，对于所有的读者来说，我们希望本书能激发大家对全球化的关注与兴趣。

## 参考文献

[1] Measured in nominal dollars between 1990 and 2006. Investment is the average of inflows and outflows of portfolio and direct investment from International Monetary Fund, Balance of Payments Statistics Yearbook (Washington: IMF, 2007).

[2] Thomas Friedman, The World Is Flat (New York: Farrar, Straus, and Giroux, 2006). Updated edition. The first edition was 2005.

[3] KPMG, "Corporate and Indirect Tax Rate Survey", 2007, www.kpmg.com/services/tax. Updated to 2008. The data includes both national and subnational taxes.

[4] KPMG, "Corporate and Indirect Tax Rate Survey", 2007. We included reductions effective for 2008.

[5] Authors' calculation based on James Gwartney and Robert Lawson, Economic Freedom of the World (Vancouver: Fraser Institute, 2007). The Gwartney and Lawson data goes through 2005. We updated it to 2006.

[6] Organization for Economic Cooperation and Development, Tax Database, Table II. 4, www.oecd.org/ctp/taxdatabase. These tax rates include subnational taxes.

[7] Kristen Parillo, "Chief Executive Seeks Tax Cuts on Profits and Salaries", Tax Notes International, October 15, 2007, p. 259.

[8] Mary Swire, "Bill to Abolish Hong Kong Estate Tax Gazetted", Tax-News.com, May 9, 2005.

[9] Linda Ng, "New Analysis: Budget Boosts Singapore as Top Private Wealth Center", Tax Notes International, February 25, 2008, p. 644.

[10] Robert Goulder, "Ireland's Low Tax Rates Inspire U.K. Pols", Tax Notes International, August 27, 2007, p. 795.

[11] Confederation of British Industry, "UK Business Tax: A Compelling Case for Change", March 2008.

[12] Mark Leftly and Allister Health, "Swiss Campaign Targets U.K. Firms", The Business, October 24, 2007.

[13] City of London and CRA International, "The Impact of Taxation on Financial Services Business Location Decisions", February 2008, p. 59, 60.

[14] Steve Johnson, "Hedge Funds Flee UK Tax Clampdown", Financial Times, December 3, 2007.

[15] Quoted in Marcus Walker, "Germany Plans Corporate Tax Cut", Wall Street Journal, June 22, 2006.

[16] Quoted in Marcus Walker, "Germany Plans Corporate Tax Cut", Wall Street Journal, June 22, 2006.

[17] Quoted in Johnathan Rickman, "Austrian Tax Cuts Anger Germany", Tax Notes International, April 24, 2006, p. 323.

[18] The Dutch Ministry of Finance cites the upcoming Austrian reduction in Ministry of Finance, The Hague, "Tax on Profits to be Cut", Press Release, September 21, 2004.

[19] Ministry of Finance, The Hague, "Tax on Profits to be Cut", Press Release, September 21, 2004. See also Chuck Gnaedinger, "Proposed Budget Calls for Lower Corporate Income Rates", Tax Notes International, September 27, 2004, p. 1159.

[20] See recent and historical growth data at International Monetary Fund, "World Economic Outlook Database", October 2007, www. imf. org/external/pubs/ft/weo/2007/02/weodata/index. aspx.

[21] Marta Ďurianová, "Who Pays for Low Taxes?" Slovak Spectator, May 24, 2004.

[22] International Monetary Fund, "World Economic Outlook Database", October 2007, www. imf. org/external/pubs/ft/weo/2007/02/weodata/index. aspx.

[23] John McCurry, Site Selection, Interview with Trajko Slaveski, January 2008, www. siteselection. com.

[24] Matthew Youkee, "The Low – Flat Option for Bulgaria", Sophia Echo, October 1, 2007. See also Randall Jackson, "Bulgaria: Country Digest", Tax Notes International, December 24, 2007, p. 1221.

[25] Yoon Won – sup, "Lee Pledges to Cut Corporate Tax Rate to 20%", Korea Times, July 9, 2007.

[26] Pok – Keun Yuh, "President – Elect to Reduce Corporate Tax Rates", Tax Notes International, February 18, 2008, p. 572.

[27] Government of Canada, Department of Finance, "Budget 2000", February 28, 2000, p. 18, www. fin. gc. ca/budget00/tax/tax1e. htm.

[28] Darryl Tait, "Days Are Numbered for Wealth Tax", Tax Notes International, April 2, 2007, p. 37.

[29] American Chamber of Commerce in Egypt, "Business Monthly", September 2005, www. amcham. org. eg/Publications/BusinessMonthly/september%2005/inperson. asp.

[30] Kristen Parillo, "Official Calls for Corporate Tax Cut", Tax Notes International, February 18, 2008, p. 576.

[31] Luisa Kroll, "The World' s Billionaires," Forbes, March 5, 2008.

[32] Luisa Kroll and Allison Fass, "The World' s Billionaires," Forbes, March 8, 2007. See also Merrill Lynch and Capgemini, "World Wealth Report," 2006, p. 19, www. us. capgemini. com/worldwealthreport07.

[33] Mary Jordan, "U. K. Premier Apologizes for Vanished Disks," Washington Post, November 22, 2007, p. A32.

[34] Gary Hufbauer and Ariel Assa, U. S. Taxation of Foreign Income (Washington: Peterson Institute for International Economics, 2007), p. 6.

[35] Gary Hufbauer and Ariel Assa, U. S. Taxation of Foreign Income (Washington: Peterson Institute for International Economics, 2007), p. 3.

[36] Thomas Friedman, The World Is Flat (New York: Farrar, Straus, and Giroux, 2006), p. 362.

[37] Thomas Friedman, The World Is Flat (New York: Farrar, Straus, and Giroux, 2006), p. 365.

[38] Organization for Economic Cooperation and Development, Revenue Statistics (Paris: OECD, 2007), p. 76.

[39] World Bank and PricewaterhouseCoopers, "Paying Taxes 2008: The Global Picture", 2007, p. 47. Available at www. doingbusiness. org.

[40] Organization for Economic Cooperation and Development, Revenue Statistics (Paris: OECD, 2007), p. 78.

[41] Craig Barrett, Intel Corporation, Testimony to the House Committee on Ways and Means, June 22, 2006.

[42] Craig Barrett, Intel Corporation, Testimony to the House Committee on Ways and Means, June 22, 2006.

[43] Jason Dean, "Intel to Build Factory and Put Some Chips in China", Washington Post, March 26, 2007. The story is sourced to the Wall Street Journal.

[44] Margie Mason, "Intel to Invest $1 Billion in Vietnam as Country Strives to Raise High – Tech Profile", USA Today, November 11, 2006. See also Intel Corporation, news release, February 28, 2006.

[45] Wall Street Journal, In Brief, "To Help Reduce Tax Load, 3M to Move Plants Abroad", October 10, 2007.

[46] KPMG, "Competitive Alternatives", 2006, www. competitivealternatives. org.

[47] World Bank, "Connecting to Compete: Trade Logistics in the Global Economy", 2007, http://siteresources. worldbank. org/INTTLF/Resources/lpireport. pdf.

[48] U. S. Department of Transportation, Maritime Administration, "Report to Congress on the Performance of Ports and the Intermodal System", June 2005, p. 28.

[49] McKinsey for the City of New York and the U. S. Senate, "Sustaining New York' s and the US' Global Financial Services Leadership", p. 64.

[50] Philip Stafford, "LSA Claims Top Spot for Foreign Flotations", Financial Times, December 28, 2007, p. 13.

[51] McKinsey for the City of New York and the U. S. Senate, "Sustaining New York' s and the US' Global Financial Services Leadership", p. 65.

[52] City of London and CRA International, "The Impact of Taxation on Financial Services Business Location Decisions", February 2008, p. 5.

[53] Reuters, "LSE Boss Defends AIM Success Against US Critics", March 19, 2007.

[54] James Gwartney and Robert Lawson, Economic Freedom of the World (Vancouver: Fraser Institute, 2007).

# 第二章
# 资本扩张

- 解禁的资本
- 证券投资与直接投资的趋势
- 美国公司为什么要在国外投资?
- 世界是平的

全球化给经济带来了革命性的变化，互联网正将远隔重洋的人们联系在一起。商业活动提供了全球化的供应网络，消费者则可以以很低的价格享受品类繁多的商品。人们生活水平不断提高，而资源的利用也变得更有效率。

对于普通公民来说，税收竞争使政府的财政政策受到限制，并减轻了来自政府的负担。

政府在20世纪70年代开始放松对资本流动的管制，这无意中开始了税收竞争的滚雪球游戏。

全球化另一个令人兴奋的后果是逐渐兴起的税收竞争。全球经济正在变得日益密切，人才与资本进行跨国流动已经非常容易了，这使得各国政府不得不限制税收水平并加快税收改革以保持经济增长。对于普通公民来说，税收竞争使政府的财政政策受到限制，并减轻了来自政府的负担。

为了理解税收竞争的兴起，我们有必要考察全球经济所发生的变化，正是这些变化导致了税收竞争的产生。因为全球贸易的发展，大多数人都意识到了全球化。每一个人都在消费进口商品，许多工人都在为出口企业工作。1970年，美国经济中的进口份额只有5%，到2006年，这已经增长到了17%，而出口则从6%增长到了11%。[1]

但是与国际投资的增长相比，贸易的增长未免相形见绌，全球贸易额自1990年来只增长了3倍，而全球投资额已经增长了10倍。[2]投资的扩张已经成了税收竞争最主要的推动力。

政府在20世纪70年代开始放松对资本流动的管制，这无意中开始了税收竞争的滚雪球游戏。资本管制的解除使投资者拥有了更多自由来丰富他们的证券投资，他们也最终可以购买到数以万亿计的国外证券。同时，投资者与公司都在全球范围内扩张业务网络，他们寻求最大的回报，并将自己的税收成本降到最低，这样，政府被迫做出了反应。

随着全球经济的整合性不断增强，税收竞争也将日益激烈。这将推动世界各国进一步的税制改革，也将推动世界经济的持续扩张。在本书接下来的几章里，我们讨论那些旨在压制税收竞争的各类政治措施，这会使乐观的情绪有所冲淡。但我们也会听到好消息：资本流动性在不断增加，这将给税收竞争带来深远的影响。

## 解禁的资本

自 1990 年以来，全球资本流动平均以每年 15% 的速率增长，3 倍于世界经济 5% 的正常增长率。[3] 资本扩张源于 20 世纪 70 年代几个主要大国开始解除对资本的管制，资本控制、税收和管制政策抑制了外币交易与跨国投资。在二战之后的几十年里，大多数国家都对资本实行严格的控制，这些控制使得资本流动非常困难，比如一个英国的投资商想要购买纽约证券交易所的股票就非常不容易。

在布雷顿森林体系时期（1945～1972 年），货币兑换的比率是固定的，政府需要资本管制以阻止民间市场对货币构成升值或贬值的压力。[4] 这些管制措施的目的在于使政府独立地行使财政政策以维持汇率的稳定。

资本管制同样使政府对投资收益维持高税率变得更加容易，这种高税率在 20 世纪中期是各国非常普遍的政策。通过资本管制，政府实际上给公民财富修筑了一道藩篱，把每个人都锁定在本国之内，成了本国经济的囚徒。

布雷顿森林体系是为政府利益服务的，但它最终也变得不稳定起来。在布雷顿森林体系崩溃之后，很多国家开始允许汇率浮动，控制私人资本流动变得不再必要了。接着一些国家采用浮动汇率，他们必须开放国门允许资本自由流动，在这个开放的体系中，资本流入与流出通过汇率变动保持平衡，不再需要政府的干预了。

一些先行国家如英国、德国和日本在 20 世纪 70 年代开始解除了资本管制，接下来澳大利亚、法国和新西兰也在 80 年代解除了管制，而一些发展中国家也在 90 年代紧随其后，包括亚洲和拉美的一些领头国家。这是一个渐进的过程，期间也有很多间断。但今天大多数国家允许其居民购买外币与国外证券，大多数国家也允许国外投资者购买国内证券并参与国内贸易。

政府解除了对资本的管制，接着很多因素都在帮着驱动资本流动。

政府解除了对资本的管制，接着很多因素都在帮着驱动资本流动。一个因素就是大部分政府都有高额的预算赤字，这创造了大量的债务证券供国际投资者购买，很多国家的政府的确将资本流动的解禁视为利己的措施，因为国外买家使他们能正常运转巨大的赤字财政。

另一个推动资本流动的因素是全球证券市场与金融业的解禁，这一解禁让国外的投资者可以更自由地购买国内证券。1980 年代，欧洲与拉美数以千计的国有企业开始私有化，这大大地增加了投资机会。在今天，私有化依然驱使投资流向东欧国家。《经济学人》最近的一篇报道称，“外国在东欧的直接投资在 2006 年达到了 1120 亿美元，已经超过了拉美成为仅次于亚洲的第二大新兴市场，私有化再一次成为突出的驱动力。”[5]

对国外资本的政治态度也经常发生戏剧性的变化。在过去的几十年里，许多政府都以民族主义的理由回避外国资本的流入，他们立法阻止外国人接管国内企业。相反，今天大多数政府都鼓励国外投资进来，因为他们认识到这能推动经济增长并创造更多的就业机会。例如，加拿大政府过去有一个专门的部门阻止国外投资的进入，但今天它却设立了一个专门的部门用来招商引资。[6]

联合国的一份报告指出，“吸引外资的竞争日益激烈，各个国家正越来越主动地努力促进投资。”[7] 的确，英国有一个帮助国外资本在英国投资的机构叫“投资在英国”（Invest in the United Kingdom），瑞典也有一个类似的机构叫“投资在瑞典”（Invest in Sweden），德国也有一个“投资在德国”（Invest in Germany）。[8] 这些机构并不一定在努力招商引资，但他们都反映了其政府对全球化的态度。

双边协定也是推动投资的一个因素。联合国的一项研究发现，近年来每年都有 70 多个双边投资协定（BIT）与避免双重课税协定被签署。[9] 到 2006 年，全世界共签署了 2573 个双边贸易协定和 2651 个避免双重课税协定，这些协定减少了资本流动的税收与管制。就在一些国家进一步加强资本管制的同时，联合国发现自 2000 年后各国针对国外投资的法律 90% 都发生了变化，都解除了对国外投资的管制。

## 证券投资与直接投资的趋势

对外投资主要分两大类：一类是对外直接投资（Foreign Direct Investment，FDI），就是直接通过股本投资（Equity Investment）获得国外公司至少10%的所有权。[10]公司一般通过这种方法扩张已有的子公司、建立新的子公司或者购买其他外国公司。对外直接投资一般都有一个长期的投资目标。

另一类是对外证券投资（Foreign Portfolio Investment，FPI），这类投资包括对外债务证券投资（既可以是民间的也可以是政府的）以及投资者股份少于10%的对外股本投资。对外证券投资一般都只有短期投资目标。

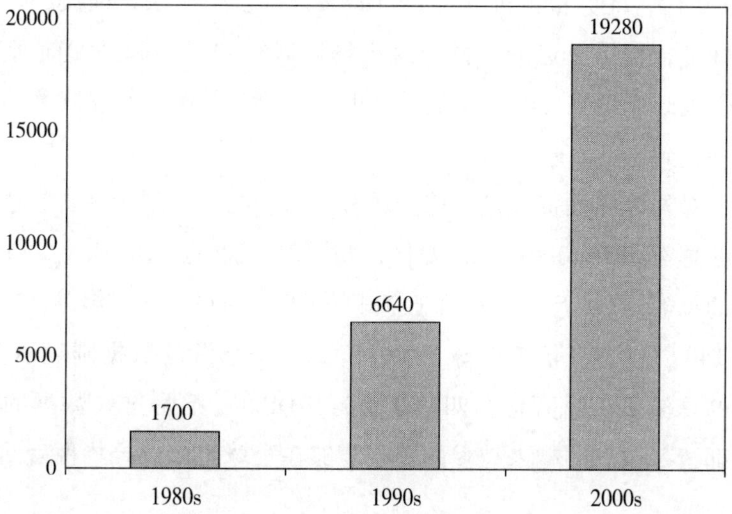


**图2.1　1980年代~2000年代全球的对外证券投资额（单位：亿美元）**

数据来源：本图依据国际货币基金组织（IMF）发布的数据绘制，数据引自2007年及以前发布的Balance of Payments Statistics Yearbook。其中1980年代指1984年到1989年，2000年代指2000年到2006年。

让我们首先来看看证券投资的趋势。图2.1为我们展示了对外证券投资的情况，在1980年代，对外证券投资平均每年只有1700亿美元，到90年代平均年投资额增长到了6640亿美元，到本世纪初时已达1.9万亿美元。[11]对外证券投资额的纪录在2006年达到了3.2万亿，这还没有包括跨国银行贷款，这种形式的资本流动在近年来也发展迅猛。[12]

对外证券投资的增长有很多原因。

首先，大部分政府都在搞赤字财政，这为国际投资者创造了大量政府债券。

其次，公司债务也在增长，而且公司也变得越来越证券化，这样可以使它更容易进行国际贸易。

第三，国有资产的私有化也扩大了证券市场的规模。大部分国家都对国外投资者开放了证券市场，在纽约证券交易所，国外公司的市值在2006年已达到了10万亿美元，占总市值的40%，而在10年前这还只占到了25%。[13]

第四，技术促进了投资流动。从19世纪40年代开始，电报的出现将纽约的市场信息第一次即时传送到了外地，这大大扩展了华尔街的贸易活动。到19世纪60年代，证券报价机（Stock Ticker）被发明出来，横渡大西洋的电报网络也铺好了，相隔遥远的不同金融市场被联结到了一起。如前所述，在20世纪中期各国政府都在压制资本流动，但今天管制的解除与互联网的兴起使全球资本流动达到了一个新的高度。

最后，对外证券投资只是全球金融资产增长的一个副产品。股票、债券与银行存款的总额在1980年是12万亿，与当时全球的GDP相当；在1995年，这些资产的总额为64万亿，两倍于全球的GDP；而到2005年时，这些资产总额达到了140万亿，三倍于全球GDP。[14]另一个来源的数据则显示在2006年这些资产的总额是190万亿，四倍于全球GDP。[15]不管这些数据的精确度如何，它们都清楚地表明越来越多的资产能够在全球流动以寻找税后回报最高的栖身之地。

美国在全球资本流动中扮演了重要的角色。图2.2表明美国对外证券投资以及国外对美国的证券投资从上世纪70年代开始迅猛增长。[16]对于美国的证券投资来说，流入的证券投资大于流出的，而且大部分流入的都是债务，没有股权。这其中的一个原因是联邦政府不断借钱以承担预算赤字，在上世纪最后30年里，流入美国的证券投资86%是债务，仅有14%是股权。[17]相反，美国对国外的证券投资中债务与股权各占一半。

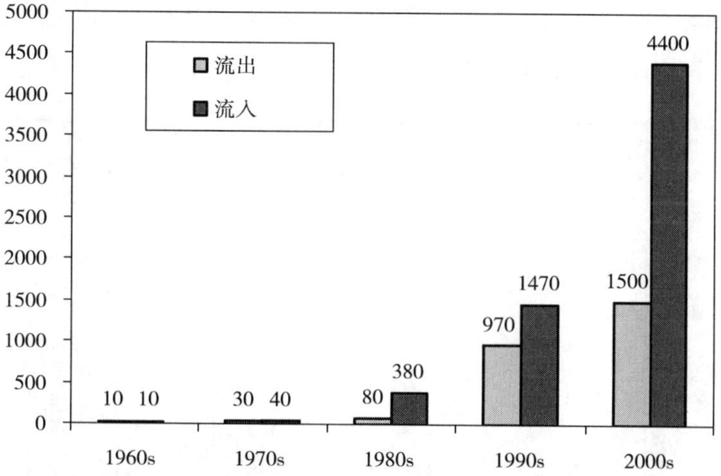


**图 2.2　1960 年代～2000 年代美国的证券投资额（单位：亿美元）**

数据来源：本图依据美国经济分析局（Bureau of Economic Analysis）的数据绘制，数据引自 Survey of Current Business，本图中 2000 年代是指 2000 年到 2006 年。

美国联邦政府既没有对投资美国债务的外国投资者征税，也没有收集这些投资者的信息与外国政府共享，这是吸引外国投资者投资美国债务的一个诱因，而与此同时，美国政府却对股权投资征收重税。在一本最近出版的书中，加里·赫夫鲍尔（Gary Hufbauer）与艾莉尔·爱沙（Ariel Assa）写道，"美国繁重的营业税使外国投资者对投资公司股权与直接投资提不起兴趣，相比之下，他们更喜欢获取债务证券。"[18] 作者还提出一些改革方案试图校正这些税收政策的偏见，以使美国能吸引到更多的股权投资。

现在，让我们来看看对外直接投资的趋势。对外直接投资与对外证券投资一样获得了爆炸式的增长。图 2.3 展示了全球对外直接投资的增长情况：在 1980 年代，全球对外直接投资额平均每年约为 940 亿美元，在 1990 年代达到了 4040 亿美元，到本世纪初增长到 9180 亿美元。[19] 到 2006 年，对外直接投资总额高达 1.3 万亿，三倍于 1990 年代的年平均水平。

从图 2.4 中可以看出美国对外直接投资及外国对美国直接投资的情况。虽然对外直接投资增长迅速，但相对其经济规模来说，美国吸引的直接投资比其他主要国家要少些。对美国的直接投资中股票只占 GDP 的 14%，而欧洲国家则平均占到了 38%。[20] 联合国发布了一个外国直接投资表现指数，这个指数将一个国家已经吸收到的直接投资额与该国可能吸收直接投资的潜力进行比较。在这个指数排名中，美国在所考察的国家中排到了第117位，其表现“低于预期”。[21]

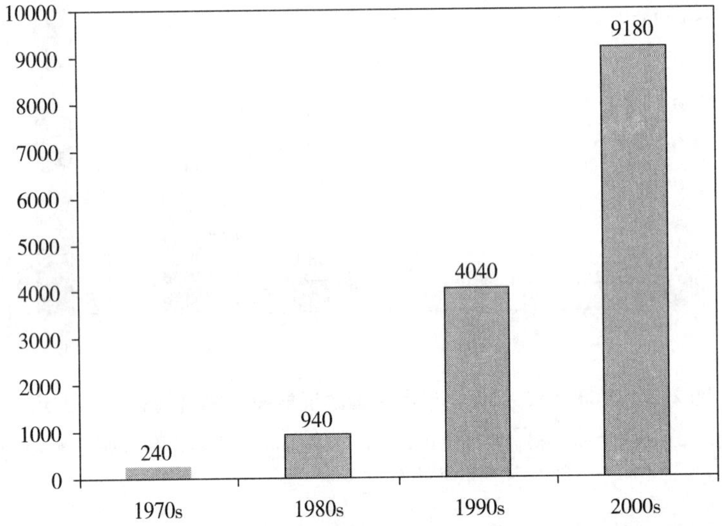


**图 2.3 1970 年代~2000 年代全球的对外直接投资额（单位：亿美元）**

数据来源：本图依据联合国贸易与发展会议数据绘制，数据引自 World Investment Report。图中数据为流入的直接投资额，图中2000年代是指2000年到2006年。

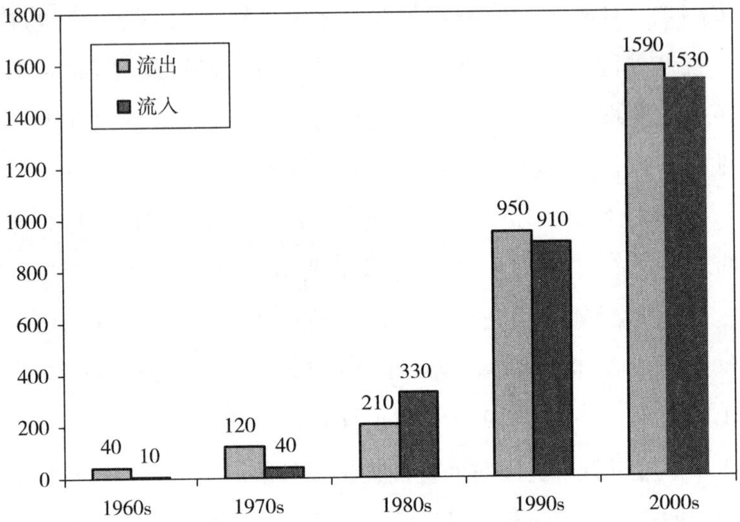


**图 2.4 1960 年代~2000 年代美国的直接投资额（单位：亿美元）**

数据来源：本图依据美国经济分析局（Bureau of Economic Analysis）的数据绘制，数据引自 Survey of Current Business，本图中2000年代是指2000年到2006年。

跨国公司也会带来国际投资，跨国公司数量的增加也是国际投资增长迅速的原因之一。在 1990 年代，全世界的跨国公司总共只有 37000 家母公司与 170000 家国外子公司，[22]而到 2005 年，全世界的跨国公司已经有 78000 家母公司与 780000 家国外子公司。[23]所有这些国外子公司的销售额大约是全球出口总值的两倍。[24]跨国公司已成了整合世界经济的黏合剂。

尽管国际投资在近几十年增长非常迅猛，从目前来看也不存在上限，但在先进国家，对外直接投资也仍然只是整个投资的一小部分。[25]至于对外证券投资，世界金融市场也远没有将其完全接纳，例如，先进国家中仅有四分之一的债务证券与三分之一的股权是由国外投资者发行的。[26]投资者都有"本国偏见"（home country bias），部分原因是他们对国外市场的信息掌握不充分。[27]但这种偏见一直都在减退，投资者们的对外投资在其全部金融投资中的份额一直在稳步增加。[28]

总之，我们还只见到了全球融合进程中的一部分。市场与技术的力量将会把资本流动继续推向更高的水平。不幸的是美国的决策者们却很少关注这些事实，他们很少进行改革以便使美国能够应对全球化的挑战。

## 美国公司为什么要在国外投资

> 跨国公司已成了整合世界经济的黏合剂。让我们仔细考察跨国公司，就可以发现税收竞争恰恰可以回答这场关于美国竞争力的争论。

美国对跨国公司的国外投资活动非常关注，人们担心大公司因美国高昂的人力成本而向沿海迁移。如果国外的工资成本这么低，那还会有多少生产厂家留在美国呢？

让我们仔细考察跨国公司，就可以发现税收竞争恰恰可以回答这场关于美国竞争力的争论。影响公司决定对外投资的因素主要有两类：商业机会与政府政策。包括税收政策在内的政府政策既能吸引投资也能排斥投资。

根据美国经济分析局（Bureau of Economic Analysis）披露的数据显示，美国在国外所有子公司的产品中有 81% 是在高收入国家，[29]同样美国直接投资的总额有77%是在高收入国家。[30]美国对外投资最大的地区依次是英国、加拿大与荷兰。

美国投资低收入国家的资本只占总额的一小部分。美国公司主要的投资目标并不是在工资水平低的国家设立工厂然后把产品运回美国销售，美国经济分析局专家拉弗·科佐罗（Ralph Kozlow）指出，这些数据“澄清了一个关于跨国公司的重大误解，即认为跨国公司投资国外最主要的原因是为了利用低劳动力成本。”[31]

美国公司投资国外主要是为了在国外销售其产品。经合组织发现一个国家每对外直接投资1美元，就会额外给这个国家带来2美元的商品出口。

举个例子，2006年美国投资中国的资本仅为美国对外直接投资总额的1%，[32]而这1%资本的目标更多只是为了进入中国这个新兴市场。2007年福特汽车投资5000万美元在中国建立其第二大生产线，[33]通过其在南京的工厂，福特汽车在中国的年产量增至41万台以满足中国市场飞速增长的需求。福特汽车在2007年也同样在印度投资5000万美元将其在当地的产量扩大一倍以满足印度日益增长的消费群。[34]

美国公司投资国外的主要原因是进入有利可图的新兴市场并扩展其全球的销售份额。美国对外直接投资的资本大部分是在像英国这样的高收入国家，因为在这样的国家公司可以销售它的大部分产品。换句话说，美国公司投资国外主要是为了在国外销售其产品。美国经济分析局专家科佐罗认为，美国对外直接投资最重要的目标是为了进入巨大而繁荣的市场。[35]美国经济分析局的数据显示，美国企业在国外的子公司的产品有90%是通过国外市场销售的，只有10%在美国销售。[36]

此外，美国对外投资推动了美国出口。2005年美国跨国公司的产品占到美国出口商品的54%。[37]前总统候选人罗斯·佩罗（Ross Perot）推测，因开放边境带来的“响亮的吮吸声”损害了美国经济。事实上，这种“吮吸声”的真相却是美国企业在国外的子公司把美国货吸走带入了国外市场。经合组织发现一个国家每对外直接投资1美元，就会额外给这个国家带来2美元的商品出口。[38]

美国公司对外投资是国内投资的补充，而不是代替，这是非常关键的一点。美国公司在国外的扩张经常是其在国内扩张的延续与补充。[39]而对于研发成本，美国公司在国际贸易中占的份额越大，其投资研发的利润就越多。

美国公司在哪里进行他们的研发呢？他们主要还是在美国。2005 年美国跨国公司的研发有 86% 是在美国本土进行的，[40]而这些公司在美国进行的研发是整个美国商业研发总量的 79%。进一步说，据美国经济分析局的数据显示，随着美国跨国公司近年来在国际贸易中的增长，美国跨国公司的研发岗位的数量也在急剧增长。[41]因此，美国跨国公司国际贸易与利润的增长对美国民间的创造力来说是非常关键的。

以世界最大的半导体公司英特尔为例，它 2006 年共有 350 亿美元收入，其中 84% 来自美国本土之外的分公司。[42]而在其 94000 位员工中有一半是在美国，更重要的是该公司每年投在研发上的 50 亿美元中有五分之四是放在美国本土。

英特尔共有 16 个半导体加工厂，其中 12 个在美国，其他几个在爱尔兰、以色列和中国。因此，公司那些高价值的生产与研发大部分还是在美国。尽管如此，税收还是在影响英特尔决定在哪里扩张，就像其在海外投资建厂一样。英特尔董事长保罗·欧德宁（Paul Otellini）说他“被很多国家无休止地游说，希望他把工厂建到那些国家去。”[43]

再来看一个例子——另一个在全球开疆拓土的跨国企业陶氏化学公司（Dow Chemical）。陶氏是仅次于德国巴斯夫的全球第二大化学公司，它在 2006 年的收入为 490 亿美元，其中 63% 来自美国本土之外的分公司。[44]陶氏在 37 个国家建了 150 个生产点，但其中 55% 的固定资产在美国，其 43000 位员工中也有一半在美国。它有 5600 人规模的研发团队，其中 67% 是在美国。[45]

通过海外扩张，像英特尔与陶氏这样的知识密集型企业能够将美国本土开发的技术进行最大化的销售。这样的企业其国际化的销售越是增长，其投资国内项目的可能性就越大。在向国会就税收竞争的问题进行陈述时，陶氏化学公司说“在国外的子公司失去商机不仅会影响陶氏在国外的经营，也会影响陶氏在国内的企业。”[46]因此，陶氏说，如果美国的税收政策导致其在巴西的商机输给了德国公司，那他们在美国聘请科学家的机会就可能减小。

随着美国公司在海外的扩张，他们也会加强其美国总部的活动。总部的活动一般是技术含量与报酬都很高的，如筹措经费、计划与研发。布什总统的前首席经济顾问格伦·哈伯德（Glenn Hubbard）指出，“一个公司决定将总部定在哪里会影响国家从国内与国际贸易中获利的多少。”[47]为了这一理由，政府应该尽力去创造适宜于公司总部存在的税收环境，但美国的决策者们的做法却恰恰相反，这点我们将在本书第六章讨论到。

我们并不是建议要政府人为地促进投资，不管是国内的投资还是国外的投资。但决策者们应该努力减少所有投资的壁垒，消除其障碍，不管资本是流入还是流出都将其视为经济增长的推动力。这如何变成现实呢？记住经济学的第一条定律：自愿交易，互惠互利。美国公司在国外的投资获利了，美国的股东也会享受到这些分红，因此美国对外投资会给其国内的投资者带来高额的回报。[48]从另一方面来考虑，对美国投资的国外资本也会使美国受益。当国外公司在美国投资时，他们带来的新技术会帮助提高美国的生产率，就像我们已经看到的建在美国的国外汽车厂一样。

目前的公司税已经毫无成效，它需要改革以应对经济全球化的现实。

美国税收制度的问题是一些政策既扭曲了对外投资也扭曲了国外对美国的投资，最终损害经济增长。例如，企业所得税会阻碍在美国投资的资本，使美国公司在国外市场上丧失优势，并人为地鼓励美国公司维持其在国外的利润。就像我们接下来讨论的那样，目前的公司税已经毫无成效，它需要改革以应对经济全球化的现实。

## 世界是平的

为什么税收竞争变得如此激烈呢？要回答这个问题，你可以借用《纽约时报》的专栏作家托马斯·弗里德曼（Thomas Friedman）的名言“世界是平的”。“平”意味着越来越多的国家也变成了可以进行商业投资的好地方——这些地方正在变得更加稳定、开放与市场化。在这个世界的大部分地方，个人与企业都可以越来越舒适地从事生产与贸易了。

压平世界的机器主要有三台：第一台就是弗里德曼强调的，新技术促使各国的商业环境变得平等。互联网使地球变成了一个即时而翔实的社区，集装箱化的海运与低成本的航空运输为企业提供了一个高效的全球化供应链。[49]今天，无论生产工厂在哪里，产品都可以快捷而廉价地运送到终端市场。

第二台机器就是各行业与日俱增的流动性。在过去，企业投资国外的一个重要理由是去获取当地的自然资源，如矿、石油等，这些资源被固定在当地无法移动。如果某个企业需要金或铜，它就必须去当地投资。这样，不管税收有多高，公司也只能按照当地的要求纳税。据联合国的一份报告显示，即使在今天，对石油、天然气和采矿领域的外资征收的税收、管理费和使用费还占到了这些项目全部收入的25%～90%。[50]政府能攫取到这么多，唯一可能的原因是因为这些资源固定在这个地方，无法流动。

但是，今天大部分产业都是很自由的，生产就能够在任何地方进行，只要那里的税收与制度环境令人满意。美国对外直接投资中有6%是在采矿与石油开采领域，有21%是投于制造业，有23%是投资在金融服务行业。[51]许多国家都实行了优惠政策以吸引资本投于制造业与金融业。例如，市场化改革与低税率的公司税帮助捷克、波兰和斯洛伐克吸引了亚洲和德国的汽车工厂来落户。

> 压平世界的机器主要有三台：
>
> 第一台就是弗里德曼强调的，新技术促使各国的商业环境变得平等。
>
> 第二台机器就是各行业与日俱增的流动性。
>
> 压平世界的第三台机器是更多的国家在制定基本政策时需要考虑吸引投资和促进增长。

没有比半导体生产更值得赞赏的制造业了。英特尔董事会主席克雷格·贝瑞特（Craig Barrett）在描述半导体产业日益增长的流动性时说："英特尔的商业具有全球化的特性，我们倾向于在靠近市场的位置设立生产工厂，已经有越来越多的国家能满足英特尔的运营需求了，我们有足够多的理由把一些芯片生产基地移往国外。"[52]英特尔2006年宣布它将在越南投资10亿美元建半导体生产工厂，[53]这又一次凸显了世界的扁平化。

金融服务业比制造业更具有流动性。保险、银行和其他金融活动能在任何地方开展，只要那里有机灵的人们和良好的通讯设施。麦肯锡咨询公司在

2007年的一项研究中发现，全世界金融服务的竞争越来越激烈，研究称“技术在事实上已经消除了资本流动的障碍，资本现在能够自由地向最有效的市场流动，不管这个市场在世界的哪个角落。今天，除了伦敦，我们正在卷入与迪拜、香港和东京的竞争。”[54]

麦肯锡的研究告诉了金融业的主管们在选择投资地点时必须考虑的最重要因素。[55]有经验丰富的从业人员与良好的制度环境当然是最重要的因素，但接下来就是公司税了。这就是说，如果两个城市都有经验丰富的从业人员，其制度也相似，那么税收就是选择投资地点的关键。

而且获取经验丰富的从业人员本身也依赖于税收政策。例如，《国际先驱论坛报》（International Herald Tribune）最近登的一篇文章讨论了丹麦的高比率所得税如何迫使熟练工人逃离：

> 拉斯·克里斯滕森（Lars Christensen）是盛宝银行（Saxo Bank）的联合总裁，盛宝银行是哥本哈根的一家金融服务机构，主要经营货币交易与零售经纪业务……克里斯滕森说：“很简单，我们的头号问题就是高税率。”克里斯滕森称盛宝银行已经在丹麦之外的地方设置了150个职位，因为如果把这些职位设在丹麦，其成本要么是令人望而却步要么完全不可能。事实证明从英国、瑞士和新加坡这样所得税税率为19%～40%的国家中招聘人才更加容易。[56]

另一个反映税收竞争的金融服务是再保险。美国作为一个再保险行业喜欢的国家在近几十年来已经急剧衰落了。[57]全球的再保险行业已经被低税率的地方吸引过去。美国最大的再保险公司伯克希尔哈撒韦公司（Berkshire Hathaway）仅在全球排名第10，排名前10的公司中有3个是在低税率的百慕大地区，1个在低税率的瑞士。

知识产权甚至可能比金融业更具有流动性。商标、专利权和版权在许多行业的产品价值中的分量越来越大了，这些无形资产及其所产生的利润可以轻而易举地跨过国界流入到低税率的地区。

压平世界的第三台机器是更多的国家在制定基本政策时需要考虑吸引投资

和促进增长。这些基本政策包括可靠的法律规则、稳定的货币和自由贸易。这种改革降低了跨国公司的投资风险，并使得跨国公司可以在很多国家建立生产工厂。降低贸易壁垒让跨国公司可以选择最好的地点进行生产加工，并以较少的成本将其产品运到终端市场去。

加拿大弗雷泽研究所（Fraser Institute）的世界经济自由度报告（Economic Freedom of the World）为全球经济改革取得的成就进行了评估。[58]该研究所对100多个国家在“经济自由度”上的42个变量进行追踪，自1980年以来，世界经济自由度一直在稳步增长，那些经济自由度更大的国家能吸引到更多的国外投资。[59]

自1990年代以来，亚洲、东欧和拉美的几十个社会主义国家开始拥抱市场，经济自由迈开了一大步——世界经济变得更加扁平了。在东欧，许多国家已经成为了税收改革与单一税的优胜者，而西欧的许多国家于1999年开始发行新的共同货币欧元，这消除了交易中的货币风险，并激励了投资流动。

德国邮政（Deutsche Post）为世界经济的变化提供了一个形象的说明。以前政府的邮政服务已处于垂死边缘，从2000年开始，德国邮政开始实行部分私有化，允许其寻找新的市场并向国外扩张。今天德国邮政已是一个全球化的大公司，为200个国家提供包裹运输与物流服务。它现在正在波斯湾的低税区迪拜建立世界最大的物流中心。[60]这些投资将为进一步融合的世界经济服务，也将加剧税收竞争。

随着全球经济融合程度的加深，美国企业也正感受到削减成本的压力，自然也包括税收成本。让我们来看看陶氏化学公司的处境，它在国外的许多市场上正面临着来自巴斯夫（BASF）和拜耳（Bayer）等国外公司的激烈竞争，陶氏告诉国会，在全球化经济中化工产品的生产成本都在变得越来越接近，但税收成本依然差别巨大，这取决于公司所在地。[61]的确，陶氏提出美国化学公司的税收成本实际比其国外竞争者的税收成本要高。而在扁平化世界中，美国高税收的后果就是陶氏必然会损失一些顾客：“随着经济日益加深的全球化，消费者也变得更加精明并知道利用这些好处选择价格更低、质量更高的产品……哪家企业将能修建下一个生产工厂并能够为下一群消费者提供服务，税收成本是决定性因素之一。”[62]

总而言之，因为全球化，税制对每一个国家的竞争力与繁荣变得越来越重要了。私人有不断发展的资金池（pool of capital）可以投资国外，企业比以前有更多投资国外的机会，他们都有降低成本的巨大压力。大部分政府已经开始应对这些变化并进行了市场化改革，包括实质性的减税，就像本书接下来所说的那样。

## 参考文献

[1] U. S. Bureau of Economic Analysis, National Income and Product Accounts, Table 4. 1, www. bea. gov/national/nipaweb.

[2] Measured in nominal dollars between 1990 and 2006. Trade data is the average of imports and exports from the International Monetary Fund, "World Economic Outlook Database", October 2007, www. imf. org/external/pubs/ft/weo/2007/02/weodata/index. aspx. Investment is the average of inflows and outflows of portfolio and direct investment from International Monetary Fund, Balance of Payments Statistics Yearbook (Washington: IMF, 2007).

[3] Measured between 1990 and 2006. For world gross domestic product, measured in U. S. dollars, see International Monetary Fund, "World Economic Outlook Database", October 2007. Investment is the average of inflows and outflows of portfolio and direct investment from IMF, Balance of Payments Statistics Yearbook (Washington: IMF, 2007).

[4] For background on capital controls, see Christopher Neely, "An Introduction to Capital Controls", Federal Reserve Bank of St. Louis Review, November – December 1999, p. 13.

[5] "Over the Hill?" The Economist, June 25, 2007, www. economist. com.

[6] For example, Canada' s Foreign Investment Review Agency was designed to block foreign takeovers of domestic firms in the 1970s, but was replaced by Investment Canada in the 1980s, which was designed to attract foreign investment.

[7] United Nations, Prospects for Foreign Direct Investment and the Strategies of Transnational Corporations, 2005 – 2008 (New York: United Nations, 2005), p. 5.

[8] See www. invest – in – the – uk. com, www. invest – in – germany. de/en, and www. isa. se.

[9] United Nations Conference on Trade and Development, World Investment Report (New York: UNCTAD, 2007), p. 16.

[10] Different sources may use somewhat different definitions of foreign direct investment. FDI is usually defined to include the reinvested earnings of foreign affiliates.

[11] International Monetary Fund, Balance of Payments Statistics Yearbook (Washington: IMF, 2007 and prior issues). These are private flows of financial securities (stocks and bonds), averages of inflows and outflows. Data for the 1980s includes 1984 to 1989. Data for the 2000s includes 2000 to 2006.

[12] McKinsey and Company, "Mapping the Global Capital Market, Third Annual Report", January 2007, www. mckinsey. com/mgi/publications/third_ annual_ report/index. asp.

[13] New York Stock Exchange, "Market Capitalization of NYSE Companies". Available under "About Us—Publications—NYSE Facts and Figures" at www. nyse. com.

[14] McKinsey and Company, "Mapping the Global Capital Market, Third Annual Report", January 2007.

[15] International Monetary Fund, "Global Financial Stability Report", October 2007, p. 139.

[16] This data is for flows of portfolio investment in stocks and bonds. U. S. Bureau of Economic Analysis, Survey of Current Business (Washington: Government Printing Office, December 2007), Table F. 2.

[17] Christopher Bach, "U. S. International Transactions in 2006", Survey of Current Business (Washington: Government Printing Office, April 2007), p. 22.

[18] Gary Hufbauer and Ariel Assa, U. S. Taxation of Foreign Income (Washington: Peterson Institute of International Economics, 2007), p. 7.

[19] United Nations Conference on Trade and Development, World Investment Report (New York: UNCTAD, 2007 and prior issues). These are FDI inflows.

[20] United Nations Conference on Trade and Development, World Investment Report (New York: UNCTAD, 2007), Annex B, p. 259.

[21] United Nations Conference on Trade and Development, World Investment Report (New York: UNCTAD, 2007), Annex A, p. 221.

[22] United Nations Conference on Trade and Development, World Investment Report (New York: UNCTAD, 1993), p. 13.

[23] United Nations Conference on Trade and Development, World Investment Report (New York: UNCTAD, 2007), p. 16.

[24] Ralph Kozlow, Associate Director for International Economics, U. S. Bureau of Economic Analysis, "Globalization, Offshoring, and Multinational Companies", American Economics Association Annual Meeting, Boston, January 6, 2006.

[25] Craig Elwell, "Global Capital Market Integration: Implications for U. S. Economic Performance", Congressional Research Service, report RL30514, January 12, 2001, p. 5.

[26] McKinsey and Company, "Mapping the Global Capital Market, Third Annual Report", January 2007, p. 15.

[27] For a discussion, see Roger Gordon and Vitor Gaspar, "Home Bias in Portfolios and Taxation of Asset In-

come", National Bureau of Economic Research, Working Paper no. 8193, March 2001.

[28] International Monetary Fund, "Global Financial Stability Report", April 2007, p. 70, 71.

[29] Raymond Mataloni, "Operations of U. S. Multinational Companies in 2005", Survey of Current Business (Washington: Government Printing Office, November 2007), p. 44. We use "production" here to refer to value – added.

[30] Marilyn Ibarra and Jennifer Koncz, "Direct Investment Positions for 2006", Survey of Current Business (Washington: Government Printing Office, July 2007), p. 21. For high – income countries, we include the European Union, Canada, Australia, Israel, New Zealand, Japan, Hong Kong, Korea, Singapore, Switzerland, and Taiwan.

[31] Ralph Kozlow, Associate Director for International Economics, U. S. Bureau of Economic Analysis, "Globalization, Offshoring, and Multinational Companies", American Economics Association Annual Meeting, Boston, January 6, 2006.

[32] Marilyn Ibarra and Jennifer Koncz, "Direct Investment Positions for 2006", Survey of Current Business (Washington: Government Printing Office, July 2007), p. 21.

[33] Rebecca Blumenstein, "Ford Opens 2nd Chinese Assembly Plant", Washington Post, September 25, 2007.

[34] Eric Bellman, "Ford to Invest $500 Million in India", Wall Street Journal, January 9, 2008, p. A13.

[35] Ralph Kozlow, Associate Director for International Economics, U. S. Bureau of Economic Analysis, "Globalization, Offshoring, and Multinational Companies", American Economics Association Annual Meeting, Boston, January 6, 2006.

[36] Raymond Mataloni and Daniel Yorgason, "Operations of U. S. Multinational Companies", Survey of Current Business (Washington: Government Printing Office, November 2006), p. 49.

[37] Raymond Mataloni, "Operations of U. S. Multinational Companies in 2005", Survey of Current Business (Washington: Government Printing Office, November 2007), p. 44.

[38] Cited in Glenn Hubbard, Testimony before the House Committee on Ways and Means, Subcommittee on Select Revenue Measures, Hearing on the Impact of International Tax Reform on U. S. Competitiveness, June 22, 2006.

[39] Mihir Desai, Fritz Foley, and James Hines, "Foreign Direct Investment and the Domestic Capital Stock", National Bureau of Economic Analysis Working Paper no. 11075, January 2005.

[40] Raymond Mataloni, "Operations of U. S. Multinational Companies in 2005", Survey of Current Business (Washington: Government Printing Office, November 2007), p. 46.

[41] Daniel Yorgason, "Research and Development Activities of U. S. Multinational Corporations", Survey of Current Business (Washington: Government Printing Office, March 2007), Table 1.

[42] Intel Corporation, Securities and Exchange Commission Form 10 – K, Fiscal Year 2006. See also Craig

Barrett, Chairman of the Board, Intel Corporation, Testimony to the House Committee on Ways and Means, Subcommittee on Select Revenue Measures, Hearing on the Impact of International Tax Reform on U. S. Competitiveness, June 22, 2006.

[43] Paul Otellini, President, Intel Corporation, Testimony to the President' s Advisory Panel on Federal Tax Reform, March 31, 2005, p. 81.

[44] Dow Chemical Company, Securities and Exchange Commission Form 10 – K, Fiscal Year 2006.

[45] Anne Ainsworth, Dow Chemical Company, email communication to Chris Edwards, December 18, 2007.

[46] Dow Chemical Company, written testimony to the House Committee on Ways and Means, Subcommittee on Select Revenue Measures, Hearing on the Impact of International Tax Reform on U. S. Competitiveness, June 22, 2006.

[47] Glenn Hubbard, Testimony before the House Committee on Ways and Means, Subcommittee on Select Revenue Measures, Hearing on the Impact of International Tax Reform on U. S. Competitiveness, June 22, 2006.

[48] Glenn Hubbard, Testimony before the House Committee on Ways and Means, Subcommittee on Select Revenue Measures, Hearing on the Impact of International Tax Reform on U. S. Competitiveness, June 22, 2006.

[49] David Hummels, "Transportation Costs and International Trade in the Second Era of Globalization", Journal of Economic Perspectives 21, no. 3 (Summer 2007), P. 131. The author finds that the cost of air freight has plunged in recent decades, while containerized shipping has improved transportation quality.

[50] United Nations Conference on Trade and Development, World Investment Report (New York: UNCTAD, 2007), p. 24, 137. See also Martin Sullivan, "U. S. Multinationals Paying Less Foreign Tax", Tax Notes, March 17, 2008, p. 1177.

[51] Marilyn Ibarra and Jennifer Koncz, "Direct Investment Positions for 2006", Survey of Current Business (Washington: Government Printing Office, July 2007), p. 21.

[52] Craig Barrett, Chairman of the Board, Intel Corporation, Testimony to the House Committee on Ways and Means, Subcommittee on Select Revenue Measures, Hearing on the Impact of International Tax Reform on U. S. Competitiveness, June 22, 2006.

[53] Margie Mason, "Intel to Invest $1 Billion in Vietnam as Country Strives to Raise High – Tech Profile", USA Today, November 11, 2006. See also Intel Corporation, news release, February 28, 2006.

[54] McKinsey and Company for the City of New York and the U. S. Senate, "Sustaining New York' s and the US' Global Financial Services Leadership", p. 1, www. nyc. gov/html/om/pdf/ny_ report_ final. pdf.

[55] McKinsey and Company for the City of New York and the U. S. Senate, "Sustaining New York' s and the

U. S. ' Global Financial Services Leadership", p. 62, www. nyc. gov/html/om/pdf/ny _ report _ final. pdf.

[56] Carter Dougherty, "High Income Taxes in Denmark Worsen a Labor Shortage", International Herald Tribune, December 5, 2007.

[57] United Nations Conference on Trade and Development, World Investment Report (New York: UNCTAD, 2007), p. 28.

[58] James Gwartney and Robert Lawson, Economic Freedom of the World: 2007 Annual Report (Vancouver: Fraser Institute, 2007).

[59] For 2005, the report found that the "most free" countries attracted FDI equal to 15 percent of GDP, on average, while the rest of the countries had FDI averaging less than 5 percent of GDP.

[60] See Deutsche Post at www. dpwn. de. Go to "The Perfect Network: Intermodal Transports" under "Trends in Logistics". Dubai has very low taxes overall, but it does tax foreign oil firms quite heavily.

[61] Dow Chemical Company, written testimony to the House Committee on Ways and Means, Subcommittee on Select Revenue Measures, Hearing on the Impact of International Tax Reform on U. S. Competitiveness, June 22, 2006.

[62] Dow Chemical Company, written testimony to the House Committee on Ways and Means, Subcommittee on Select Revenue Measures, Hearing on the Impact of International Tax Reform on U. S. Competitiveness, June 22, 2006.

# 第三章
# 减税革命

- 个人所得税
- 个人资本利得税
- 纯益税
- 财产税
- 企业所得税
- 企业资本利得税
- 跨境投资税
- 无效率的税收竞争
- 税收竞争与政府规模

在上一章，我们分析了边境开放与资本流动如何改变全球经济。这些变革促使了席卷全球的减税革命。自上世纪80年代以来，各国降低了在工资、商业利润、红利、利息、资本收益和财产等方面税种的税率。欧洲议会的一个报告称，“税收改革的风已经吹遍了欧盟……大部分改革可以被视作以刺激生产和投资为目标的供应学派导向”。[1]供应学派导向的改革之风已吹向了亚洲、欧洲、北美和其他许多地方。

减税革命已有20多年历史了，它也将顽强地继续进行下去。

供应学派导向的税收改革降低了诸如工作、投资和企业注册等生产活动的成本。如果生产成本降低了，产出就会增加，而工资与收入也会增长。所以，税收竞争激发了大范围的减税，这些减税政策又提高了全世界的生活水平。

尽管有这些好消息，但一些决策者却被全球经济中近来的变化吓坏了，他们试图去关上开放市场的大门并阻止竞争。在拉美，一些政府对企业进行了国有化，在美国，贸易保护主义仍然盛行，而在欧洲，一些政客力图扼止税收竞争。

但是全球化与经济自由依然是占支配地位的主流。许多政府一直在继续进行有利于经济增长的改革，如企业私有化、减少贸易壁垒。就像我们现在讨论的一样，减税革命已有20多年历史了，它也将顽强地继续进行下去。

## 个人所得税

在过去的20多年里，每一个大国都降低了个人所得税的最高税率。图3.1显示了经合组织30个成员国的个人所得税的平均最高税率的变化。经合组织成员国平均最高税率从1980年的68%直降到2007年的42%，[2]现在来看，当年的政府征收的个人所得税税率竟然可高达 68%，这真让人觉得不可思议。但是，在资本流动解禁之前，政府的确可以轻而易举地实施类似的压迫性的政策。

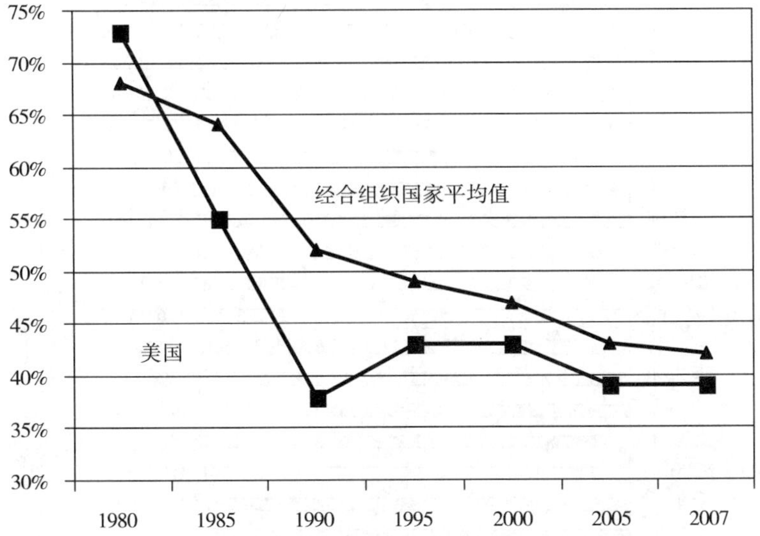


**图 3.1　经合组织成员国个人所得税平均最高税率**

数据来源：James Gwartney & Robert Lawson，Economic Freedomof World（Vancouver：Fraser Institute），2007 年数据为作者自己补充的。数据包括中央税和平均地方税。

图 3.1 的数据表明美国个人所得税的最高税率比经合组织成员国的平均最高水平要低，美国分别于 1981 与 1986 年实施的减税政策确立了美国作为税制改革的领导者地位。但是，近些年来，相比其他国家在减税方面的勃勃雄心，美国领导人减税的气量就显得很狭隘了。图 3.1 中的这些数据都包括每个国家的中央税与平均地方税[3]（详细数据见附录 1）。

目前，美国个人所得税的最高税率为 39%，其中包括 35% 的联邦税率和各州的平均税率。[4]州一级的个人所得税税率情况不一，最高的为加利福尼亚州，其税率为 10.3%，最低的税率为 0%，有少数州是不征个人所得税的。

图 3.2 显示了 2007 年经合组织成员国个人所得税的最高税率。这些数据来源不一，对各地的税率采用了不同的计算方法。[5]从这里来看，经合组织成员国个人所得税的平均税率是 43%，略高于美国目前 41% 的税率。但到 2011

年，美国目前的减税政策将到期，届时美国的个人所得税的最高税率将增至46%，除非美国的决策者采取行动，否则美国将迈入高税收国家行列。

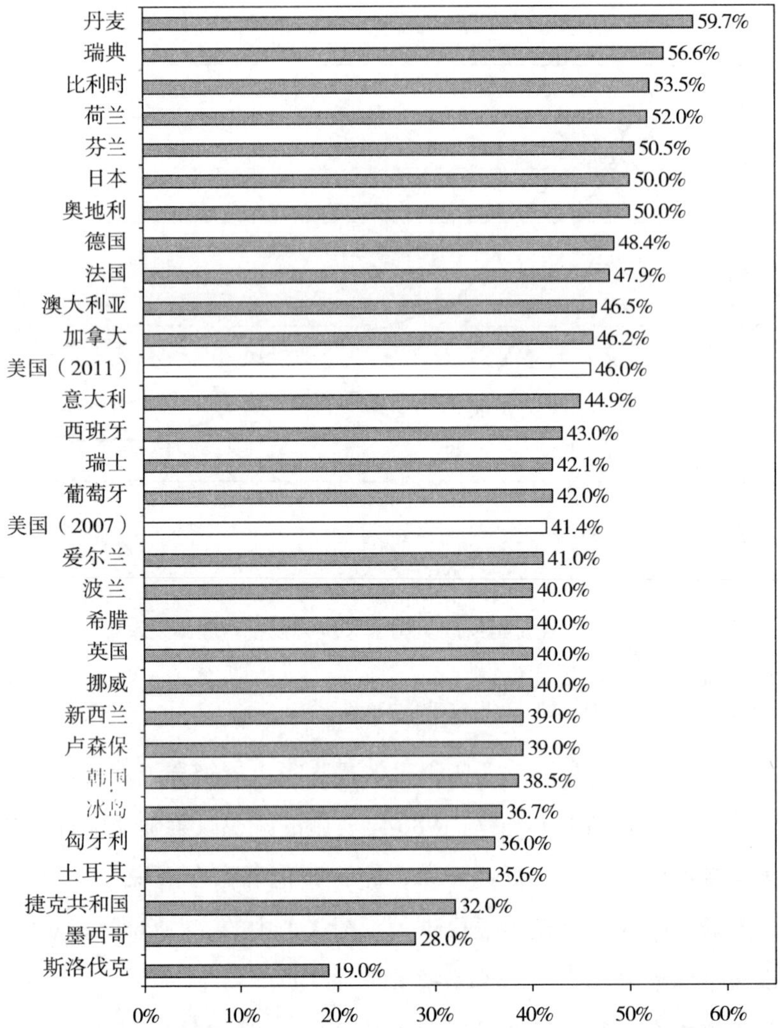


**图 3.2　经合组织成员国个人所得税最高税率（2007 年）**

数据来源：OECD，Tax Datebase，表 I.4。2007 年数据为作者自己补充。包括中央税与地方税。

我们看了经合组织成员国的相关数据，减税革命现在已经成了一种全球性的现象，所以我们现在来扩大一下考察范围，看一看 79 个国家从 1985 年到 2007 年的相关数据。[6]图 3.3 显示了四大洲个人所得税的平均最高税率下降了

21%甚至更多，而美国目前个人所得税的最高税率比非洲、亚洲和拉美的平均最高税率都要高。

很多国家个人所得税的最高税率在1985年至2007年之间都发生了戏剧性的大幅下降，包括巴西（下降33个百分点）、多米尼加共和国（下降43个百分点）、埃及（下降45个百分点）、印度（下降27个百分点）、意大利（下降37个百分点）、摩洛哥（下降43个百分点）、秘鲁（下降35个百分点）、菲律宾（下降28个百分点）、葡萄牙（下降27个百分点）、西班牙（下降27个百分点）、泰国（下降28个百分点）和赞比亚（下降50个百分点）。

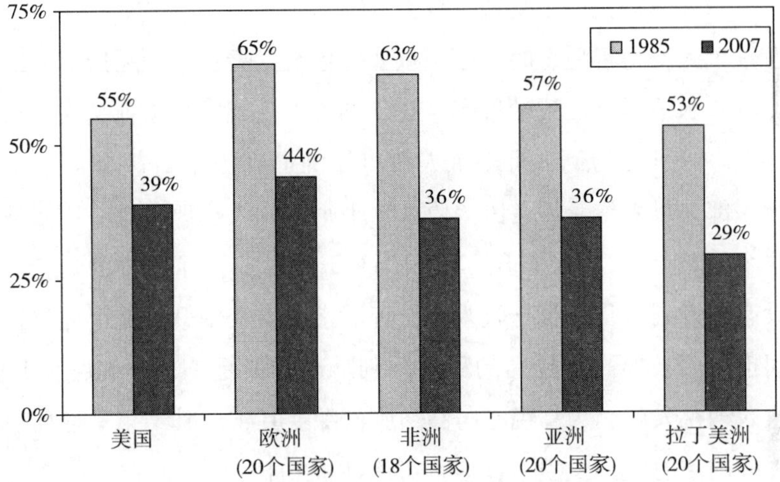


**图3.3 各洲个人所得税平均最高税率（1985年与2007年）**

数据来源：James Gwartney & Robert Lawson, *Economic Freedom of the world* (Vancouver: Fraser Institute, 2007)。2007年数据为作者自己补充。包括中央税与地方税。

在大多数国家，高收入群体与中等收入群体的税率都下降了。但一旦考虑到税收竞争，针对高收入群体的税率是最重要的。收入高的纳税人对税率最敏感，其反应最大，而且他们的流动性也日益增长，正如本书第五章所讨论的那样。同样，这些高收入群体大多在经济发展中起着非常重要的作用，他们很多是执行官、工程师、科学家和企业家。英国前首相撒切尔夫人曾说她在1980年代成功降低了高收入群体的个人所得税的最高税率，这“提供了巨大的激励，特别是对那些人才，国际流动人口对于经济成功是非常重要的。”[7]

在上世纪 70 年代，撒切尔夫人经常提到高税率造成的伤害，高税率是"社会主义的象征"，而社会主义正是她不想要的。[8] 近十年来，撒切尔主义的火炬已经传遍了 25 个国家，它们都采用了单一税。单一税是一个国家的税制富有竞争力与公平的有力标志。爱沙尼亚于 1994 年发起了单一税革命，接着东欧与中欧的其他国家便紧随其后。

图 3.3 展示了令人印象深刻的全球减税运动，而减税革命远比这些数据所显示的要激动人心，因为这些数据并不包括绝大多数单一税国家，这些国家在 1985 年时还在信奉共产主义的原则。就像本书第四章所说的那样，这 25 个单一税国家的个人所得税的平均税率仅为 17%。

在考察个人所得税税率时，一个重要考虑就是看这些税率所对应的收入水平。对低收入水平群体征税的税率越高，纳税人受到的打击就越大，对经济的伤害也越大。以丹麦为例，丹麦个人所得税的最高税率高达 50% 以上，这影响到很大一部分丹麦纳税人，因为收入水平很低的人也要按这一税率纳税。

在这个问题上，"税级攀升"（Bracket creep）扮演了重要的角色。如果税收制度没有考虑到通货膨胀与收入增长等因素，税级攀升将使得低收入纳税人随着时间推移而被推高至较高的税收级别。这并不是一个小问题。上世纪 70 年代低收入纳税人就因为高税率与高通胀而深受其害，其结果是各种税级攀升加剧了许多国家的经济受损，包括贫穷的非洲和拉美。[9] 好在有一个应对税级攀升的办法：单一税。单一税实质性地终结了税级攀升这个问题，因为在单一税制下所有纳税人都面临相同的税率，而不管其收入是否增长，也不管价格水平是否攀升。本书将在第四章与第十章讨论单一税的优势。

## 个人资本利得税

到目前为止，我们讨论的基本上是所得税的税率，这主要是针对薪资的，而大部分国家对个人分得的红利与资本增值所得征税的税率都较低，或者制定了一些特别优惠政策。对这些收入制定特别优惠政策的一个理由是红利与资本增值等收入已经在公司层面征过税了，如果没有这些特别优惠，红利与资本增值将被双重课税。相反，薪资与利息收入仅在个人层面上扣税，因为在对公司征税时这些钱是免税的。

很多国家对红利与资本增值的税收政策令人满意还有另一个原因，这就是国际税收竞争。在今天，如果某个政府对投资所得征税的税率与对个人薪资征税税率一样高，那税基就会急剧萎缩，财政收入的增长也将停滞。这种税率与税基的颠倒关系已经因为全球化而强化。

当一些国家削减资本利得税的税率时，他们经常发现财政收入反而增加了而不是减少了，因为税基扩大了很多。1998 年，当爱尔兰将其资本利得税的税率从 40% 降低到 20% 时，它在资本利得税上获得的财政收入一下增长了很多。[10] 另一个相同的案例是美国在 1997 年与 2003 年降低资本利得税的税率，当税率下降时，社会产生的资本增值总额随之上升，财政收入也随之增加。[11]

在上世纪 70 年代，美国经济学家拉弗（Art · Laffer）普及了一个观念，即税率、个人收入与政府财政收入是紧密相关的。这一洞见对全球开始减税革命帮助很大。

这些例子正好印证了“拉弗曲线”效应。在上世纪 70 年代，美国经济学家拉弗（Art · Laffer）普及了一个观念，即税率、个人收入与政府财政收入是紧密相关的。这一洞见对全球开始减税革命帮助很大。供应导向的减税政策因为激励纳税人而扩大了税基，在大多数情况下，税基一般很难扩大并给政府带来很高的财政收入。但全球化的一个好处就是减税的激励效应变得更加重要了，特别是对于那些税基非常敏感的税种，像资本利得税、财产税和企业所得税。这些税种的税率一旦降低，扩大的税基能部分地抵消因低税率而导致的财政收入下滑。在这些情况下，经济渐入佳境，而决策者们也不用为财政收入的下降发愁。

图 3.4 显示了 30 个经合组织成员国对资本增值的税收政策。[12] 包括荷兰与新西兰在内共有 12 个经合组织成员国对资本增值没有征税，另外还有很多非经合组织成员的国家与地区没有资本利得税，如香港和台湾。举个例子，一个荷兰人购买了 100 股荷兰壳牌公司的股份，价格为每股 100 欧元，5 年后他以 150 元一股的价格将其全部卖出，如果没有资本利得税，他就不用向政府交

税而获得5000欧元的资本增值收入。

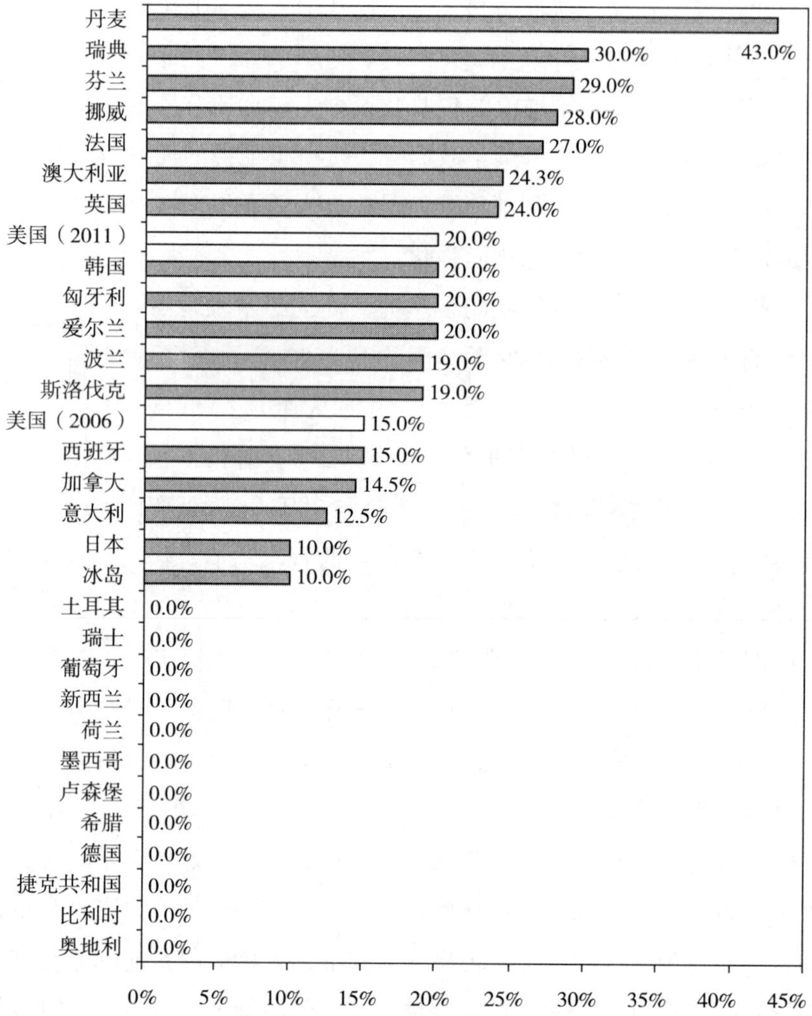


**图3.4　经合组织成员国资本利得税最高税率（2006年）**

数据来源：作者结合多种数据综合整理而成，包括澳大利亚财政部2006年4月3日发布的“International Comparison of Australia' s Taxes”。这些数据中的税率是针对长期持有证券与股份的投资而言的，仅包括中央税。

对于为是否要降低联邦资本利得税的税率而吵得火热的美国人来说，对资本增值收入实行零税率一定会感到非常惊讶。如图所示，美国的联邦资本利得税税率为15%，在大国中处于中间位置。依据目前的法律，美国的联邦资本利得税税率计划将于2011年升高到20%，除非那些决策者们采取行动。

资本利得税是一个复杂的问题，图中的数据有一些需要小心的地方。这些数据所示的税率是相对于长期持有证券与股份的投资而言的，因短期持有（一般是指持有时间短于1年）而获取的资本增值往往面临较高的税率。同样，一些国家在资本利得税上的低税率也有限制，例如荷兰的资本利得税零税率只适用于那些股份持有量低于公司总量5%的持有者。另外，图3.4中很多资本利得税税率非零的国家对一些小额投资也有特别优惠而实行零税率，包括英国、法国、匈牙利、爱尔兰、日本和韩国都是这样。

补救的办法就是每个国家都实质性地提供特别优惠以降低资本利得税所造成的扭曲。特别优惠政策减轻了因所得税而造成的对投资的偏见，也降低了股份持有者被“套牢”的程度，因为投资者常担心高额税收而难于决定出售自己的股份，“套牢”降低了资本市场的效率。

另外一个降低或废除资本利得税的理由是刺激企业增长。低税率的资本利得税能使年轻的公司更容易通过风险投资、天使投资与公开募股等方式获得良好的资金供应。发展型企业的早期投资者一般都承担了很大的风险，鉴于此，降低资本利得税的税率会直接影响投资者的意愿，使其更乐意于投资处于起步阶段的发展型企业。

以硅谷为例，在1978年降低资本利得税后，硅谷的科技企业与风险投资业随之迅猛发展。[13]在1980年代到90年代之间，许多国家都力图学习硅谷科技产业与风险投资业的成功之道，这为很多国家降低资本利得税税率提供了一个重要的理由。

## 纯益税

从图3.5可以看出经合组织成员国的纯益税（dividend tax）的最高税率。因为纯益税是针对公司付给股东利润的税收，故纯益税的税率既包括从公司层面课税的税率，也包括从个人那里课税的税率。美国纯益税的最高税率为

49%，其中联邦政府从公司层面征缴纯益税的税率为 35%，个人层面的税率为 15%，另外，州一级政府也可能有这种税。[14]美国纯益税的税率实际要高于这 30 个经合组织成员国的平均税率，它们纯益税的平均税率为 43%。

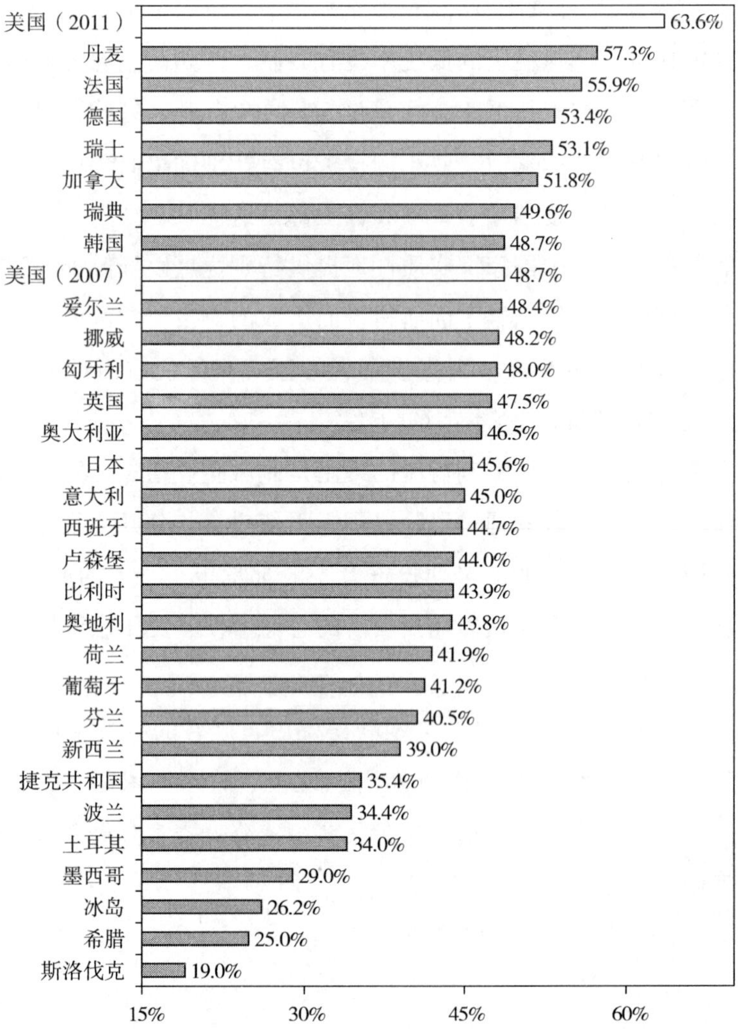


**图 3.5　经合组织成员国纯益税最高税率（包括公司与个人）（2007 年）**

数据来源：OECD，Tax Database，表 II. 4。包括中央税与地方税。

对美国的纳税人来说，这里还有一个更坏的消息。美国个人纯益税的税率为 15% 只是暂时的，一到 2011 年，税率就马上窜升至 40%。如果决策者们不加阻止，那美国的综合纯益税税率将高达64%——在经合组织成员国中轻松夺冠。纯益税最高税率的桂冠称号将戴在号称自由市场的美国头上。

另一个有趣的现象是经合组织成员国的纯益税的平均税率自2000年以来从50%下降到了43%。因此，如果美国让减税政策在2011年终止，那美国就并不只是简单地回到了2000年时的情形，因为2000年之后世界已经发生了很多变化，与其他国家相比，美国在纯益税上的竞争力将会损失更多。

因为税收竞争使各国减少了对红利、股利等个人收益的课税，一些国家还实施了“双重所得税”制度，这些措施的一个特点就是对个人投资收益采用单一税率和低税率，而对劳动所得则采用高税率。丹麦、芬兰、挪威和瑞典在1990年代都实行了双重所得税改革。[15]其他欧洲国家，如奥地利、荷兰和西班牙也在朝这个方向前进。经合组织的一位经济学家指出，这些国家“对资本收益采用单一税率和低税率反映了他们想在国际资本市场上保持竞争力的需求。”[16]

对美国的纳税人来说，这里还有一个更坏的消息：在经合组织成员国中，纯益税最高税率的“桂冠”称号将戴在号称自由市场的美国头上。

## 财产税

代理人身伤害案件的律师常常因设法追求高价代理费而声名狼藉，如果没有税收竞争，政府也会像他们一样设法追求高收入而对律师们的高收入和财产进行惩罚性征税。一些国家甚至对个人储蓄每年征收“财产税”（wealth tax）以打击聚积存款。幸运的是，税收竞争正在让这些针对存款的惩罚性措施减少或废除。

让我们首先来看看每年一度的财产税的征收，这种税曾经在欧洲非常流行。在一定免征额的基础上，他们对个人的净资产课征一定比例的税，这样，法国每年对净金融资产和不动产（主要包括住所）征收的财富税税率不断上涨，从0.55%涨至1.8%，免征额为76万欧元（约合100万美元）。

随着税收竞争的兴起，很多国家开始被迫减少或废除这些税收。一份关于

19 个国家的调查发现，在 1980 年代到 1990 年代之间，这些国家财产税的平均税率下降了 40%。[17]近年来，包括奥地利、丹麦、芬兰、德国、冰岛、卢森堡、荷兰和瑞典在内的许多国家完全废除了财产税。

瑞典在 2007 年废除了财产税，试图把瑞典富人在国外的财产吸引回来，这些富人为了避税而往国外转移的财富高达 800 亿美元。[18]原来的财产税每年对个人资产征收 1.5%，免征额为 24 万美元。瑞典财政部长称这次废除财产税将有助于创造“就业增长与公司成长的有利环境，这对应对全球税收竞争是必要的。”[19]

在法国，总统萨科齐已经承诺将取消财产税。许多法国的百万富翁称财产税是他们移民比利时、瑞士与其他地方的一个重要原因。法国的财产税在其政府收入中贡献的比例相对来说是非常低的，[20]而实际上，它却对政府收入增加非常不利，因为它导致大量财富移往国外而使税基萎缩。

西班牙也将改革或废除其财产税。西班牙是欧洲的财产税税率最高的国家之一，其税率从 0.2% 到 2.5% 不等，而且免征额很小。最近，执政的社会主义党就因要求取消财产税而获得很高的支持率。

美国虽然并没有对个人财产每年征收财产税，但它的联邦遗产税就是一次性的财产税。遗产税是在个人死亡的时候对其资产进行征税，继承税也类似。遗产税和继承税有相同的效果——它们都抑制储蓄并促使富人逃税。美林证券（Merrill Lynch）的一个报告指出高收入家庭常常想“把财富以交税少的方式转移到下一代”，而且他们“非常重视留给后代的遗产计划”。[21]的确，这个报告发现许多非常富有的家庭都制定了“百年计划”以使财产以最佳的方式进行长期转移。

数以十亿美元计的财产已经从有财产税、遗产税和继承税的国家转到没有这种税的国家和地区。香港近年来因国际税收竞争而取消了遗产税，《南华早报》（South China Morning Post）报道说，“对于想保护财产以避免被不公正的税收伤害的人来说，香港是一个值得考虑的地方，香港变得更富有吸引力了。”[22]接着，新加坡便做出了反应，它在 2008 年也废除了遗产税，以保持其竞争力。[23]新加坡政府“很清楚包括澳大利亚、马来西亚、新西兰和香港在内的国家或地区在近年来都已废除了遗产税”。[24]

图 3.6 显示，美国遗产税或继承税的税率在 30 个经合组织成员国中是第

三高的。[25]美国45%的税率远高于经合组织成员国17%的平均税率。经合组织中有9个国家没有遗产税或继承税，包括澳大利亚、加拿大、新西兰和瑞典等（像加拿大等一些国家对死亡时尚未完全获得的收益也征收资本利得税）。另外，普华永道会计事务所（PricewaterhouseCoopers）对50个国家的调查数据

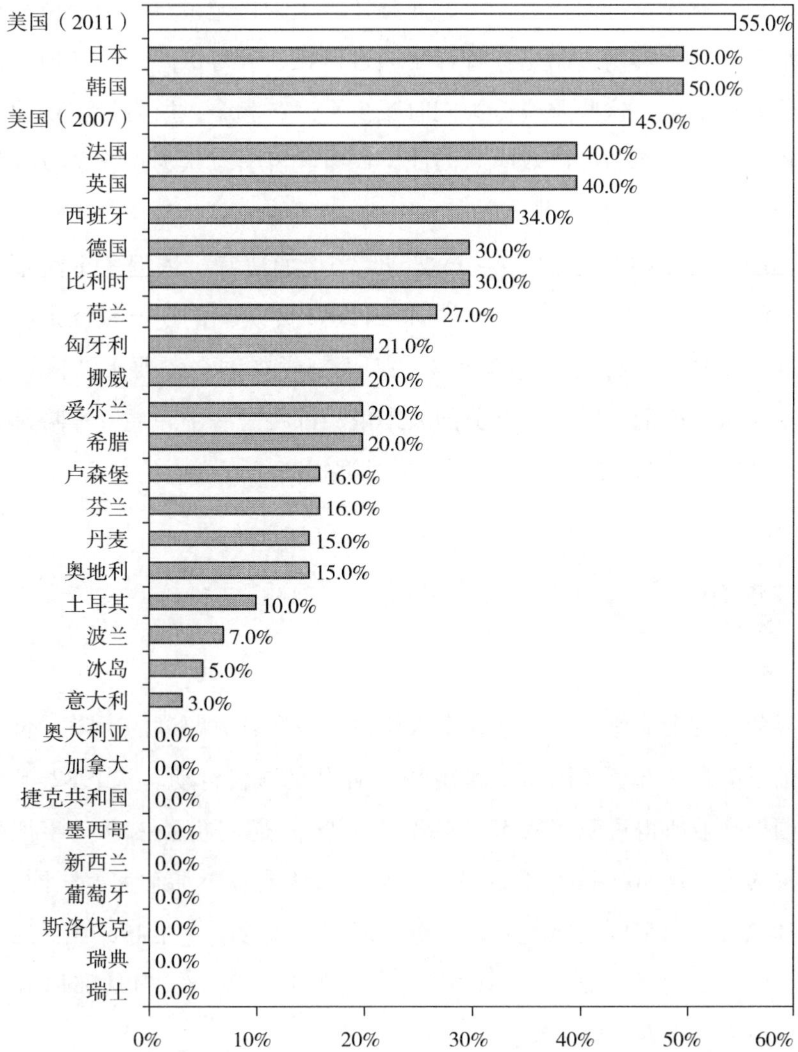


**图3.6 经合组织成员国遗产税或继承税最高税率（2007年）**

数据来源：作者依据各种资料综合整理，包括 Pricewaterhousecoopers & the American Council for Capital Formation，“New International Survey Shows U. S. Death Tax Rate among Highest”，2005年，7月。

显示，这50个国家中有24个没有遗产税或继承税。[26]另一个比较遗产税的方式是看遗产税的税收收入在该国GDP中所占的份额，以这种方式来看，美国的遗产税也是一个沉重的负担。[27]

美国的决策者考虑取消联邦遗产税或死亡税已经有很多年了。人们渐渐意识到遗产税抑制投资进而损害经济，而且还产生大量避税行为。一位高薪律师往往要准备文案、诉讼，制定各种计划通过信托、人寿保险以及其他手段以把遗产税降到最低点，这些避税行为同时减少了遗产和个人所得等应税收入，这是遗产税带来的负面的经济效应。因此，许多经济学家认为遗产税收入的增加并没有给政府带来纯利润。[28]

美国国会在2001年通过了一个减免遗产税的法案，依据这个法案，遗产税在2010年时将全部停征，而奇怪的是到2011年美国的遗产税税率将突然恢复到以前的水平，最高税率高达55%。人人都觉得国会需要重新修订这个法案将遗产税永久取消。这对所有美国人来说，都将是一个赢局——哈佛大学的曼昆教授解释说，"取消遗产税将刺激增长并提高每一个人的收入"。[29]

## 企业所得税

世界各地的企业所得税税率与个人税税率一样有大幅度的下降。企业所得税税率的下降最早起于英国与美国在1980年代的减税行动。从1982年到1986年，英国把企业所得税税率从52%降至了35%，美国随后在1987年把联邦企业所得税的税率从46%降至了34%。接着，澳大利亚、加拿大、法国、德国、日本和其他一些国家也大幅度下调了企业所得税税率。[30]在1960年代到80年代中期，各主要大国企业所得税的平均税率在40%以上，但从那里开始，企业所得税税率一直在大幅下降。[31]

第一轮全球性减税源于美国总统里根与英国首相撒切尔夫人进行的市场化改革，他们在市场化改革中的个人信念成了这一轮减税的动力。但他们的政策并没有被其他国家所忽视，税收竞争由此激烈展开。例如，加拿大的决策者很清楚他们必须对美国降低企业所得税的改革进行回应，因为美国的经济体实在太大了，如果他们不采取行动，美国的公司可以通过转移投资与各种金融手段把利润从加拿大的子公司中抽走。于是加拿大很快也降低了企业所得税税率以防止税基流失。

爱尔兰是降低营业税的排头兵，正是这一减税政策为停滞不前的爱尔兰经济带来了空前繁荣，并获得“凯尔特之虎”（Celtic Tiger）的美誉。爱尔兰人的人均收入在1980年代时比欧洲平均水平要低30%，而现在却要超过欧洲平均收入40%。[32]在1980年代，爱尔兰对制造业采用税率为10%的企业所得税，这种低税率接着又扩展到高技术行业、金融服务业与其他产业。最近，爱尔兰对所有公司都采用12.5%的税率，这是目前全世界税率最低的企业所得税之一。爱尔兰岛的计算机业、保险业、银行业、高科技护肤品业和其他产业现在都享受着高增长的繁荣。

企业所得税的第二轮减税始于1990年代中期，到现在依然势头非常强劲。图3.7显示了经合组织成员国企业所得税的平均税率，从中我们可以看出这些国家的企业所得税税率已从1996年的38%下降到了2008年的27%。[33]在接下

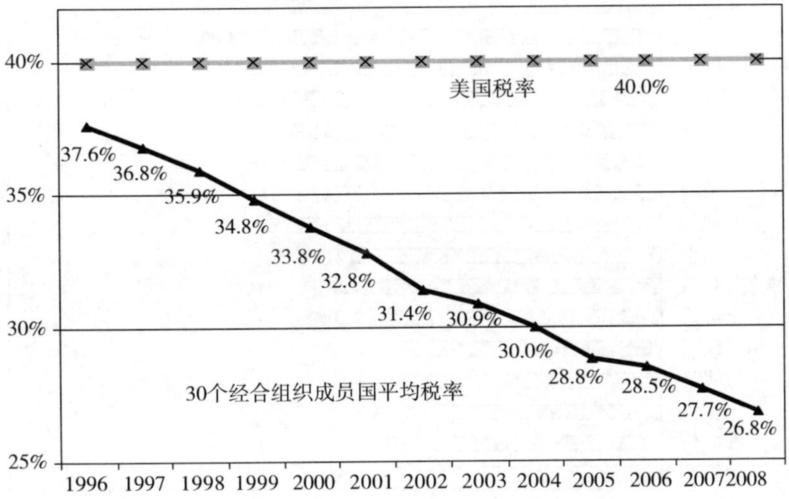


**图3.7　1996年~2008年经合组织成员国企业所得税平均最高税**

数据来源：KPMG，“Corporate and Indirect Tax Tate Survey”，2007、2008年的数据为作者所加，数据包括中央税与地方税。

来的时间里，企业所得税的平均税率依然会继续下降。就在最近十年里，30个经合组织中有 27 个成员国又降低了企业所得税税率，其中加拿大、德国、希腊、意大利、波兰和土耳其的下降幅度特别大。

美国在第二轮企业所得税竞争中已完全落后了，美国的企业所得税税率目前在经合组织成员国中是第二高的，也是全球第二高的。从图 3.8 中我们可以看出，美国企业所得税的税率是 40%，比经合组织成员国的平均水平要高出 13 个

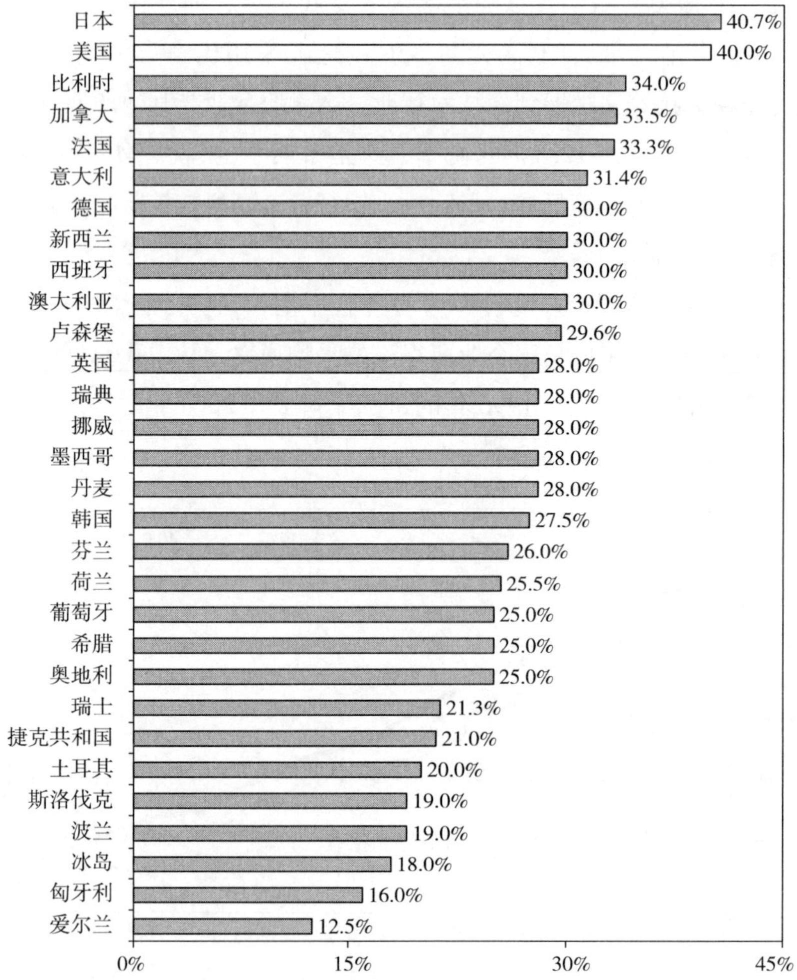


**图 3.8 经合组织成员国企业所得税最高税率（2008 年）**

数据来源：KPMG，“Corporate and Indirect Tax Tate Survey”，2007、2008 年的数据为作者所加，数据包括中央税与地方税。

百分点。这些数据包括联邦税和各州的平均州税，美国的企业所得税包括35%的联邦税与各州的平均州税，今天各州企业所得税的平均税率实际上已经比1980年代要高了[34]（附录2的表中可以查看1996年以来的各国数据）。

由于激烈的税收竞争，欧盟企业所得税的税率已经大幅下降了。欧盟企业所得税的平均税率已从1996年的38%降至了2007年的24%，比美国目前的税率要低16个百分点。[35]欧盟经济融合日益加快，这使税收竞争给其27个成员国带来的压力更大了。

由于激烈的税收竞争，欧盟企业所得税的税率已经大幅下降了。

宣布降低企业所得税的声音此起彼伏接二连三，以至于人们很难追寻它们的轨迹。下面列出了一些主要国家降低企业所得税的消息：

德国将把联邦在2008年的企业所得税税率从25%下调至15%，加上地方贸易税和统一附加税，德国公司的总税率目前为30%。[36]

意大利在2008年将把联邦企业所得税与地方企业所得税的总税率从37%下调至31%。

加拿大将联邦企业所得税税率从21%下调至15%已有很多年了。

西班牙将把企业所得税的税率从2006年的35%下调至2008年的30%。

英国的联邦企业所得税在2008年将从30%下调至28%。

韩国现任总统李明博①将企业所得税税率从25%减至了22%（图3.8中的数据没有显示）。

日本的决策者一直在积极地讨论降低企业所得税的税率。

法国总统萨科齐也在提议降低企业所得税税率。

降低企业所得税的税率并不只是经合组织成员国的趋势，而是全球的趋势。图3.9显示了四大洲企业所得税的平均税率，[37]美国企业所得税的平均税率比亚洲、非洲、欧洲和拉美的平均税率都要高。从2000年以来，以色列的

① 本书英文版出版时间为2008年，译者注。

企业所得税税率从36%下降到了29%，巴拿马则从37%降至了30%，俄罗斯从35%降至了24%，新加坡从26%降至了18%，越南从33%降至了28%。科威特将其曾经高达55%的企业所得税税率大幅减至了15%，埃及则从40%减至了20%。其他一些非洲国家在近年来也降低了企业所得税税率，其中加纳从33%降至了25%，几内亚比绍从39%降至了25%。[38]美国居高不下的企业所得税税率在今天这个动态的世界经济体中似乎已经落伍了。

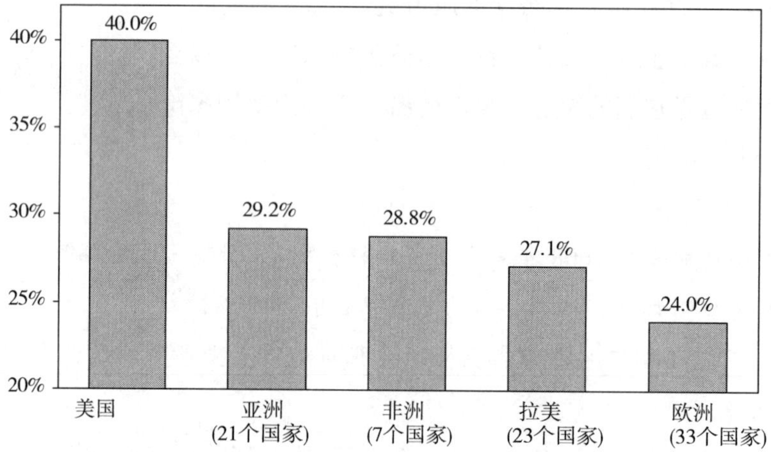


**图3.9 各洲企业所得税平均最高税率（2007年）**

数据来源：KPMG，“Corporate and Indirect Tax Tate Survey”，2007。数据包括中央税与地方税。

有趣的是，许多国家降低企业所得税的政策也得到了左翼政党与政府的支持。1990年代早期瑞典与挪威的改革就是例子，后来英国、德国和加拿大也是这样。左翼政治人物一般都反对降低个人所得税税率，但对企业所得税却例外，因为他们也想增加本国经济的竞争力。

一些国家的税制改革旨在平衡企业所得税与个人所得税的最高税率。在过去，澳大利亚、丹麦和其他国家重新制定了他们的税收制度，他们调高了企业所得税的最高税率以使之与个人税的最高税率相匹配，但是为了增强竞争力，包括这些国家在内的全世界各国现在都在降低企业所得税的税率。[39]今天，企业所得税的税率在不断下降，这同样也为降低个人所得税的最高税率带来了压力。

现在，我们已经考察了企业所得税法定税率，这一税率是衡量企业税收负担的一种方法。另一种指标是实际税率，即税收在税前利润中所占的比例。一个企业税收的多少由法定的税率与可税收入决定，这也受折旧减余额（depreciation deduction）以及其他一些特殊税法条款的影响。有一种实际税率被称为边际实际税率，用于衡量每增加单位投资所增加的税收。

与企业所得税的法定税率一样，企业所得税的实际税率也在下降。[40]在1980年代，许多国家降低了法定税率而扩大了企业所得税的税基，但却通过降低折旧减余额增加了资本投资的税收。因此，实际税率其实降得并不多。从1990年代开始，税基的扩大并不明显，这多少与折旧减余额有关。[41]于是，实际税率近些年来也与法定税率一样开始下降了。

美国企业所得税的实际税率是全世界最高的税率之一。税收学者杰克·明兹（Jack Mintz）在2007年比较了80个国家的边际实际税率，[42]美国以38%的高比率排名第四，在30个经合组织成员国中排名第一。衡量边际实际税率有多种方法，但大部分研究在分析针对股本融资的税收的税率后，都认为美国的税制是最没有竞争力的税制之一。

法定税率与实际税率都对税收竞争有很重要的影响，因为这两种税率都会影响企业的决策。一般说来，实际税率会影响公司在资本投资方面的决策，一些学者研究发现像选择最有利的国家投资设厂这样重大而独立的投资决策，往往受该国的平均实际税率的影响，而像购买一台新机器这样的渐进式决策则受边际实际税率影响最大。

企业所得税的法定税率同时影响企业的投资决策与避税策略，例如跨国公司可以改变对两个国家所报的利润额。“对于法定税率，企业申报收入时有很大的弹性，在真实资产不动的情况下，企业收入也很容易在两个不同的地区进行转移。”[43]法定税率之所以重要还在于这是衡量一个国家税负最显眼的标志——当一个国家降低法定税率时，这就是在向全球投资者释放“引进外资”的强烈信号。本书第六章将进一步探讨企业所得税税率与企业避税。

## 企业资本利得税

企业税收中一个重要却常常被人忽视的税种就是对企业资本增值所征的税。

企业税收中一个重要却常常被人忽视的税种就是对企业资本增值所征的税。企业资本也会增值，比如企业出售它持有的其他企业的股份。假如一个大公司投资一个小公司发展新技术，如果这一风险投资获得成功，大公司一般会卖掉它所持有的股份而用这些资金进行新的投资。但企业资本利得税却会降低这种资本重组的效率。像个人资本利得税一样，企业资本利得税也会把企业股票的所有权“套牢”，这同样会降低资本市场的效率。

美国的联邦企业资本利得税与企业所得税一样高达35%。美国尚未完成的企业资本增值超过了8000亿美元，这说明这种高税率对效率的损害非常大，导致大量资本被“套牢”。[44]除了“套牢”的问题外，企业资本利得税对企业股权增加了额外的税收，这挫伤了投资的积极性。这种高税率同样导致企业为避税而浪费大量金钱用于税收筹划。

美国畸高的企业资本利得税与其他大部分国家形成鲜明的对比。最近一份研究显示，欧盟的27个成员国中有16个全部或部分免除企业在出售子公司股份时的资本利得税。[45]目前资本利得税全免的国家有德国、爱尔兰、荷兰、新西兰、西班牙、瑞士和英国。[46]

不征收资本利得税的国家对于公司来说是一个设立总部的好地方。在这些国家，企业在重组子公司时可以享受到最低的税收负担。德国在2000年取消了其曾经高达50%的企业资本利得税，以鼓励德国的产业重组。有趣的是，这一改革招惹了欧盟，欧盟认为德国在搞“不正当税收竞争”，因为这一改革会使德国吸引到更多的国外投资。[47]

## 跨境投资税

全球税收竞争使各国对跨境投资所得的“代扣所得税”行为减少了。这些“代扣所得税”行为常常是针对国外投资者与国外公司的利息、股息、资本增值和特许权使用费。[48]在过去，如果一个德国投资者购买了福特汽车公司发行的债券，他所获得的利息收入将被美国代扣所得税。但这几十年来，这种代扣所得税的做法已经发生了极大的变化。

这种代扣所得税抑制了投资者的投资热情，因为在这种情况下，投资者不愿意把钱投入公司以免被收取“退出费”。现在投资者可以在全球范围内的经济体中选择投资机会，对跨境的资本流动少征税将会吸引到大量资本。如果美国还试图对购买美国公司股票的德国人征收重税，这些投资者就会将资金转而投向其他税率低的国家。

美国在减少代扣所得税方面已经成了领导者，外国人储存在美国银行的钱已经被免征利息税了。[49]早在 1984 年时的美国，外国人无论是投资政府债券还是私人债券，他们所获得的证券利息就不再被课税了。现在，一个国外投资者无论是购买联邦政府的债券还是福特汽车公司的债券，他所获得的利息不会再被课税的。有意思的是，1984 年的这一次法案修改在一定程度上是出于美国联邦政府吸引国外游资的需要，美国联邦政府当时巨大的预算赤字需要这些游资来填补。

1984 年美国修改这一法案所产生的效应现在成了税收竞争的经典案例。正如一位专家所说，“打那以后，所有的经济大国都取消了对利息代扣所得税，都担心如果不这么做会使流动资本都跑到美国去了。”[50]今天，“对非本国居民因银行存款、购买政府债券与公司债券而获取的利息，绝大部分发达国家都取消了课税”。[51]

每一个国家都非常清楚，如果对跨境利息课税，这将会导致资本流入其他税率低的地区。发生在 1980 年代与 90 年代的一些插曲让德国吸取了这一教训。那时，德国采用代扣所得税制度对外国人的利息进行课税，这导致了投资者的巨大反应，他们纷纷从德国撤回存款转而将它们存到像卢森堡这样税率低的地方去。[52]

对美国来说，对外国人的利息采取免税政策吸引到了大量资本。到目前为止，储存在美国银行的国外资本已高达 2.6 万亿美元[53]，美国佛罗里州达东南部的迈阿密市现在已经成为了拉美银行业的中心。自从 1984 年修改法案后，已经约有 3000 亿美元的投资从拉美流入到了美国。[54] 富有的拉美人都把他们的资产转移到了国外，这其实并不奇怪，因为这个地区对财产权没有丝毫的尊重，政局也很不稳定。[55]

但拉美近来在税收方面正在朝着正确的方向前进。巴西不再对外国人购买政府债券所获的利息代扣所得税，而且国内投资来势汹涌。[56] 墨西哥取消了对美国人获得的股息代扣所得税，以试图吸引更多的投资。

除了在利息上的税收竞争外，美国对外国人获得的资本增值（不动产的资本增值除外）也免除了联邦税。许多专家认为美国也应该取消对外国人所获股息的课税。[57] 目前，精明的投资者能规避针对股息的代扣所得税，但这样他们筹集到的资金很少。[58] 这产生的后果就是阻止了大量的股权投资进入美国。

全球目前已签署了超过 2000 个避免双重征税协定，这是取消代扣所得税的有力武器。[59] 税收协定能保证跨境资金流量不被双重课税，因此，他们一般都取消了对利息、股息和特许权使用费的代扣所得税。例如，美国与日本在 2004 年签署的一个协定就取消了对专利费、特许权使用费与公司股息的代扣所得税。这一改革将会带来高科技产品的贸易增长与双向投资的不断扩大。美国的税收协定一般是将跨境特许权使用费与利息税的税率降为零，同时大幅降低或取消公司股息税。[60]

税收协议中达成的减税措施推动了全球融合，使世界各地的投资者和储蓄者都获得了好处。在 2007 年，加拿大与美国签署了一个税收协定，将利息支付的代扣所得税的税率从 10% 降为零。华盛顿的税收协定专家卡罗尔 · 杜奈胡说，“政府在任何时候降低代扣所得税的税率，这都将促进跨境贸易与投资增长，以利息税为例，降低了贷款方的成本，企业与消费者的成本也会降低。”[61]

## 无效率的税收竞争

到目前为止，我们说了很多关于税收竞争的好消息，如税收竞争是如何推动有利于增长的税制改革等。但税收竞争的效果却不止于此。除了简单的税收减免，税收竞争还促使各个国家出台税收抵免、设置免税期以及其他特别的税收减免政策。有调查发现，共有 103 个国家对外国公司提供了各种特别减免税政策。[62]这些特别减免税政策在近年来变得非常普遍了，特别是在发展中国家。[63]

以印度为例，关于这个国家科技产业发达的新闻报道都把目光集中在廉价而优质的工程师与科技人员。但印度之所以能吸引如此巨大的高科技投资，其另一个原因是该国对软件与互联网公司给予了特别的税收优惠政策。印度最近成立了经济特区，特区承诺对企业提供 15 年的免税期，并免征关税。[64]

跨国公司常常与印度这样的国家进行谈判，以期争取到一揽子特别税收优惠政策。英特尔公司说在国外投资办一个半导体工厂的成本比在美国至少要低 10 亿美元。[65]英特尔的 CEO 保罗·奥特里尼说，大部分额外的成本“是因为美国无法提供像其他地方那样的税收优惠”。[66]在中国、以色列和马来西亚等一些国家，英特尔能享受到很低的法定税率，而且还可以获得一些特别税收优惠政策，如免税期。

经济学家一般不赞同这种范围狭窄的刺激政策和特别行业的税收优惠，因为这会导致资源配置的扭曲。针对具体目标的税收优惠同时会增加税制的复杂性，还会增加腐败的机会。此外，在许多国家，特别的刺激政策只是一个“创可贴”，并不能解决根本性的制度问题。例如，尽管印度提供了很多范围狭窄的税收刺激政策，但它在全世界的经济自由度排名中却排在第 69 名。[67]

对于发展中国家来说，我们的建议是放弃这些特殊的税收政策，从根本上改善经济自由度，全方位实施低税率的税收制度。这个目标充满希望，很多国家都会朝这个方向前进，因为税收竞争降低了企业所得税的税率，还维持着高税率的特殊领域也必然会消失。当企业所得税的税率为15%时，那些游说者们很难在税收制度中剪出一个漏洞，让某个领域的企业所得税税率维持在35%。

一些国家的税制整体朝着改革的方向迈进，同时废除了范围狭窄的税收优惠政策。中国曾经在浦东、深圳这样的经济特区长期提供税收优惠政策，但在2008年，中国取消了这里的大部分税收优惠，取而代之的是全国法定的25%的企业所得税税率。

更激进的改革发生在埃及。2005年，埃及将企业所得税与个人所得税的最高税率从40%都降低到20%，同时也取消了一大批范围狭窄的税收优惠政策与各种免税期。[68]埃及税务局的负责人说，比起先前毫无章法的税收优惠政策来，低税率更能吸引国外投资。[69]埃及的财政部长说税制的复杂性差不多可以与美国比拼，但在取消了各种税收优惠并大幅降低税率之后，（埃及）政府从“一个捕食公民的政府转变成了一个支持公民的政府”。[70]

令人充满希望的是，其他发展中国家将结束各种税收优惠并同时降低一般性的企业所得税税率。当然，美国不应该提供税收优惠政策，但美国决策者的确需要意识到，位于国外的企业能享受到巨大的税收利益。联邦企业所得税的税率降低是非常必要的，不止是降低到仅仅与国外的低税率相匹配的程度，也要有助于抵消其他国家提供的特别税收优惠。

## 税收竞争与政府规模

我们已经考察了税收竞争如何促进个人所得税、资本利得税、纯益税、企业所得税、财产税和代扣所得税等税收的税率下降。税收竞争在全球掀起了一股有利于经济增长的税制改革浪潮。

尽管如此，绝大多数国家的税收竞争并没有导致政府税收收入的下降。面对不断膨胀的政府，税收竞争并没有“使野兽挨饿”。让我们再看看30个经合组织成员国，这些国家税收占 GDP 的比例在 1990 年时平均为 33.9%，而到 2000 年却上升到了 36.2%。[71]这个比例在 2005 年时仍然是 36.2%，上升的趋势似乎停止了。25 个欧盟成员国的负税率在 1999 年达到最高，为 42.3%，到 2005 年时降至 40.9%。[72]税收竞争的反对者们所担心的政府大大萎缩的局面并没有发生，而这却是税收竞争的支持者们所希望的。

但是，我们怀疑如果没有税收竞争，许多国家的政府会膨胀得更厉害。大约在过去的 15 年里，政府膨胀的速度放慢了。一些大的经济体的情况都表明在 1960 年代到 1980 年代之间，税收占 GDP 的比例提高非常快，然后开始趋于平稳。例如，在比利时、加拿大、丹麦、法国、德国、意大利、日本、瑞士、西班牙和瑞典都是这样。[73]在爱沙尼亚、爱尔兰和斯洛伐克等一些国家，税收在经济体中的比例在近些年来已有了实质性的下降。

在总税负的背后，还有很多内容的变化。经合组织成员国中个人所得税所占 GDP 的比例从 1990 年的 10.5%下降到了 2005 年的 9.2%。[74]所得税受税收竞争的影响是实质性的，相反，在同一时期消费税所占 GDP 的比例却从 10.2%上升到了 11.4%。消费税尽管也受税收竞争影响，但程度却很小。

在大多数国家，另一笔大税收是用于筹集社保基金的工资税。在经合组织成员国中，工资税占 GDP 的平均比例从 1990 年的 7.8%上升到了 2005 年的 9.2%。与所得税相比，消费税与工资税税率更低，结构更单一，这两种税更适合全球税收竞争。同样，工资税与消费税并不对存款与投资征税，这比所得税更富有竞争力，也更能促进经济增长。

企业所得税却是另一番景象。企业所得税的税基非常具有流动性，对税收竞争很敏感，然而大多数国家的企业所得税在近几年却迅猛上升。在经合组织成员国，企业所得税占 GDP 的比例从 1965 年的 2.2%稍稍上升到了 1990 年的 2.6%，[75]到 1990 年代，就在企业所得税税率大幅下降时，企业所得税的总额开始迅速增长。到 2005 年时，企业所得税在 GDP 中所占的比例竟达到了 3.7%。

如何解释当税率下降而税收总额却大幅增长呢？在 1980 年代，许多国家企业所得税的增长部分是因为降低了税率，但近几年来，税基扩大得很小。相反，导致企业所得税收入上升的主要原因看来是对税率降低的动态反应。因为企业利润被课税的比例少了，逃税行动不再像以前那样多了，很多利润便没再被瞒报，经济活动也有所增长。本书第六章将考察对企业所得税税率降低的动态反应，但现在我们先下一个判断：税收竞争与税率降低并没有使野兽挨饿，虽然我们希望它能发生。

单一税国家正在享受投资的增长，这些国家的避税行为也减少了很多，经济增长非常迅速。他们都是全球税收竞争的维护者。

在下一章，我们将目光投往现实世界中促进增长的税收实验——东欧的单一税改革。世界银行指出，“减税已经成为了东欧和中亚的趋势。罗马尼亚、保加利亚、爱沙尼亚、哈萨克斯坦、斯洛伐克和俄罗斯等大部分改革者的财政收入都增长了。”[76]单一税国家正在享受投资的增长，这些国家的避税行为也减少了很多，经济增长非常迅速。他们都是全球税收竞争的维护者。

## 参考文献

[1] European Parliament, “The Reform of Taxation in EU Member States”, Working Paper ECON 127, May 2001, p. 13.

[2] Authors’ calculations based on James Gwartney and Robert Lawson, Economic Freedom of the World (Vancouver: Fraser Institute, 2007). This data goes through 2005. We updated it to 2007.

[3] We used the average of the highest and lowest subnational rates in applicable countries. And in the few cases where applicable, various tax surcharges that increase the top rate are included. For example, the French rate includes the social charges CSG and CRDS. However, payroll taxes are not included in these tax rates.

[4] The combined rate takes into account the deductibility of state income taxes against the federal income tax. For U. S. state rates, see www. taxadmin. org/fta/rate/ind_ inc. html.

[5] Organization for Economic Cooperation and Development, Tax Database, Table I. 4, www. oecd. org/ctp/taxdatabase.

[6] We used all the nations in James Gwartney and Robert Lawson, Economic Freedom of the World (Vancouver: Fraser Institute, 2007) that had data for both 1985 and 2005. We updated the data to 2007.

[7] Margaret Thatcher, The Downing Street Years: 1979 – 1990 (New York: HarperCollins, 1993), p. 674.

[8] Hugo Young, The Iron Lady: A Biography of Margaret Thatcher (New York: Noonday Press, 1989), p. 146.

[9] For a discussion of inflation and tax brackets during the 1970s, see Alan Reynolds, "Some International Comparisons of Supply – Side Tax Policy", Cato Journal 5, no. 2 (Fall 1985), p. 543.

[10] Organization for Economic Cooperation and Development, Taxation of Capital Gains of Individuals (Paris: OECD, November 2006), p. 11.

[11] Congressional Budget Office, "The Budget and Economic Outlook: Fiscal Years 2008 to 2017", January 2007, p. 86.

[12] Data based on Australian Government, The Treasury, "International Comparison of Australia' s Taxes", April 3, 2006, p. 208. See also Organization for Economic Cooperation and Development, Taxation of Capital Gains of Individuals (Paris: OECD, November 2006), p. 33. We used the federal rates for Canada and the United States. Also, we used a zero rate for the Netherlands.

[13] In addition to capital gains tax cuts, rule changes for U. S. pension plans in 1978 helped kick – start the U. S. venture capital industry. The new rules allowed pension funds to fund higher – risk investments. See Chris Edwards, "Entrepreneurial Dynamism and the Success of U. S. High – Tech", Joint Economic Committee, October 1999.

[14] These rates take into account that individual taxes are assessed on after – tax profits.

[15] Sijbren Cnossen, "Reform and Coordination of Corporation Taxes in the European Union", Tax Notes International, June 28, 2004, p. 1327.

[16] Isabelle Joumard, "Tax Systems in European Union Countries", Organization for Economic Cooperation and Development, Economics Working Paper no. 301, June 2001, p. 26.

[17] Harry Huizinga and Gaetan Nicodeme, "Are International Deposits Tax – Driven?" University of Michigan, Office of Tax Policy Research Working Paper no. 2001 – 16, July 2001, p. 31.

[18] Tax Notes International, Country Digest, "Government Sends Tax Reform Bill to Parliament", November 5, 2007, p. 564.

[19] Darryl Tait, "Days Are Numbered for Wealth Tax", Tax Notes International, April 2, 2007, p. 37.

[20] Christopher Caldwell, "Johnny Hallyday Fell Foul of France' s Taxes", op – ed, Financial Times, December 22, 2006.

[21] Merrill Lynch and Capgemini, "World Wealth Report", 2004, p. 20.

[22] South China Morning Post, "Hampered Havens Help Hong Kong", editorial, June 15, 2007.

[23] Linda Ng, "New Analysis: Budget Boosts Singapore as Top Private Wealth Center", Tax Notes International, February 25, 2008, p. 644.

[24] Linda Ng, "New Analysis: Budget Boosts Singapore as Top Private Wealth Center", Tax Notes International, February 25, 2008, p. 644.

[25] Authors, based on various sources including PricewaterhouseCoopers and the American Council for Capital

Formation, "New International Survey Shows U. S. Death Tax Rate among Highest", July 2005. These rates are for estates passed to children.

[26] PricewaterhouseCoopers and the American Council for Capital Formation, "New International Survey Shows U. S. Death Tax Rate among Highest", July 2005.

[27] Australian Government, The Treasury, "International Comparison of Australia' s Taxes", April 3, 2006, p. 49.

[28] For example, see Martin Feldstein, "Kill the Death Tax Now", op - ed, Wall Street Journal, July 14, 2000.

[29] Gregory Mankiw, Remarks at the National Press Club, Washington, November 4, 2003.

[30] Lucy Chennells and Rachel Griffith, Taxing Profits in a Changing World (London: Institute for Fiscal Studies, September 1997), p. 28 and Appendix C.

[31] Michael Devereux, "Developments in the Taxation of Corporate Profit in the OECD since 1965: Rates, Bases, and Revenues", Oxford University Centre for Business Taxation, WP 07/04, December 2006.

[32] The Economist, "A Model of Success", October 14, 2004.

[33] KPMG, "KPMG' s Corporate and Indirect Tax Rate Survey", 2007. Updated by the authors to 2008.

[34] The average top rate in the 44 states that have corporate income taxes was 7. 0 percent in 1980 and 7. 4 percent in 2007. Authors' calculations based on data from the Tax Foundation.

[35] KPMG, "KPMG' s Corporate and Indirect Tax Rate Survey", 2007. See also European Commission, "Taxation Trends in the European Union, 2007 Edition," June 2007, p. 34.

[36] Charles Gnaedinger, "Practitioners Offer Advice On German Tax Reforms", Tax Notes International, September 24, 2007, p. 1115.

[37] Data for the figure from KPMG, "KPMG' s Corporate and Indirect Tax Rate Survey", 2007. The figure includes all the countries within each continent for which KPMG had data for 2007.

[38] World Bank, "Doing Business 2007", 2006, p. 39, www. doingbusiness. org.

[39] Steffen Ganghof, "Global Markets, National Tax Systems, and Domestic Politics: Rebalancing Efficiency and Equity in Open States' Income Taxation", Max Planck Institute (Germany), September 2001, p. 19.

[40] Michael Devereux, "Developments in the Taxation of Corporate Profit in the OECD since 1965: Rates, Bases, and Revenues", Oxford University Centre for Business Taxation, Working Paper 07/04, December 2006, Figure 7.

[41] Michael Devereux, "Developments in the Taxation of Corporate Profit in the OECD since 1965: Rates, Bases, and Revenues", Oxford University Centre for Business Taxation, Working Paper 07/04, December 2006, Figure 5.

[42] Jack Mintz, "The 2007 Tax Competitiveness Report: A Call for Comprehensive Tax Reform", C. D. Howe Institute (Canada), 2007. Mintz' s calculations include the corporate income tax, capital taxes, sales taxes on purchased inputs, and other corporate levies.

[43] Jack Mintz and Michael Smart, "Income Shifting, Investment, and Tax Competition: Theory and Evidence from Provincial Taxation in Canada", University of Michigan Business School, Working Paper 2001 -15, July 2001, p. 2.

[44] Mihir Desai, "Taxing Corporate Capital Gains", Tax Notes, March 6, 2006.

[45] Study cited in U. S. Department of Treasury, "Approaches to Improve the Competitiveness of the U. S. Business Tax System for the 21st Century", December 20, 2007, p. 68.

[46] Australian Government, The Treasury, "International Comparison of Australia' s Taxes", April 3, 2006, p. 158, 189.

[47] Ulrika Lomas, "European Union Concerned Over Germany' s Abolition of Capital Gains Tax", Tax-News. com, April 12, 2001.

[48] To be more particular, these are taxes placed on payments to nonresident aliens and foreign corporations that do not have any income "effectively connected" to a U. S. business. For background, see Yaron Reich, "Taxing Foreign Investors' Portfolio Investments: Developments and Discontinuities", Tax Notes, June 15, 1998, p. 1465.

[49] Marshall Langer, "Harmful Tax Competition: Who Are the Real Tax Havens", Tax Notes, January 29, 2001, p. 667.

[50] Reuven Avi - Yonah, "Globalization, Tax Competition, and the Fiscal Crisis of the Welfare State", 113 Harvard Law Review, May 2000, p. 6.

[51] Reuven Avi - Yonah, "Globalization, Tax Competition, and the Fiscal Crisis of the Welfare State", 113 Harvard Law Review, May 2000, p. 7.

[52] Reuven Avi - Yonah, "Globalization, Tax Competition, and the Fiscal Crisis of the Welfare State", 113 Harvard Law Review, May 2000, p. 8. And see Nathaniel Nash, "Germans in Tax Revolt Embrace Luxembourg", New York Times, November 25, 2004.

[53] U. S. Bureau of Economic Analysis, Survey of Current Business, March 2007, Table G. 1.

[54] Reuven Avi - Yonah, "Globalization, Tax Competition, and the Fiscal Crisis of the Welfare State", 113 Harvard Law Review, May 2000, p. 9.

[55] Merrill Lynch and Capgemini, "World Wealth Report", 2006, p. 18.

[56] International Monetary Fund, "Global Financial Stability Report", April 2007, p. 92.

[57] Yaron Reich, "Taxing Foreign Investors' Portfolio Investments: Developments and Discontinuities", Tax Notes, June 15, 1998, p. 1465.

[58] Reuven Avi – Yonah, "Globalization, Tax Competition, and the Fiscal Crisis of the Welfare State", 113 Harvard Law Review, May 2000, p. 7.

[59] For background, see Barbara Angus, Department of the Treasury, Testimony to the Senate Committee on Foreign Relations, February 25, 2004.

[60] Gary Hufbauer and Ariel Assa, U. S. Taxation of Foreign Income (Washington: Peterson Institute for International Economics, 2007), p. 163.

[61] Kristen Parillo, "Canada – U. S. Treaty Protocol Hailed As Good Deal for Both Countries", Tax Notes, October 1, 2007, p. 26.

[62] Reuven Avi – Yonah, "Globalization, Tax Competition, and the Fiscal Crisis of the Welfare State", 113 Harvard Law Review, May 2000, p 12.

[63] Michael Keen and Alejandro Simone, "Is Tax Competition Harming Developing Countries More Than Developed?" Tax Notes International, June 28, 2004, p. 1317.

[64] United Nations Conference on Trade and Development, World Investment Report (New York, UNCTAD, 2007), p. 47.

[65] Paul Otellini, Intel Corporation, Testimony to the President' s Panel on Tax Reform, March 31, 2005. And see Craig Barrett, Intel Corporation, Testimony to the House Committee on Ways and Means, June 22, 2006.

[66] Paul Otellini, Intel Corporation, Testimony to the President' s Panel on Tax Reform, March 31, 2005.

[67] James Gwartney and Robert Lawson, Economic Freedom of the World (Vancouver: Fraser Institute, 2007).

[68] World Bank and PricewaterhouseCoopers, "Paying Taxes: The Global Picture", 2006, p. 21, www.doingbusiness.org/taxes.

[69] American Chamber of Commerce in Egypt, "Business Monthly", September 2005, www.amcham.org.eg/Publications/BusinessMonthly/september%2005/inperson.asp.

[70] Lisa Nadal, "Finance Minister Takes Aim at 'Predatory' Domestic Taxes", Tax Notes International, April 23, 2007, p. 346.

[71] Organization for Economic Cooperation and Development, Revenue Statistics: 1965 – 2006 (Paris: OECD, 2007), p. 74.

[72] Monika Wozowczyk and Anne Paternoster, "Tax Revenue in the EU", European Community (Eurostat), June 2007.

[73] Organization for Economic Cooperation and Development, Revenue Statistics: 1965 – 2006 (Paris: OECD, 2007), p. 98.

[74] Organization for Economic Cooperation and Development, Revenue Statistics: 1965 – 2006 (Paris:

OECD, 2007), p. 80, 82, 87.

[75] Organization for Economic Cooperation and Development, Revenue Statistics: 1965 – 2006 (Paris: OECD, 2007), p. 81. See also Michael Devereux, "Developments in the Taxation of Corporate Profit in the OECD since 1965: Rates, Bases, and Revenues", Oxford University Centre for Business Taxation, Working Paper 07/04, December 2006.

[76] World Bank, "Doing Business 2007", 2006, p. 38, www.doingbusiness.org.

# 第四章
# 单一税俱乐部

- 单一税是什么
- 单一税的兴起
- 税收竞争的角色
- 单一税改革的变化
- 单一税的成功

在1980年代，税收竞争中最好的故事莫过于英国和美国等工业大国降低个人所得税与企业所得税的税率。到90年代，降税愈演愈烈，并且大范围地扩展。在最近十年里，有关税制竞争最激动人心的故事就是单一税革命。到2008年止，已经有25个管辖区采纳了单一税率的个人所得税。这个“单一税俱乐部”正在一年一年地发展壮大。

在最近十年里，有关税制竞争最激动人心的故事就是单一税革命。

具有讽刺意味的是，那些从前的共产主义国家现在成了孕育单一税改革的摇篮。从西方的捷克共和国到东方的蒙古国，一共有17个前共产主义国家加入了单一税俱乐部，这些国家都采取单一税来刺激增长，降低逃税行为，并吸引外资。像爱沙尼亚和斯洛伐克这些改革先锋激发了一批国家加入到单一税革命的行列中来，而在其他很多国家，单一税的改革方案都能获得不管是左翼政党还是右翼政党的支持。

单一税国家选择了废弃多重税率的所得税制度，而采用减除额较小、很少免税的单一税率的税制。今天，单一税国家的个人所得税的平均税率仅为17%，大部分单一税国家也降低了企业所得税的税率，这些国家企业所得税的平均税率仅为18%。

在这一章，我们将考察单一税的结构，具体分析每一个单一税国家的改革。单一税革命将可能会继续扩大到西欧国家，因为这些国家正在感受到来自单一税国家的竞争压力。在英国、德国和其他一些国家已经在开始讨论单一税了。[1]毛里求斯于2007年开始改革实施单一税，这是非洲第一个单一税国家，亚洲国家的单一税改革时机也可能已经成熟了，2007年蒙古国继香港之后成为了亚洲第二个加入单一税俱乐部的地区。在美国，单一税已经被讨论很多年了，但一直未被采纳。不过，这还是非常有希望的，这些讨论会给美国的决策者带来勇气，让美国也能登上单一税的快车。

## 单一税是什么

“单一税”意味着一种针对个人的法定税率单一的直接税。单一税的概念同时也意味着废除税收的特别偏向，每个人被平等地对待，收入只被课一次税。理想的单一税结构是胡佛研究所的罗伯特·霍尔（Robert Hall）和阿尔文·拉布什卡（Alvin Rabushka）在他们1983年的著作《单一税》中所论述的那样。[2]霍尔—拉布什卡单一税模型在1990年代赢得了众议院多数党领袖迪克·阿米（Dick Armey）和总统候选人史蒂夫·福布斯（Steve Forbes）的支持。霍尔—拉布什卡单一税制度将取消联邦所得税，取而代之的新税制将具有三个关键的特点：税率单一、消除特殊偏爱、对存款与投资持中立态度。

税率单一。在减去免征额的基础上，单一税只有一种税率。其目标旨在平等对待每一位纳税人并尽量降低税率以减少税收对经济的扭曲。正义的基本原则是法律面前人人平等，这也是单一税所追求的。很低且单一的税率能够减少对生产活动的惩罚性税收，并且鼓励人们乐于纳税，此外，这种单一的低税率还使得吸引劳动力与资本在税收竞争中的重要性不断增加。

消除特殊偏爱。单一税消除了免税条款中对某些人群与产业的特殊偏爱。通过取消这些税收减免、抵扣等优惠政策，资源配置被税收优惠政策扭曲的情况就会大大减少，资源也会自然流向最能发挥效用的地方，经济因此能获得更好的增长。通过取消税法中的各种特殊优惠政策，税制将被大大简化，这同样也会减少税收领域中的政治腐败。

对存款与投资持中立态度。最理想的单一税对每种收入来源只课税一次。相反，目前美国的税制对有些来源的收入完全不课税而对另外某些来源的收入则多次课税。设计优良的单一税税制中不存在资本利得税，也不会对股息等双重扣税。在霍尔—拉布什卡的单一税设计中，不会再存在像目前美国所得税制度中的那种对存款与投资的税收歧视。

我们这一章所考察的国家都对个人所得采用了单一税率，这是加入单一税俱乐部的门票。另外，几乎所有单一税国家都大刀阔斧地取消了特殊税收偏爱，弥补了税法中的漏洞。而且大部分单一税国家都在减小对存款与投资的歧视性偏见以制定中立而有效的免税制度。虽然目前没有任何一个国家完全采用了霍尔—拉布什卡的单一税制度，但所有的单一税国家都朝简单、公正且有效的税制迈进了一大步。

## 单一税的兴起

单一税引起了专家们浓厚的兴趣，但挑战在于说服决策者们坚持改革。单一税与很多政客们的兴趣相反，因为单一税会阻止这些政客通过各种免税条款对经济进行微观管理，单一税制度不再需要政客们对他们偏向的产业或人群提供各种特殊的税收优惠。

改革的另一个阻力在于一些专家和国际组织认为单一税在现实世界中不可行。香港自 1947 年开始实行单一税，但因它是殖民地而被视为一个特例，而英国泽西岛和根西岛的单一税制度因其地方太小而不被人知。牙买加在 1986 年开始也采用了单一税，但可能因为它税率高而且是一个发展中国家而被忽略了。

波罗的海地区的爱沙尼亚、拉脱维亚和立陶宛在 1990 年代也都采用了单一税，但评论家们对这些改革只是轻描淡写，因为这些国家太小了。近十年，俄罗斯和其他一些东欧大国也开始采用单一税，评论家们开始承认单一税有意义，至少对转型国家的经济来说是这样。

但是，一些批评家依然无视单一税的发展，认为这只是一时的时尚而已。国际货币基金组织在 2006 年的一份研究报告中冒失地说，“往前展望，问题与其说是有多少国家将采用单一税，还不如说是这些国家是否会废除单一税。”[3]但自从国际货币基金组织发表这一论断之后，又有十多个国家加入了单一税俱乐部，包括像冰岛这样成熟的高收入国家。

每一个采用了单一税的国家都在坚持它。在一些国家中，政府由于实行单一税政策而下台，但接下来上台的政党也没有扭转这一进程而废除单一税。也许一些单一税政策在将来会被颠覆，但单一税的持久性是到目前为止它运作良好的确切证明。

表4.1按单一税生效的时间顺序排列了全球25个单一税国家与地区。[4]泽西岛最早在1940年就开始实行了单一税，保加利亚与捷克共和国是单一税俱乐部里的最新成员，它们是在2008年加入的。大部分国家都是在1990年代中期开始采用单一税，以后每年都有新国家加入这一行列。虽然也有一些管理辖区完全没有所得税，如巴哈马，他们实质上是采用了税率为0的单一税，但我们没有把它列入到这个表中，我们坚持只列出以简单单一税代替了多重税率税制的国家。同样，我们发现一些国家的税制非常接近单一税，但它们并不是彻底的单一税制。[5]

在回顾单一税改革的历史中，我们注意到的几种模式有：

税率很低的单一税。这些国家选择了低税率的单一税。近十年加入的国家大都采用了税率为15%或者更低税率的单一税。低税率非常重要，因为单一税创造的经济利益随着税率的降低而增加。低税率会激发生产性活动并减少非生产性活动，如减少逃税行为。竞争精神使许多单一税国家采用了比它们邻国更低的税率。

税率不断下降的单一税。许多单一税国家的税率已经下降了。爱沙尼亚的单一税税率从26%下降到了21%，而且计划进一步降低。立陶宛的税率从33%降到了24%，马其顿在2007年开始采用税率为12%的单一税，但到2008年它的税率已经降到了10%。黑山共和国计划将其单一税的税率在2010年从15%降至9%。捷克共和国的单一税计划在2009年将税率从15%降至12.5%。

**表4.1　　单一税俱乐部：所得税税率（2008）**

| 国家/地区 | 采用单一税的年度 | 个人单一税率（%） | 企业单一税率（%） |
|---|---|---|---|
| 泽西岛 | 1940 | 20.0 | 20.0 |
| 香港 | 1947 | 15.0 | 16.5 |
| 根西岛 | 1960 | 20.0 | 20.0 |
| 牙买加 | 1986 | 25.0 | 33.3 |

续表

| 国家/地区 | 采用单一税的年度 | 个人单一税率（%） | 企业单一税率（%） |
|---|---|---|---|
| 爱沙尼亚 | 1994 | 21.0 | 21.0 |
| 立陶宛 | 1994 | 24.0 | 15.0 |
| 拉脱维亚 | 1995 | 25.0 | 15.0 |
| 俄罗斯 | 2001 | 13.0 | 24.0 |
| 斯洛伐克 | 2004 | 19.0 | 19.0 |
| 乌克兰 | 2004 | 15.0 | 25.0 |
| 伊拉克 | 2004 | 15.0 | 15.0 |
| 罗马尼亚 | 2005 | 16.0 | 16.0 |
| 格鲁吉亚 | 2005 | 12.0 | 15.0 |
| 吉尔吉斯斯坦 | 2006 | 10.0 | 10.0 |
| 德涅斯特河沿岸共和国 | 2006 | 10.0 | 10.0 |
| 特立尼达拉岛 | 2006 | 25.0 | 25.0 |
| 冰岛 | 2007 | 35.7 | 18.0 |
| 哈萨克斯坦 | 2007 | 10.0 | 30.0 |
| 蒙古国 | 2007 | 10.0 | 25.0 |
| 马其顿 | 2007 | 10.0 | 10.0 |
| 黑山共和国 | 2007 | 15.0 | 9.0 |
| 阿尔巴尼亚 | 2007 | 10.0 | 10.0 |
| 毛里求斯 | 2007 | 15.0 | 15.0 |
| 捷克共和国 | 2008 | 15.0 | 21.0 |
| 保加利亚 | 2008 | 10.0 | 10.0 |
| 25 个辖区平均 | | 16.6 | 17.9 |

数据来源：作者编辑。爱沙尼亚对留存利润的企业所得税税率为0。

税率反弹的单一税。没有一个单一税国家重新采用了多重税率的税收制度，尽管单一税缺少像国际货币基金组织这样的官方机构的支持，但单一税国家却依然不断向前走。最近俄罗斯的单一税发生了危机，但决策者们最终还是否决了重回多重税率的提案，这一提案规划的最高税率为30%。[6]斯洛伐克的社会主义者与国家主义者在2006年的大选中获胜而联合执政，执政者认为2004年开始实行的单一税是一个危险的事情。为了保存自己的声誉，他们也并没有对这个正在带来经济增长的单一税胡乱地进行修补，因而斯洛伐克的单一税现在依旧安全地继续着。

## 税收竞争的角色

有一种思潮，众多专家都声称它不具可行性，很多政客的政治目标也与其相反，但却在1990年代风靡全世界，这又是如何发生的呢？答案就在于日益兴起的税收竞争和许多前苏联国家的市场化改革。在苏联刚解体之时，没有任何一个人曾预测过中欧和东欧的这些国家会实行单一税制度。到1990年代早期时，虽然税收竞争已经使许多国家进行了减税，但单一税还只停留在学术界，对学界之外的人来说是完全陌生的。

有一种思潮，众多专家都声称它不具可行性，很多政客的政治目标也与其相反，但却在1990年代风靡全世界，这又是如何发生的呢？

1994年，爱沙尼亚的税制进行了突破性的变革，它开始采用税率为26%的单一税制度。历史学教授出身的总理马尔特·拉尔（Mart Laar）领导了这一富有想象力的改革。拉尔曾一直在思考如何拯救陷入挣扎的爱沙尼亚经济，他回想起经济学家米尔顿·弗里德曼（Milton Friedman）曾主张过的单一税。接着，拉尔对爱沙尼亚众多税收专家提出的采用多重税率的建议非常明智地采取不予理睬的态度，对国际机构的类似建议也不把它当回事，而是把单一税提上了改革的日程。

爱沙尼亚激动人心的改革自然引起了它的邻国立陶宛和拉脱维亚的注意，这些国家很快也采用了单一税。虽然这三个波罗的海国家最早都采用了税率较高的单一税，但现在它们的税率已经降低了很多。

虽然在1990年代后期，单一税革命经过了一段时间的休眠期，但令人惊奇的众多改革又重新使它苏醒过来了。在2001年，俄罗斯这个前共产主义国家的领导者放弃它复杂而繁重的税收制度，改而采用税率为13%的单一税，数十种阶级福利被抛往九霄云外，所有人在税收方面都获得了平等的待遇。此外，俄罗斯还降低了企业所得税的税率。

在俄罗斯的单一税改革过程中，普京的经济顾问安德烈·伊拉里昂诺夫（Andrei Illarionov）的功劳非常大。低税率的单一税给俄罗斯创造了巨大的利益，自从采用单一税之后，避税行为减少了，经济变得繁荣，俄罗斯政府显著增长的财政收入引起了广泛注意。[7]

斯洛伐克在2004年加入了单一税俱乐部。斯洛伐克19%的单一税率是一个重要进步，因为这次改革非常接近单一税的理想状态。斯洛伐克的单一税取得了很大的成功，它吸引到了大量的国外资本，而且对接下来罗马尼亚、保加利亚和捷克共和国决定采用单一税起了关键的作用。

中欧和东欧的许多国家已经实质性地降低其所得税的税率，展望未来，我们可以预见这些国家的前景也将是加入单一税俱乐部。匈牙利的企业所得税仅为16%，而且在1990年代大幅降低了其个人所得税的税率；在过去十年间，波兰将其企业所得税的税率从38%降到了19%；斯洛文尼亚正在将其企业所得税从25%降到20%，而且去年它已经把个人所得税的最高税率从50%降到了41%。

这三个国家都感受到了竞争压力，它们的领导人都提议采用单一税来应对。2007年当捷克共和国宣布实行税率为15%的单一税时，波兰的一家报纸评论说，“波兰被低税率的单一税国家所包围，如果波兰政府拒绝低税负，那资本都会往国外去发展。”[8]

从共产主义阵营中出来的国家成了单一税革命的先锋，这些国家的人们对建立在怨恨与阶级福利基础上的税收制度似乎毫无同情，他们懂得待遇平等的重要性。这也是单一税为什么在他们那里受欢迎的一个理由。

从实际角度来说，在共产主义统治的几十年中，经济增长其实并不存在，生活水平也陷于停滞。前共产主义国家的人都渴望能赶上它们西欧的邻居。单一税是使他们实现跨越式发展的一个办法，现在东欧与西欧的收入差距在缩小。每次一个新的国家采用单一税，这个国家就实现了快速的经济增长，这又促使其他国家也跟着采用单一税。

对于许多国家来说，单一税最大的卖点在于这是鼓励人们守法纳税的最好办法。这些后共产主义政府早期通常都征收重税，这导致避税问题非常严重。

在采用低税率的单一税之后，人们向政府隐瞒收入的动力大大减小了。

2007年，为了促成阿尔巴尼亚的单一税改革，其总理萨利·贝里沙（Sali Berisha）说："单一税就是要简化征税程序，鼓励将地下经济合法化，吸引国外直接投资，使经济更具竞争力。"[9]最近开始采用单一税的保加利亚也有一则类似的新闻：

> 前总理伊万·科斯托夫（Ivan Kostov）宣布支持这一法案，他说这有助于解决地下经济的问题，据估计地下经济已经占到了经济总量的30%到40%。科斯托夫是右翼政党强大保加利亚民主党的领导人，他说单一税是唯一可以让寡头统治集团的成员和保加利亚富豪交税的办法。单一税还可以吸引国外直接投资，这已经被这一地区的其他国家成功利用，这也对促成这一法案起了作用。[10]

再往前看，有人会疑虑单一税是否会从前共产主义国家扩大到西欧各国。西欧的许多政客都对单一税怀有敌意，都指责来自东欧的"不公平的税收竞争"。自1980年代以来，西欧各国虽然都实质性地降低了税率，但其意识形态对单一税仍然是抵制的，就像美国一样。

这就是为什么最近冰岛采用单一税是如此有趣。北欧被认为是社会主义思想的温床，但冰岛却在2007年抛弃它的多重税率的税收制度而采用税率为36%的单一税。这个单一税虽然税率很高，但它却能平等对待每一个纳税人，而且对存款和投资所得的收入非常友善没有敌意。随着时间的流逝，我们可以预料到这个税率一定会下降。冰岛的改革将开始把单一税革命传播到西欧各国，这是很有希望的。

冰岛的改革将开始把单一税革命传播到西欧各国，这是很有希望的。

## 单一税改革的变化

当一个国家采用单一税率的个人所得税时，就意味着这个国家加入了单一税俱乐部，不同单一税国家的单一税结构有很多不同之处。一个不同是在一些国家个人所得税与企业所得税的税率是相同的，而另外一些国家这两种税的税率并不相同。相同税率可以减小税收带来的扭曲，从表4.1中可以看出税率相同的国家占了全部单一税国家的一半。例如，爱沙尼亚的个人所得税与企业所得税都是21%，保加利亚则都为10%。俄罗斯等国家把企业所得税的税率降得与个人所得税一样低，都因此而获益不浅。

单一税制度中的另一个不同在于对待存款与投资的处理办法不同。从最佳的处理方式来看，存款与投资的行为在税制上不应该被歧视，而应该享受与消费行为一样的地位，这也是大多数所得税制度通常的做法。取消资本利得税、结束对股息双重征税以及废除遗产税和财产税等手段都是朝这个目标前进。一般说来，单一税国家都没有对存款与投资采用完全中立的态度，但一些国家非常接近这一目标。

例如，捷克共和国与香港都不征收资本利得税。斯洛伐克仅对企业股息征收19%的税，不对个人股息征税。拉脱维亚免除了个人收入中的国内股息的税收，只对企业层面的利润征收15%的税。爱沙尼亚对保留的企业利润实行零税率，对分给股东的利润则在企业层面征税。这些国家对待存款与投资的情况都比美国的所得税制度要好很多。

除了这些税收结构的不同外，单一税国家的经济环境彼此也差别很大。单一税制度在经济政策中是一大突破，但这也并非万能的灵丹妙药。要实现繁荣，单一税国家还需要保护产权、稳定货币、适度的政府开支以及其他市场化政策。如果有推动经济增长的氛围，一个国家就可以从单一税中获得最大程度的好处。如果投资者要担忧他们的财产可能会被没收，那么这个国家即使实行税率非常低的单一税，也不可能吸引到投资。

我们来看看这些单一税国家在弗雷泽研究所（FraserInstitute）发布的世界经济自由度排名中的情况。[11]弗雷泽研究所的这项研究对各国的产权保护、货币政策、贸易开放度等41个指标进行了评估，单一税俱乐部中的爱沙尼亚、香港和冰岛都在全球经济自由度最高的地区之列。另外，像俄罗斯和乌克兰虽然不那么自由，但如果它们实行更大范围的经济改革，它们将从单一税中获取更多的利益。

**表 4.2　　　　单一税与经济自由度**

| 国家/地区 | 2005 年排名 | 1995 年经济自由度得分 | 2005 年经济自由度得分 | 1995～2005 年分数变化 |
|---|---|---|---|---|
| 香港 | 1 | 9.1 | 8.9 | -0.2 |
| 爱沙尼亚 | 8 | 5.6 | 8.0 | +2.4 |
| 冰岛 | 11 | 7.4 | 7.8 | +0.4 |
| 拉脱维亚 | 22 | 5.1 | 7.5 | +2.4 |
| 立陶宛 | 22 | 4.9 | 7.5 | +2.6 |
| 毛里求斯 | 22 | 7.4 | 7.5 | +0.1 |
| 斯洛伐克 | 32 | 5.4 | 7.3 | +1.9 |
| 哈萨克斯坦 | 32 | n/a | 7.3 | n/a |
| 牙买加 | 38 | 6.5 | 7.2 | +0.7 |
| 格鲁吉亚 | 44 | n/a | 7.1 | n/a |
| 蒙古国 | 44 | n/a | 7.1 | n/a |
| 捷克共和国 | 52 | 5.8 | 7.0 | +1.2 |
| 保加利亚 | 56 | 4.6 | 6.9 | +2.3 |
| 吉尔吉斯斯坦 | 60 | n/a | 6.8 | n/a |
| 黑山共和国 | 60 | n/a | 6.8 | n/a |
| 特立尼达拉岛 | 60 | 6.7 | 6.8 | +0.1 |
| 罗马尼亚 | 82 | 3.8 | 6.4 | +2.6 |
| 马其顿 | 86 | n/a | 6.3 | n/a |
| 阿尔巴尼亚 | 97 | 4.5 | 6.1 | +1.6 |
| 乌克兰 | 112 | 3.4 | 5.8 | +2.4 |
| 俄罗斯 | 112 | 4.0 | 5.8 | +1.8 |

数据来源：作者依据弗雷泽研究所原始资料整理，原始资料为 James Gwartney & Robert Lawson，*Economic Freedom of the World*（Vancouver：Fraser Institute，2007），其中没有泽西岛、根西岛、伊拉克和德涅斯特河沿岸共和国的相关数据。

实际上，所有单一税国家的经济自由度在近些年来都在增长。表 4.2 左栏显示了这些国家的经济自由度在 2005 年的排名情况，中间两栏分别是它们在 1995 年与 2005 年的经济自由度的得分（满分为 10 分）。从有数据的这些国家和地区来看，除了香港外，其他国家的经济自由度从 1995 年以来都增长了。包括爱沙尼亚、拉脱维亚和斯洛伐克在内的一些单一税国家都降低了税收在经济体中所占的份额。[12]总的来说，虽然有的单一税国家整体的经济自由度仍有不足，但所有的单一税国家都在朝正确的方向前进。

## 单一税的成功

在逐个描述单一税国家之前，我们可以做一些一般性的观察。首先，从国际货币基金组织的数据来看，每一个单一税国家近年来都获得了实质性的经济增长。[13]绝大多数单一税国家都进行了一定程度的经济改革，很多因素都在推动经济迅猛发展。但是，这些国家的经验都清楚地表明了低税率与高增长是密切相关的。自 2000 年以来，爱沙尼亚、拉脱维亚和立陶宛这三个单一税国家的经济平均每年都保持着 8% 的高速增长。[14]格鲁吉亚则是另一个成功的例子，自从单一税在 2005 年开始生效之后，它的经济平均每年以 10% 的速度增长。[15]

其次，许多单一税国家都吸引了大批国外直接投资。例如，到 2006 年底，爱沙尼亚与斯洛伐克的国外直接投资的股票分别占到了它们各自 GDP 的 77% 与 55% 。[16]相反，欧洲国外直接投资的股票所占 GDP 的比例平均为 38% ，而美国国外直接投资的股票只占其 GDP 的 14% 。

第三，单一税大大刺激了经济增长，同时还减小很多逃税行为，因而也为政府带来了大量财政收入。经济学家阿尔文·拉布什卡（Alvin Rabushka）的一项研究发现，大部分单一税国家的财政收入在其实行单一税改革之后都强劲的增长。例如，他经过计算发现俄罗斯在进行单一税改革六年之后，其个人所得税的税收收入增长了三倍。[17]税收收入的提高可以使许多国家进一步降低其单一税的税率。

接下来主要介绍这些国家与地区的单一税情况，介绍顺序按进行单一税改革的年代排列，从 1947 年的香港到 2008 年的捷克共和国与格鲁吉亚。

### 香港

在英国统治 150 多年后，香港于 1997 年成为了中国的特别行政区。香港税制很早就是世界最有效率的税制之一，其低税率与优良的管理方法为本地700 万居民带来了巨大的繁荣。作为世界贸易与金融中心之一，香港被认为是世界最自由的经济区。《经济学家》评论说香港“简单而低税率的传统，加上它相对灵活的政府……这被认为是它持久繁荣的一个主要原因。”[18]

香港对个人所得实行可选择的 15% 的单一税率。纳税人可以选择在累进税率最高为 17% 的制度下纳税，也可以选择放弃基本免征额按 15% 的单一税率纳税。香港企业所得税的税率仅为 16.5%，在最近几十年，个人所得税与企业所得税的税率都发生过波动，但一直都低于 20%。[19]

香港的低税率为努力工作的人提供了担保，可以保证政府只能从其收入中拿走很小的一部分。香港没有对收入进行代扣税款的制度，纳税人通过支票向政府缴纳所有的税款，这有力地限制了政府的膨胀。有趣的是，虽然所得税的税率是单一的，但有钱人还是贡献了香港政府大部分的所得税收入。大约有60% 的工人并不会为他们的工资缴税，而收入居前 8% 的人所缴纳的税款超过了整个税额的一半。[20]

香港对存款与投资所得征的税非常低，对个人资本增值、利息和股息的税率为零。香港的税收制度有区域性，故这里对在国外所得不存在双重征税。香港没有财产税，最近因为担心丧失税收竞争力而废除了遗产税。正如一个香港的税收专家所说的那样，“香港真的不热衷于对人们征税……特别是对富人。”[21]

低税率、强力的产权保护和先进的金融制度使香港成为了避税天堂。因为经合组织正在施压摧毁其他的避税天堂，香港将来会因此而受益更多。在本书第八章可以看到，经合组织并没有将香港列入避税天堂的黑名单里，这使得很多投资者都把资金投往香港以利用其低税率的优势。[22]

香港财政制度的另一个特色也令人印象深刻。在香港，社会保障金不是从工资中扣税，而是工人们将他们收入的 10% 存入其个人退休账户。香港也没有一般的营业税与增值税，60 年来所有的税法加起来也只有 200 页厚。香港的宏观税负也很低，政府的收入与开支都不到 GDP 的 20%。

香港不是通过自然资源起步的，而是从低税率与优良的管理开始的，但这足以让其成为地球上最富有的地方。香港 2007 年的人均年收入以其购买力计算约为 42000 美元，[23]这超过了法国和德国，比美国 46000 美元的人均收入也差不了多少。香港特别行政区的行政长官曾荫权在 2007 年的一个采访中谈论香港的经济成功时说：

> 我们是亚洲最有吸引力的投资场所，这似乎并不会改变。我们有全世界最自由的经济，我们有税率最低的税制和对市场最小的政府干预。我们被大多数评级机构评为对投资最有吸引力的地方之一。人们不会离开这里前往别处。[24]

香港作为低税率避难所的地位在 2006 年也陷入了困惑，当时包括财政司司长唐英年在内的一些人提出要对货物与服务开征 5% 的营业税。幸好这一计划在遭到公众的强烈反对之后被抛弃了。香港是自由与繁荣的明灯，香港人似乎决心要维护他们的家园继续成为明灯。

## 爱沙尼亚

1991 年，爱沙尼亚从前苏联独立出来。在 1994 年以前，它只是总人口 130 万的小国，其企业所得税的税率为 35%，个人所得税实行多重累进税率，最高税率为 33%，总体税负很重。那时，爱沙尼亚的经济非常脆弱，丝毫没有任何征兆显示出它将成为经济繁荣的“波罗的海之虎”（Baltic Tiger）。

历史学教授出身的马尔特·拉尔领导的政党在 1994 年赢得了大选，拉尔成为了爱沙尼亚的总理。税制改革成为这一届政府的首要任务，拉尔发起了一场单一税革命。这一年，爱沙尼亚采用了单一税，其个人所得税与企业所得税的税率为 26%。到 2008 年，爱沙尼亚把税率降至 21%，并计划于 2011 年降至 18%。

爱沙尼亚有一个非常独特的亲投资（pro - investment）的公司税制度。经过 2000 年的改革之后，公司保留的利润不需再被课税，企业利润只需要缴 21% 的税，包括支付出去的股息也是这样。因此，无论从哪一点来看，爱沙尼亚都废除了企业所得税，因而也结束了对股息的双重课税。另外，爱沙尼亚也没有遗产税和财产税。总之，爱沙尼亚对存款与投资所得的课税大幅降低了。

爱沙尼亚有一种繁杂的工资税，其税率为33%，其中4个百分点用于个人退休账户。另外，它还有一种税率为18%的增值税。即使这样，相比欧洲的其他国家，爱沙尼亚依然是一个非常小的政府。在1995年到2005年间，爱沙尼亚的宏观税负从占GDP的38%下降到了只占GDP的31%，下降幅度确实非常显著。[25]

这些经济改革令人印象非常深刻。从1994年到2007年，爱沙尼亚的经济平均每年以超过7%的速度增长，[26]2007年，其失业率仅为5%。爱沙尼亚已经成为了吸引国外资本的磁铁。

一些评论家认为单一税将会使政府财政收入枯竭，但事实上恰恰相反，大多数单一税国家在采用单一税之后，财政收入都有大幅增长。爱沙尼亚的政府预算几年来一直在增长，因为它的税收收入增长非常迅速，[27]其中一个原因就是逃税避税的行为会大大减小。正如拉尔所指出的那样："人们认为累进制的税收制度才是公正的，但事实上富人总可找到避免高税率的办法，在采用单一税之后，他们就不再担心而把收入隐藏在地下经济中了。"[28]

爱沙尼亚可能是前苏联国家中经济最成功的，但它的税制改革依然还没有完成。现总理安德鲁斯·安西普（Andrus Ansip）准备进一步降低单一税的税率，该政党的另一领导已经提出将税率降至12%。[29]

## 立陶宛

立陶宛在1994年紧随爱沙尼亚采用了税率为33%的单一税制度。立陶宛还将企业所得税的税率降至29%，虽然这些改革意义非凡，但决策者们在接下来几年里都认为税率太高了，于是其企业所得税的税率也在时不时地下调，到目前为止，其税率已下降至仅为15%。在2006年，立陶宛又将个人所得税的单一税税率下调至27%，并计划在2008年下调至24%。另外，立陶宛对股息与利息课税的税率仅为15%。在2004年到2007年间，立陶宛平均每年真实的经济增长率都超过了6%。[30]

## 拉脱维亚

拉脱维亚是波罗的海地区第三个采用单一税制度的国家。它在 1995 年引入税率为 25% 的个人单一税，其公司税的税率最早也定为 25%，但后来下调到仅为 15%。国内股息免征个人所得税，因此，企业赢利一般只需在企业层面课以 15% 的税收，个人资本增值是免税的。

拉脱维亚近几年经历了非常迅猛的经济增长。从 1995 年到 2007 年，拉脱维亚平均每年真实的经济增长率都超过了 7%。[31] 与其他单一税国家一样，拉脱维亚在实行税制改革之后，其经济增长势头强劲，避税行为也大大减小了，因而其政府税收收入也一直在稳步增长。与爱沙尼亚与立陶宛一样，拉脱维亚的政府规模也缩小了。在 1995 年到 2005 年间，拉脱维亚的宏观税负从占 DGP 的 33% 下降到了 29%。[32]

## 俄罗斯

在苏联解体之后，俄罗斯的税制非常复杂，其逃税行为也非常猖獗。[33] 许多富人和公司根本就不缴税。在 2001 年之前，对个人所得分别征收 12%、20% 与 30% 的累进税。

普京当选总统之后，他支持废弃了以前的税制，并对个人所得采用 13% 的低税率单一税。普京说："我们将使我们的经济更富有吸引力……我们计划保持我们的自由税制，我们已经大大减轻了经济的税收负担。"[34]

俄罗斯的税制虽然并非单纯的单一税制度，它依然保留了一些特殊条款，但这已经是一个非常进步的制度了，其针对国内股息也只课 9% 的税。在 2002 年，企业所得税的税率从 35% 下调到了 24%。

俄罗斯在福布斯的税收痛苦指数中的排名非常低，福布斯的税收痛苦指数主要是评估各国高收入群体在企业所得、个人所得、工资以及财产上的税收负担。[35] 在税收痛苦指数上得分与俄罗斯得分相近的也是单一税俱乐部的国家和地区，如保加利亚、格鲁吉亚、爱沙尼亚、香港、拉脱维亚和立陶宛。

俄罗斯的税制改革已经获得了巨大的成功，近年来，经济增长非常强劲。

从 2001 年到 2007 年，俄罗斯 GDP 的真实增长率平均每年都超过了 6%。[36]随着经济的繁荣与逃税行为的减少，其政府的税收收入也迅猛增长。阿尔文·拉布什卡（Alvin Rabushka）的文献收录了俄罗斯在采用单一税之后所得税收入大幅增长的例子。[37]俄罗斯的单一税是拉弗曲线在现实中的又一例子。

## 斯洛伐克

斯洛伐克也是一个通过单一税取得经济成功的前社会主义国家。在采用单一税之前，斯洛伐克人生活在五重税率的税制之中，分别为 10%、20%、25%、35% 及 38%。除此之外，斯洛伐克的税制还有许多复杂的免税和减税规定，简单是一团乱麻。

在总理米库拉什·祖林达（Mikulas Dzurinda）和财政部长伊万·米克洛斯（Ivan Miklos）的领导下，斯洛伐克于 2004 年废弃了以前的税制并采用了税率为 19% 的单一税。这一单一税设置了较高的免征额，并且很少有特殊偏向，对存款的税收偏见也大大减小了。个人股息一般免税，遗产税也被废除了，而且斯洛伐克也没有财产税。与其他国家的单一税改革一样，因为避税行为的减小和经济的繁荣，政府的财政收入也比预期的增长要快。[38]

随着时间的过去，斯洛伐克也很大幅度地降低了其企业所得税，其税率从 1992 年的 45% 降至 2002 年的 25%，到 2004 年时，税率已降至 19%。企业所得税的低税率给斯洛伐克带来了投资的繁荣，众多汽车巨头纷纷移师斯洛伐克，德国大众、法国标致、韩国起亚和韩国现代都来这里投资建厂，斯洛伐克因此被称为“欧洲的底特律”。从人均水平上来说，斯洛伐克已经成为了世界汽车生产的领导者。[39]斯洛伐克的经济整体上已经获得了非常强劲的增长，在 2004 年到 2007 年间，其 GDP 的真实增长率平均每年都超过了 7%。[40]

不过斯洛伐克的增值税负担比较重，也有税率很高的工资税，这些税种用于筹集退休金和健康保险。尽管对个人征收工资税有一总额限制，但算上员工与雇主的份额，其工资税将近 50%。

另外，随着经济的繁荣，斯洛伐克大幅削减了政府规模。在 1995 年至 2005 年间，斯洛伐克的宏观税负从占 GDP 的 40% 下降到了占 29%。[41]这是我们所知道的在这么短的时间内宏观税负下降得最快的。

财政部长伊万·米克洛斯曾在讨论实行单一税改革的理由时说："我，不仅仅是我，将税制改革视为我们斯洛伐克一直在进行的结构性改革的重要部分。通过这种简化的税收制度，商业环境将大大改善，经济会获得持续增长，更多就业机会被创造出来，还能激励人们与企业努力工作与投资。"[42]斯洛伐克还进行了其他市场化的改革，包括个人退休账户、学校选择、解禁劳工市场以及福利改革。

最近，议会在努力进一步降低单一税的税率，但是这些努力并没有成功。不管怎样，斯洛伐克的税收制度被广泛地视为其他国家改革的样本。斯洛伐克的一位具有领导地位的经济学家说"斯洛伐克的财政改革有一天将被写进全世界的经济学教科书"。[43]

## 乌克兰

2004 年，乌克兰废除了最高税率为 40% 的个人所得税制度，取而代之的是税率为 13% 的单一税制度，到 2007 年，单一税的税率按原来立法的要求上调到 15%。乌克兰同样将企业所得税的税率从 30% 下降到了 25%。在经过 1990 年代持续多年的进出口贸易衰退之后，乌克兰的经济现在发展强劲。在 2004 到 2007 年间，乌克兰 GDP 的真实增长率平均每年都超过了 7%。[44]

## 罗马尼亚

在苏联解体之后，罗马尼亚执政的社会民主党建立了五重税率的个人所得税制度，税率分别为 18%、23%、28%、34% 与 40%，企业所得则课以 25% 的税。[45]累进税制以失败告终，罗马尼亚腐败非常严重，避税行为也大量存在。

2004 年，来安·巴塞斯库（Traian Basescu）在罗马尼亚的总统大选中获胜。在执政之后，巴塞斯库首先就开始进行单一税改革，他的主张赢得了总理克林·波佩斯库·特里恰努（Calin Popescu Tariceanu）的支持。在 2005 年，罗马尼亚对个人所得实行税率为 16% 的单一税，企业所得税也从 25% 降至 16%。

罗马尼亚雄心勃勃希望加入欧盟，但是在一个例行会议上，欧盟和国际货币基金组织的官员都批评罗马尼亚的低税率。这两个组织都注意到了罗马尼亚的政府收入所占 GDP 的比例低于欧盟各国，并要求罗马尼亚增税，但罗马尼亚无视这些意见并坚持自己的低税率和低税负。而在 2007 年，罗马尼亚也获准加入了欧盟。

自从实行单一税之后，罗马尼亚的经济增长非常迅速。人们收入增加了，失业率下降了，国外直接投资在近年来也增速很大。[46]从 2005 年到 2007 年，其 GDP 的真实增长率平均每年都超过了 6%。[47]正如表 4.2 所示，罗马尼亚的经济自由度得分已经增加了不少，它当前还有很多挑战，但它已经取得了长足的进步。

单一税改革的结果比政府部门中的支持者所预想的更积极，[48]罗马尼亚银行的行长穆古尔·伊巴雷斯库（Mugur Ibarescul）发现在实行单一税后政府税收收入的增长比预想的要快很多，他于是也变成了信奉者，他说："如果（单一税）在斯洛伐克有效，怎么可能在这里就没效呢？"[49]

## 格鲁吉亚

2004 年，格鲁吉亚议会以压倒性的多数投票支持采用单一税，以取代从前多重税率的所得税制度，该所得税的多重税率分别为 12%、15%、17% 及 20%。新的单一所得税的税率为 12%，并于 2005 年生效，这对 450 万格鲁吉亚人来说，极大地简化了税规。格鲁吉亚还将其社会保障税的税率从 33% 下调至 20%，增值税的税率从 20% 下调至 18%。对股息与利息仅课以 10% 的税。

2008 年，格鲁吉亚进一步进行了改革，它将个人所得税（12%）与工资税（20%）统一并入税率为 25% 的单一税，这相当于对工资的税收减少了 7 个百分点。在这一年，格鲁吉亚还将企业所得税从 20% 下调到了 15%。

格鲁吉亚的税制改革是这个国家走向自由市场的众多政策中的一部分，其他方向还包括私有化等。2004 年，经济部长卡哈·本杜基泽（Kakha Bendukidze）称格鲁吉亚应该"卖掉它能卖的所有东西，良心除外。"[50]2006 年，经济发展部长伊拉克利·克格韦德（Irakli Chogovadze）概述了格鲁吉亚的改革目标："（改革的）哲学很简单：对商业有利的东西对国家也有利。这就是我们为什么选择了私有化，我们减税以尽力去促使一个新的格鲁吉亚商业的出现。"[51]格鲁吉亚已经持续改善了它在清廉指数（corruption perception）与经济自由度上的国际排名，而且经济增长也非常迅速。[52]

## 冰岛

冰岛降低了它的企业所得税的税率并对个人所得税采用单一税率。中央政府对人们的可税收入课以23%的单一所得税，但地方税的税率也有13%，因而加在一起其总的单一税税率为36%。[53]这是一个很高的税率，但相比其十年之前46%的高税率来说，已经下降了不少。与其他单一税国家一样，冰岛的税制也设有一个数量可观的免税额。

北欧有社会主义传统，废除多重税率对于一个北欧国家来说是非常值得注意的。冰岛在前总理戴维·奥德森（David Oddsson）的领导下对存款进行了意义非凡的减税，其对股息、利息和资本增值课税的税率非常低，仅为10%，而且遗产税降至5%，另外还废除了财产税。冰岛有复杂的增值税，税率为24.5%，但工资税仅为6%。[54]

冰岛最激进的改革是公司税改革。2002年，冰岛将其企业所得税从30%降至18%，这是发达国家税率最低的企业所得税。这一税率的降低给冰岛带来了势头强劲的投资增长与经济增长。这一改革不但没有减少政府财政收入的损失，反而使企业所得税贡献给政府的收入增长了不少。[55]现在，政府提出要在2008年将税率降至15%。

除了降低税率，冰岛还进行了其他一些市场化的改革，如公司的私有化和退休金的个人账户。冰岛是世界上人均收入最高的国家，[56]其失业率仅为2%，几乎不存在失业。

总之，冰岛的单一税税率非常高，但国家对存款与投资的课税非常低。从政治的眼光来看，冰岛的改革可圈可点。这是西方发达国家第一次决定废弃"敲诈富人"的多重税率税制，代之以平等对待所有纳税人的税制。

## 马其顿

由于战争的破坏与南斯拉夫的解体，马其顿220万人口几年来生活陷入了停顿，失业率居高不下。但在2006年，总理尼古拉·格鲁耶夫斯基（Nikola Gruevski）观察到了国外的单一税革命，并推动了马其顿的单一税改革。在2007年元月，马其顿开始实行税率为12%的单一税，也成为了单一税俱乐部的成员。此前，马其顿的税制是累进税制，税率分别为15%、18%与24%。另外，政府还将企业所得税的税率从15%降低到了12%。

2008年，马其顿继续进行单一税改革，总理格鲁耶夫斯基与他领导的政党将个人所得税与企业所得税的税率都降至10%，用于再投资的企业利润免税，而且资本利得税的税率也仅为10%。马其顿是世界上个人单一税与企业单一税的税率并列最低的国家。

随着这些改革的延续，马其顿的领导人正在寻求增加国外投资，鼓励创造就业机会，并努力改善税收征管的透明度与效率。[57]与其他单一税国家一样，马其顿在降低税率之后，其政府财政收入也获得了显著的增长。[58]

## 黑山共和国

黑山共和国在2006年决定采用单一税，单一税制度在2007年开始生效。[59]以前的多重税率分别是16%、20%与24%，单一税启用之后，税率都统一为15%。这个税率计划于2009年降至12%，到2010年时下调至9%。黑山共和国还同样将企业所得税的税率从20%下调到了9%，个人长期资本的增值收入一般都免税。

## 阿尔巴尼亚

阿尔马尼亚在2007年采用单一税。在总理萨利·贝里沙的领导下，政府将个人所得税与企业所得税的税率统一为10%。单一税率的个人所得税取代了以前五重税率的个人所得税，企业所得税税率也从以前的20%减了一半。《税务快讯》报道称，“阿尔巴尼亚总理萨利·贝里沙认为单一税的目的在于简化税制，鼓励地下经济合法化，吸引国外直接投资，并使经济更具有竞争力。”[60]

## 毛里求斯

毛里求斯是一个实行自由选举的稳定的民主制国家，“吸引了数量相当可观的国外投资，并且是非洲人均收入最高的国家之一”。[61] 2007 年毛里求斯大幅削减了个人所得税与企业所得税的税率，[62]新的个人所得税为单一税率，税率为 15%，取代了以前的最高税率为 25% 的个人所得税制度，企业所得税的税率也从 25% 降至 15%。

毛里求斯的财政部长罗摩·希达南（Rama Sithanen）在解释单一税改革的理由时说：“去年，我们在改革个人与企业所得税制度上迈进了一大步……因为以前的税制有大量减免税收的规定，这使得税制非常复杂，并为腐败与避税提供了大量机会。这种税制不公平，也没有效率，而且对小企业存在歧视，另外，它还阻碍了经济的充分整合，也妨碍了经济的竞争力。”[63]

## 捷克共和国

在总理米雷克·托波拉内克（Mirek Topolanek）、总统瓦茨拉夫·克劳斯（Vaclav Klaus）的推动下，捷克共和国实行单一税率为 15% 的个人所得税，这一单一税制度于 2008 年生效，计划于 2009 年将税率下调至 12.5%，从而取代了以前最高税率为 32% 的四重税率的个人所得税制度。捷克对于长期投资的资本增值收入不课税，企业所得税的税率也连年下降，从 1990 年代早期的 45% 降到了 2008 年的 21%，并计划于 2010 年下调至 19%。

## 保加利亚

保加利亚以前实行的是多重税率的所得税制度，该税制的最高税率为 24%。2008 年，保加利亚废弃了这一税制，代之以 10% 的单一税。这一改革同时获得左翼与右翼的广泛支持而顺利通过，这次改革旨在减少逃税，取消狭隘的税收优惠，并增加外商投资。[64] 在这次改革之前，保加利亚于 2006 年就将企业所得税的税率从 15% 降低到了 10%。

## 参考文献

[1] The Economist, "A Dip in the Middle", September 10, 2005, p. 53. And see The Economist, "Vote for My Professor", September 10, 2005, p. 46. For British studies on the flat tax, see the Taxpayers' Alliance (www. taxpayersalliance. com), the Institute of Economic Affairs (www. iea. org), and the Adam Smith Institute (www. adamsmith. org).

[2] Robert Hall and Alvin Rabushka, The Flat Tax, 2nd ed. (Stanford: Hoover Institution, 1995). See also Chris Edwards, "Options for Tax Reform", Cato Institute Policy Analysis no. 536, February 24, 2005.

[3] Michael Keen, Yitae Kim, and Ricardo Varsono, "The Flat Tax (es): Principles and Evidence", Working Paper 06/218, International Monetary Fund, September 2006.

[4] Table assembled by authors based on data from PricewaterhouseCoopers and recent news stories in Tax Notes International and Tax – News. com. Some studies include Serbia as a flat tax country, but we have excluded it because it has a surtax on higher – income individuals above the basic flat tax rate on wages.

[5] For example, Paraguay has an individual income tax with rates of just 8 percent and 10 percent, while Bolivia has a personal flat tax of 13 percent, but this "RC – IVA" tax appears to be a mechanism to improve VAT compliance, not a full – fledged individual income tax.

[6] Tatiana Smolenskaya, "Russian Lawmakers Reject Bill to Unflatten Income Tax", Tax – News. com, April 13, 2007.

[7] Alvin Rabushka, "The Flat Tax at Work in Russia: Year Six, 2006", Hoover Institution, December 13, 2007.

[8] Dziennik Daily, "Poland' s progressive tax system could alienate investors", August 28, 2007, www. thenews. pl.

[9] Kristen Parillo, "Albania Joins Flat Tax Club", Tax Notes International, September 10, 2007, p. 969.

[10] Randall Jackson, "Bulgaria: Country Digest", Tax Notes International, December 24, 2007, p. 1221.

[11] James Gwartney and Robert Lawson, Economic Freedom of the World (Vancouver: Fraser Institute, 2007).

[12] Measured as total taxes as a share of GDP. See European Commission, Taxation Trends in the European Union (Luxembourg: European Commission—Eurostat, 2007), p. 237.

[13] International Monetary Fund, "World Economic Outlook Database", October 2007, www. imf. org/external/pubs/ft/weo/2007/02/weodata/index. aspx.

[14] International Monetary Fund, "World Economic Outlook Database", October 2007, www. imf. org/external/pubs/ft/weo/2007/02/weodata/index. aspx.

[15] International Monetary Fund, "World Economic Outlook Database", October 2007, www. imf. org/exter-

nal/pubs/ft/weo/2007/02/weodata/index. aspx.

[16] United Nations Conference on Trade and Development, World Investment Report (New York: UNCTAD, 2007), Annex B, p. 259.

[17] Alvin Rabushka, "The Flat Tax at Work in Russia: Year Six, 2006", Hoover Institution, December 13, 2007.

[18] The Economist, "Atonement Day", February 24, 2000.

[19] Michael Littlewood, "The Hong Kong Tax System: Key Features and Lessons for Policymakers", Center for Freedom and Prosperity, March 2007.

[20] Michael Littlewood, "The Hong Kong Tax System: Key Features and Lessons for Policymakers", Center for Freedom and Prosperity, March 2007.

[21] An HSBC expert quoted in Cathy Phillips, "Death and Taxes: Can We Talk?" Tax Notes International, March 24, 2008, p. 1015.

[22] Shobha Nihalani, "Hampered Havens Help Hong Kong", South China Morning Post, June 15, 2007.

[23] International Monetary Fund, "World Economic Outlook Database", October 2007, www. imf. org/external/pubs/ft/weo/2007/02/weodata/index. aspx.

[24] CNN. com, "Donald Tsang Talk Asia Interview", June 15, 2007.

[25] See European Commission, Taxation Trends in the European Union (Luxembourg: European Commission—Eurostat, 2007), p. 237.

[26] International Monetary Fund, "World Economic Outlook Database", October 2007, www. imf. org/external/pubs/ft/weo/2007/02/weodata/index. aspx.

[27] Republic of Estonia, Ministry of Finance, "Estonian Taxes and Tax Structure", February 2007. Available at www. fin. ee/? id = 621.

[28] Quoted in John Tierney, "New Europe' s Boomtown", New York Times, September 5, 2006.

[29] Alvin Rabushka, "Estonia Plans to Reduce its Flat Tax Rate", Hoover Institution, March 26, 2007.

[30] International Monetary Fund, "World Economic Outlook Database", October 2007, www. imf. org/external/pubs/ft/weo/2007/02/weodata/index. aspx.

[31] International Monetary Fund, "World Economic Outlook Database", October 2007, www. imf. org/external/pubs/ft/weo/2007/02/weodata/index. aspx.

[32] See European Commission, Taxation Trends in the European Union (Luxembourg: European Commission—Eurostat, 2007), p. 237.

[33] For background, see Sergey Shatalov, "Tax Reform in Russia: History and Future", Tax Notes International, May 29, 2006.

[34] Andrew Gowers, Robert Cottrell, and Andrew Jack, "Interview with Vladimir Putin", Financial Times,

December 15, 2001.

[35] Jack Anderson, "The Forbes Tax Misery Index", Forbes, May 3, 2007.

[36] International Monetary Fund, "World Economic Outlook Database", October 2007, www.imf.org/external/pubs/ft/weo/2007/02/weodata/index.aspx.

[37] Alvin Rabushka, "The Flat Tax at Work in Russia: Year Six, 2006", Hoover Institution, December 13, 2007. See also Sergey Shatalov, "Tax Reform in Russia: History and Future", Tax Notes International, May 29, 2006.

[38] Martin Chren, "The Slovakian Tax System: Key Features and Lessons for Policymakers", Center for Freedom and Prosperity, September 2006.

[39] Katka Krosnar, "Welcome to the Detroit of the East", Financial Times, February 20, 2007.

[40] International Monetary Fund, "World Economic Outlook Database", October 2007, www.imf.org/external/pubs/ft/weo/2007/02/weodata/index.aspx.

[41] See European Commission, Taxation Trends in the European Union (Luxembourg: European Commission—Eurostat, 2007), p. 237.

[42] Marta Ď urianová, "Who Pays for Low Taxes?" Slovak Spectator, May 24, 2004.

[43] Bradley Garner, "It Ain' t Slovakia", Czech Business Weekly, April 10, 2007.

[44] International Monetary Fund, "World Economic Outlook Database", October 2007, www.imf.org/external/pubs/ft/weo/2007/02/weodata/index.aspx.

[45] Alvin Rabushka, "The Flat Tax Spreads to Romania", January 3, 2005.

[46] United Nations Conference on Trade and Development, World Investment Report (New York: UNCTAD, 2007), Annex B, p. 259.

[47] International Monetary Fund, "World Economic Outlook Database", October 2007, www.imf.org/external/pubs/ft/weo/2007/02/weodata/index.aspx.

[48] Associated Press, "Flat Tax Praised", December 11, 2005.

[49] Liviu Chiru, "Isarescu: Flat Tax is Showing Effects", Ziarul Financiar, August 17, 2006.

[50] The Economist, "A Different Sort of Oligarch", June 9, 2004.

[51] World Investment News, "Georgia, Western Doorway to the East: 15 Years of Independence", June 22, 2006. Available at www.winne.com.

[52] For economic freedom, see James Gwartney and Robert Lawson, Economic Freedom of the World (Vancouver: Fraser Institute, 2007). For corruption, see Transparency International at www.transparency.org.

[53] Iceland Ministry of Finance, "Principal Tax Rates 2006", July 2006.

[54] Iceland Ministry of Finance, "Principal Tax Rates 2006", July 2006.

[55] Daniel J. Mitchell, "Iceland Joins the Flat Tax Club", Cato Institute Tax & Budget Bulletin no. 43, Feb-

ruary 2007.

[56] International Monetary Fund, "World Economic Outlook Database", October 2007, www. imf. org/external/pubs/ft/weo/2007/02/weodata/index. aspx.

[57] Randall Jackson, "Macedonia Making Tax Regime More Attractive to Investors", Tax Notes International, November 15, 2007.

[58] Randall Jackson, "Macedonia Making Tax Regime More Attractive to Investors", Tax Notes International, November 15, 2007.

[59] Alvin Rabushka, "The Flat Tax Spreads to Montenegro", Hoover Institution, April 13, 2007.

[60] Kristen Parillo, "Albania Joins Flat Tax Club", Tax Notes International, September 10, 2007, p. 969.

[61] Central Intelligence Agency, "World Factbook", 2008, www. cia. gov/library/publications/the – world – factbook.

[62] Amal Autar, "Mauritius: The Year in Review", International Tax Notes, December 31, 2007, p. 1389.

[63] Lorys Charalambous, "Mauritius Brings Forward Corporate Flat Tax", Tax – News. com, June 26, 2007.

[64] Randall Jackson, "Bulgaria: Country Digest", Tax Notes International, December 24, 2007, p. 1221.

# 第五章
# 流动的人才与流动的财富

- 流动的人才
- 流动的财富
- 美国面临的挑战

移民是全球化最原始的形式。早在资本流动之前，就有很多人为了寻求更好的经济状况与政治环境而不惜千里奔波迁徙。移民的速度虽然在 20 世纪中期开始有所减慢，但是在近些年来移民数量却增长很快，自 1980 年代以来，全球从本国迁往他国定居的人数已翻了一倍，从 1 亿增长到了 2 亿。[1]

移民的产生有很多社会原因，包括如政治压迫、家庭团聚等。但移民的主要原因还是经济性质的——人们总在寻找高工资、低税收与更多发展的机会。本书的焦点是税收竞争，所以高技术人才与富人的移民会受到本书的特别关注。这些人一般对税收都非常敏感，他们在推动经济增长中也起了非常核心的作用。

本书的焦点是税收竞争，所以高技术人才与富人的移民会受到本书的特别关注。这些人一般对税收都非常敏感，他们在推动经济增长中也起了非常核心的作用。

受过良好教育的高技术人才的移民往往称为“人才流失”，各国都非常担心他们最优秀与最聪明的人才远走他国，比如像法国企业家迁往伦敦，加拿大的计算机专家迁往硅谷。在历史上，美国曾经是一个“人才流入”的国家，像一块磁铁吸引着那些有智慧与生产力的人才。但如果其他国家继续改进他们的税制与移民政策，美国的这一情况将会发生变化，全世界富有知识的人将更多地被其他国家吸引去。

富人们在选择居住地与投资地时，也变得越来越灵活。今天的富人主要都是自我成长起来的企业家，而不是一个简单的财富继承者，[2]全世界最富有的人中，的确有五分之一的人是通过继承获得财富的，但积极主动的企业家的比例会越来越大。[3]这意味着富人是经济增长的重要发动机，因此，采取合适的政策吸引他们是非常有意义的。

## 流动的人才

全世界对本国政府不满的人越来越多了，他们会通过移民寻求更好的经济社会环境。移民的成本正在下降，各国政府对移民的限制也在近几十年解禁了。移民专家认为国际上对高技术人才的需要已经急速上升了，[4]其结果是全球熟练工人的移民在增长。

工资与税制等经济因素对于这些工人决定移民是非常重要的。[5]企业家、科学家与管理者比以往有更多机会选择他们的工作地点，正如本书开始所讲的那样，越来越多的国家有了很稳定的政治环境，技术帮助了全球经济的扁平化。例如，计算机软件专家可以生活在世界任何地方，他可以通过互联网在国外市场上出售他的软件。因此，对这些高收入的高技术人才来说，不同国家在税收上的差别就变得非常重要了。

让我们来看看导致全球劳动力市场扁平化的因素，这些因素也进一步导致了各国针对熟练工人的更激烈的税收竞争。首先，前共产主义国家都解除了移民限制，这增加了潜在的移民人群。俄罗斯与东欧的人才以前经常被政府监禁，现在他们可以自由移民了，而且很多已经移民了。例如，在1990年代中期，大约有150万受过良好教育的犹太人从俄罗斯迁往以色列与西方国家。[6]

其次，发达国家的工人比以往更可能换工作，因为这些国家的经济结构在发生变化。终生受雇于一家公司的情况已经成为了历史，将工人与工作绑定的传统退休金计划已经被更具可行性的储存计划所代替。工资水平也更多地取决于技能水平而不是资历，新兴的产业也不像旧产业那样有等级森严的官僚结构。所有这些变化使工人们更愿意也更能够在国外就业。

第三，交通与沟通成本的下降也使工人在国外就业变得更加容易了。便宜的机票使得移民的成本变得更加容易承担，互联网则为全球就业的供需双方提供畅通的信息。互联网与便利的交通也使得移民的人很方便与老家的亲戚保持联系。《金融时报》的报道称，不断增加的移民“是全球经济日益密切、便宜的机票、更好的沟通渠道……等众多因素的结果，以前，定居他国的人们在离开祖国时都担心这是最后一次见他们的家人，而现在他们可以通过Skype等网络聊天工具非常方便地聊天，也可以很方便地乘坐飞机回国团聚。”[7]

第四个导致熟练工人移民增长的因素是贸易协定与其他相关协议的签订。贸易协定也与贸易与投资一样有激发移民的附带作用，如欧盟允许工人在成员国内自由流动，北美自由贸易协定增强了熟练技术人员的流动性。此外，近几十年来全球还签订了数百个避免双重课税协定。这些协定一般都包括减少对移民的双重课税等规定，这些往往会促进移民的增长。

移民限制在1990年代解除之后，欧盟成员国之间争夺熟练劳工的战争已经显而易见了。虽然欧盟内部也存在语言与文化障碍，但移民都广泛使用英语作为商业语言，从而在一定程度上抵消了这部分障碍。那些时髦的年轻人都往伦敦这样经济实力强税负适中的城市聚集，在技术领域与金融领域尤其如此。伦敦现在有31%的人口是在国外出生的，在20年前这个比例还只有18%。[8]在健康保障、商业服务、金融和制造业领域，大约有三分之一的人是移民。[9]在过去15年间，约有15万波兰人迁往英国。[10]

《国际先驱论坛报》最近报道了熟练工人从高税负的丹麦逃离并迁往伦敦与其他城市的现象：

托马斯·索伦森是一名自主经营的软件工程师，他向欧洲与中东的可能雇主发布了他的简历与资质，而对于丹麦本地的雇主，他一般不予以考虑。索伦森现年34岁，现在居住在法兰克福，为一家瑞士公司处理计算机安全问题，目前他不会计划回到丹麦重新过每天上交天价税款的日子……

丹麦的年轻人一般都在国外留学，能说一口流利的英语，他们都准备离开丹麦去寻找更好的风水宝地。其中一个原因就是丹麦个人所得税的税率高达63%。

气候控制技术的创造者、丹麦丹腾集团（Dantherm）的CEO保罗·阿恩·詹森（Poul Arne Jensen）说，“我们的年轻人天生就是国际化的，他们常常在国外旅游与学习。”他说，“这种意义上说，他们已不再是丹麦人了——他们是可以在任何地方定居的全球化居民。”

雇主们与经济学家们都相信，熟练工人的移民问题与丹麦富人63%的边际税率有莫大的关系……虽然低税率运动在欧洲很多国家都生了根发了芽，但却跳过了丹麦。像爱沙尼亚和斯洛伐克这样的一些东欧小国在五年前就开始对个人所得税与企业所得税实行单一税率，引领了低税率运动的改革大潮。这一低税率运动刺激了奥地利与德国废弃了高比例的边际税率。

丹麦的税制与它的邻居伦敦形成鲜明的对比，搞笑的是伦敦似乎更像一个丹麦小镇，因为有太多的丹麦人居住在伦敦这边。自 1980 年代以来，对高收入者坚持以低税率课税，这已经成为了伦敦税制的核心思想，这造就了伦敦作为全球金融中心的地位。[11]

第五个因素是一些国家出台了方便雇佣国外熟练工人的政策。澳大利亚、加拿大、丹麦、法国、德国、爱尔兰、新西兰和英国都已经制定了这样的政策，[12]澳大利亚、英国、加拿大与新西兰都有一些向高素质的国外移民倾斜的制度。[13]新西兰的一个商业集团称赞国家为吸引优秀移民而做出的努力：“现在全球爆发了争夺人才的世界大战，我们要参与这场竞争，我们就必需改变税制和移民政策。”[14]

经合组织称许多国家“都在转向知识密集型经济，为了保持经济稳定增长，他们都试图吸引其他国家优秀的人力资源。”[15]联合国的一份报告高度赞扬了澳大利亚、英国、加拿大和新西兰在吸引高素质人才方面的政策，根据这份报告，美国在这方面的得分很低。[16]近几年，移往澳大利亚和英国的人才增长最快。

第六个原因是针对高素质移民的税收优惠政策大量产生。一些国家对优秀移民提供了一定年限的免税期待遇；另一些国家则对这些高素质移民提供了减免部分所得税的优惠政策，如澳大利亚、韩国、荷兰和瑞典。[17]丹麦允许技能水平高的移民在前三年只需缴纳税率为 25% 的单一税，而不用痛苦地按常规的高税率缴税。

决策者们都采用这样的政策是因为他们认识到了高收入移民对税率是非常敏感的。大部分国家都采用累进税率，在这种税制下，高收入人群需要缴纳很多的税款，其结果就是高收入人群纷纷从高税负国家移民到低税负国家以获取更多的可支配收入。一个英国的科学家，其纳税的最高税率是 40%，他当然不愿移民去税率更高的法国。法国也开始意识到了这个问题，并愿意为在法国工作的外国专家提供一些特别税收优惠。[18]

在语言与文化相似的国家之间，我们可以期待他们会为吸引人才而引发更激烈的税收竞争。例如，法国人会移民去瑞士，而加拿大会移民去税率更低的美国。北美自由贸易协定解放了北美的人才，使之可以自由流动，这自然也加剧了税收竞争，结果，在这个规则下，美国每往加拿大移民一名技术人才，加拿大就会有六个人才移民美国。[19]人才往美国流失这是加拿大决策者们关心的重要问题，这个国家的科技公司抱怨他们一些最好的技术人员都移民美国了。[20]当然，一些加拿大人移民美国是因为南方的气候更温暖，但一些研究表明税制差异也是人才流失的一个因素。[21]最近，加拿大的经济由于石油与采矿业的增长而变得繁荣，这似乎暂时减缓了往外移民的趋势。

爱尔兰是研究税制与移民的另外一个有趣的例子。几十年来，许多说英语的受过良好教育的爱尔兰人都在英国或美国寻找更好的生活。而在过去 15 年间，随着爱尔兰的个人所得税与企业所得税税率的降低，爱尔兰人的移民方向开始发生逆转，自从 1990 年代中期开始，爱尔兰往外移民的人数不断减少而国外往爱尔兰移民的人数迅速增加。[22]困扰爱尔兰多年的人才流失问题因减税而获得了最终解决。

纽约市长米歇尔·彭博曾说纽约的高税收并不是问题，因为独特的设施能抵消这一不足。[24]市长的言论显然是非常错误的。

在人才移民过程中，语言与文化的阻力变得越来越小了，特别是对于受教育程度良好的高素质人才流动来说更是这样。英语已经成为了商业界的国际语言，而文化也越来越全球化了。今天，全球数以百计的城市都能提供高收入人群所需求的那种精致的便利条件，例如，北京正在建设很富有想象力的设施："诺曼·福斯特设计了北京国际机场造价高达 36 亿美元的新航站楼；法国建筑师保罗·安德鲁设计了国家大剧院，这是一个半圆型的未来派建筑；瑞士建筑师赫尔佐格与德梅隆正在建设奥运会的主赛场。"[23]

与此同时，在阿联酋的迪拜，富有、成名的建筑师弗兰克·盖瑞（Frank Gehry）为这个城市的新文化区设计了全球最大的古根汉阿布扎比博物馆。拥有这些如此舒适的设施并且实行低税率，阿联酋将变成世界级的商业中心。过去，差不多只有像纽约这样的城市才可能有这样的高端设施，而现在专业人才与富人在很多城市都可以生活得非常舒服。纽约市长米歇尔·彭博曾说纽约的高税收并不是问题，因为独特的设施能抵消这一不足。[24]市长的言论显然是非常错误的。

英国《泰晤士报》最近的一个报道突显出了阿联酋在吸引专业人才方面的税收优势。世界著名人力咨询公司美世公司（Mercer）的一名专家说："阿联酋的零税收政策对那些因短期任期而被派遣到那里工作的员工来说有非常强的吸引力。一个年轻技术人才在那里工作三到五年之后，很快能积攒起足够多的存款，一回国就能供得起贷款。而国内的资深经理要尽最大可能地存钱才会在退休前实现这一目标。"[25]美世的另一个专家指出这一税制"对实得工资的影响非常明显，对于员工来说，去这些低税率或零税率的国家工作是一个重要的激励。"[26]

顺便说一下，阿联酋在2007年福布斯痛苦指数中排名最低。这一指数衡量每个国家在企业、个人、薪资和财产方面的税收负担，它扮演了一个评估角色，用于"评估某个国家的政策对资本与人才的吸引或排斥程度。"[27]《福布斯》发现像丹麦这样的高税率国家与新加坡、阿联酋这样低税率国家的税收差别非常大。

在这个劳动力流动非常强的新世界中，美国又是如何行动的呢？好消息是美国仍然是一块充满机会的土地，与欧洲的大多数国家相比，美国个人所得税的税率并不高。根据《福布斯》的排名，虽然像纽约等一些州的税收痛苦指数排名不理想，但其他一些州的排名比平均水平要好。

不利的消息是美国的税收优势已经变窄了，特别是在吸引高收入人群方面。同样，相比美国的一些主要贸易伙伴，美国针对熟练工人的移民政策并不能令人满意，因此，很多国家比美国吸引了更多的技术人才。在从国外移往美国的移民群体中，只有26%的人有高学历；而澳大利亚的这一比例为42%，爱尔兰为41%，加拿大为38%，英国为35%，新西兰为31%。[28]

美国现在通过H1－B签证制度来吸引高技术人才，但是这一项目仅针对暂时性的工作者，而且H1－B签证每年的配额还非常低，仅有65000个名额，[29]相比之下，美国总的劳动力是1.5亿人。美国针对熟练工人与永久性移民也有基于雇佣（employment - based）的绿卡制度，但同样也有许多严格的限制。英特尔公司董事会主席克雷格·贝瑞特最近警告说，因为对技术型移民采取限制政策，美国正在全球人才竞争中落败。因此，他还警告说“下一个硅谷不会出现在美国。”[30]

就在美国严格限制高素质移民时，其他国家则加大了这方面的工作力度。[31]英国针对高素质工人的移民计划每年吸引了大约 10 万人前来定居，如果考虑到英国的人口只有美国的五分之一的话，[32]这个计划吸引的人数令人印象相当深刻。欧盟最近决定发放“蓝卡”给那些高素质的移民以吸引他们留下工作，这些“蓝卡”虽然是暂时的，但可以续签。[33]

2007 年，微软宣布在加拿大温哥华设立一个软件开发中心。这一中心与微软西雅图的总部非常近，但之所在设立在加拿大是因为加拿大对技术人才的移民限制没有美国多，微软称温哥华的人口非常具有多元性，在这个地方微软将可以“继续招聘和留任那些受美国移民政策影响的技术人才。”[34]

如果美国对聪明人关闭边境，那美国公司也只能去境外雇佣他们了。比尔·盖茨在 2008 年向国会作证时准确地表达他的观点：“包括微软在内许多美国公司已经被迫将工作团队迁往那些欢迎外国人来就业的国家，如果美国没有反生产的移民政策的话，这些员工本来都可以留在美国本土的。”[35]

移民专家告诉我们说“国际人才竞争在接下来的年代必定会更加激烈”，[37]因为发达国家的人口正在迅速老龄化。

总的来说，美国仍然可以继续成为高素质移民的净输入国，因为从美国移往国外的人非常少。但如果其他国家不是原地踏步的话，联邦政策是需要有所改进才会有竞争力的，因为其他国家正在降低个人所得税的税率并采取吸引高素质人才的移民政策。经合组织指出，“经合组织的成员国都热心于吸引本国缺乏的人才资源，并留住那些试图往国外移民的人才。许多国家在 1990 年代后期都修订了法律以方便国外的熟练工人往本国移民。”[36]

移民专家告诉我们说“国际人才竞争在接下来的年代必定会更加激烈”，[37]因为发达国家的人口正在迅速老龄化。到 2030 年，美国的劳动力中 65 岁以上的人所占的比例将从现在的 18% 上升到 31%，西欧国家的这一比例则将上升到42%。[38]这一变化将产生对劳动力的巨大需求，从而使得各国需要加倍努力去吸引高素质人才。

在接下来的十年里，在健康服务、专业护理、教育及金融服务等领域的人才需求将会迅速增长。[39]在健康服务方面，老年人数量的不断增长将对医生、护士及其他医学专业人士产生巨大的需求。同一类型的专家将从其他发达国家中去寻找，[40]美国的这些产业将很难获得他们需要的人才，特别是如果联邦政策仍然阻挡国外人才的引进。

限制国外技术人才的移民似乎已经伤害到了美国的电子产业。据一份研究报告显示，美国的这一产业需要人才，但目前的联邦政策却有意“避开”了所需要的移民。[41]而在金融服务领域，麦肯锡公司的一个报告发现华尔街正被移民限制政策所损害。[42]但是，2008年经济衰退也许将在短期内改变这一状况。

国家科学基金会警告说美国的技术人才短缺已经隐约可见了，因为美国限制移民的政策非常严，而全球吸引人才的竞争非常激烈。

现在以加利福尼亚为例。国外移民在过去对硅谷的成长做出了巨大贡献，杜克大学2007年的一份研究报告发现，美国过去十年成立的科技公司中四分之一是由移民创建的。[43]移民创建了大量半导体公司、软件公司与生物科技公司，这批企业家中来自印度、英国和中国的移民最多。杜克大学的这个研究结果与1999年的一个研究结果非常相似，1999年的这个研究发现硅谷有24%的公司是由中国移民与印度移民创办的。[44]

国外人才对美国经济来说已经非常重要了。美国获博士学位的居民中有四分之一是出生在国外，[45]而且美国的知识产权中有越来越大的份额是由移民科学家创造的。[46]不幸的消息是，如果不对目前的政策进行改革，美国历史上吸引各国人才流入的好日子可能就要结束了。

考夫曼基金会近来的一份研究报告对美国将来的人才流失敲起了警钟，[47]严格的移民限制政策将导致潜在的高素质移民去其他国家寻求发展机会。从中国与印度过来的留学生与技术人才将会被驱往其他发达国家，他们不可能花很大精力去尽力处理美国移民政策带来的诸多麻烦。国家科学基金会警告说美国的技术人才短缺已经隐约可见了，因为美国限制移民的政策非常严，而全球吸引人才的竞争非常激烈。[48]

改革移民政策与税收政策可以帮助美国应对日益激烈的全球人才竞争。我们关注移民是因为如果人才引进有法律上的障碍，那即使税制改革也不会吸引更多的工程师与企业家来美国。因此，降低所得税的税率与改革移民政策都是需要的，只有这样美国才能保持其在科技与技术革新中的领导地位。

## 流动的财富

当我们把关注点从熟练技术人才转到财富，我们会发现这里的竞争更激烈。美林证券公司（Merrill Lynch）估计全球共有 950 万“净资产高的个人”（HNWI），这个数字是十年前的两倍，[49]这个群体中每个人的净金融资产都在 100 万美元以上，这些百万富翁总共掌握了超过 37 万亿美元的金融资产。

百万富翁在各个大陆都有，但分布却很不均衡。美国估计有 290 万人，占全世界百万富翁总量的31%。宽阔的印度及印度尼西亚分别只有 10 万与 2 万，而面积很小的香港与新加坡却估计各有 8.7 万与 6.7 万百万富翁。这两个小地方的税制吸引了大量财富，比如，新加坡是全球第二大私人银行中心，主要是因为它的税制具有吸引力的结果。[50]

美林证券公司的报告称这些百万富翁的视野更具全球性，他们将在国外市场上分配更多的投资份额。[51]这些“净资产高的个人”的目标就是将其投资风险最小化，将投资的税后所得最大化。依照美林证券的说法，那些净金融资产超过 300 万美元的富人有很高的“税收智力”（tax intelligence），[52]他们会使用复杂的处理方式来延迟交税或将所缴税款最小化。

富人的投资模式有地区差异。亚洲与中东的富人把一半以上的财富都往国外投资，而绝大多数拉美的富人将其大量财富放在境外的“避税天堂”。[53]很多拉美政府几乎不关心财产权，你自然不必奇怪为什么这里的富人都把他们的财富转往海外投资。

与其他国家相比，美国富人把财富进行国际化经营的情况要少一些。[54]相反，他们更喜欢“利用国内节税办法”进行投资。[55]美国同样也为国内的投资者提供了一个巨大的国内投资市场，但在全球经济整合越来越快的时代，我们怀疑美国人也将转移一部分财富去国外投资。这一改变的速度有赖于美国税收政策改革的进度。

总之，全球的富人掌握着大量的流动资本，他们对税收非常敏感，他们的视野也越来越国际化。《国际税务快讯》称资产筹划这一行业中“发展最快的业务集中在净资产高的家庭，他们的资产与受益人散布在全球不同国家中。”[56]对于净资产高的个人，他们的孩子有超过五分之一居住在国外，全球有一半的富人都在国外有家。[57]

> 许多名人都选择在税负低的地区定居，并会把他们的财产与知识产权随之迁往国外。

现在看看加拿大时尚业企业家彼德·尼加德（Peter Nygard）这个例子。彼德·尼加德拥有5亿美金的净资产，住在税负较低的拉美岛国巴哈马，他一般在加拿大、他纽约的办公室以及巴哈马三个地方打转。现在他正在与加拿大政府为一张1600万美元的税单而斗争，这张税单牵涉到他是否是税法上的加拿大居民。[58]另一个例子则是约瑟夫·刘易斯（Joseph Lewis），他是一位企业家，也是亿万富翁，现在居住在巴哈马，离尼加德不远，他是在1979年从高税负的英国迁往巴哈马的，但每年都要花一部分时间在佛罗里达处理生意上的事务，也会花一些时间打理他在阿根廷的牧场，这里还住着他的儿子。[59]

考虑到商业精英的全球化环境，美国需要思考它对待富人的政策。善待富人的政策非常重要，因为投资资本对经济增长非常关键。同样，今天的百万富翁大部分都是自我成长起来的，他们并不是简单地被动继承了财富。[60]这就是说他们往往有创业精神——他们会创建新的企业、寻找风险投资、发起创造性的慈善活动。如果一个国家用高税负将这些人赶走，它损失的不仅是金融财产，也有企业家的创新精神。

富人们对国际税收差异如何反应呢？我们从新闻报道中可以知道百万富翁中的音乐明星、影星与运动明星都对税收非常敏感。这些明星在得知自己缴税的数额时都非常震惊，披头士乐队的乔治·哈里森在弄清楚了乐队的大部分利润都将被英国政府拿走这一事实后，于1966年曾写过一首歌叫《税务官》，披头士乐队的另一成员林戈·斯塔尔（Ringo Starr）目前住在摩纳哥，在这里他的巨额收入可以避免被课税。

娱乐圈的人在其职业生涯早期很少花时间考虑税收问题，但随着他们积累的财富越来越多时，他们就会更多关注所得税、财产税与继承税的影响。许多名人都选择在税负低的地区定居，并会把他们的财产与知识产权随之迁往国外。

当然，我们听说到的每一个名人都积极地进行税收筹划，有很多很多企业家与专业人才也都在做同样的事情。对于有些国家来说，高税收导致的人才流失与资产流失是一个重要的经济问题，下面是对一些国家的分析，分析这些国家是吸引还是排斥生产性人才。

## 法国

法国的富人不断移民国外已经持续好几十年了。在最近几十年里，已经有几十万法国人移民到了比利时、英国、瑞士及美国，部分原因就是为了逃避高税负。[61]法国的税收总额占经济总额的比例高达44%，其个人所得税的税率在发达国家中也是非常高的。[62]

可能最让富人受不了的主要原因还是法国的财产税。“对财富征收团结税”是在1980年代密特朗总统上台后开始的，财产税要求对净资产在100万美元以上的个人每年进行一次评估，然后按0.55%到1.8%的累进税率课税。[63]评估对象不但包括金融资产，也包括不动产，其家居住房也在评估之列。在最早的时候，只有少数人需要缴纳财产税，但现在大约有40万法国居民需要交财产税。[64]

萨科齐总统的朋友、法国著名歌星尊尼·雅莱迪（Johnny Hallyday）也是众多被财产税所困扰的人之一，他在2006年移民瑞士以逃避高税负，这在当时引起媒体的轰动。他说如果萨科齐总统“改革财产税与继承法”，他依然会移回法国。[65]雅莱迪说：“我只是厌烦了纳税……我相信在自己努力工作到差不多50岁后，我的家庭应该可以过上稳定的生活，但我所挣来的有70%变成了税款。”[66]法国《世界报》（Le Monde）的一个民意调查发现，有三分之二的法国公众对雅莱迪的决定表示同情。[67]雅莱迪带来的骚动让人们联想起几年前另一移民事件，当时法国的超级模特莉蒂希娅·卡斯塔（Laetitia Casta）移民英国，这让众多法国民众产生了焦虑。[68]

许多法国富人移民比利时、卢森堡与瑞士是因为这些国家都是法语国家，它们都有税收优势。以比利时为例，虽然它总的来说也是一个税负很重的国家，但它没有财产税，也不对个人资本增值征税。比利时与瑞士大约各有15万法国移民，[69]在比利时的法国移民中，有家乐福连锁超市的创建者，有石油公司阿奎坦公司（Elf Aquitaine）的前领袖，也有法国排名第二的穆里叶家族，他们都因法国的高税负而被迫移民。[70]

商业、金融与技术领域的法国人通常选择移往英国或美国这些税率低的国家。目前约有30万法国公民生活在英国。[71]法国高校工程专业的毕业生每年都有很大一部分离开法国，而在美国硅谷工作的法国技术人员已经有好几万了。[72]香槟酒家族的克劳德·泰廷哲（Claude Taittinger）说，“现在，任何想赚钱的法国人都去了英国或美国。”[73]路透社最近的一个头版标题非常贴切地表达了这种感觉：“法国的年轻人，追求勤奋工作，朝英国走。”[74]一份由法国政府顾问部门做出的给政府决策做参考的研究报告发现，在过去15年间，大约有1万名商界领袖移民离开了法国。[75]

《华盛顿邮报》报道了一名法国移民，他是一名34岁的企业家，在法国创建了一家科技公司，然后决定退休一段时间以便与家人一起生活。[76]令他惊异的是，他发现他的计划并不可行，因为他每年都得缴纳250万美元的财产税。而事实上，他的资产都投入了公司，而他并没有这么多现金，因此，他举家迁往了比利时，并在比利时创办了一家新公司。高税负导致法国损失了很多投资资本，企业家精神也随之丧失。

## 德国

德国的高税负比起法国来，其压迫性在一定程度上要小一些，尽管如此，它依然使很多技术人员与富人外流。《华尔街日报》上刊登的一篇报道概括了这一问题："那些水平很高的技术人才都在逃离德国，特别是工程师和医生……2005 年，德国记录在案的外迁移民有 144815 名，税负高、工资相对较低、不灵活的工作环境都是他们选择移民的原因。"[77] 许多富有的德国人移民迁入了瑞士。

瑞士的楚格州是德国运动明星与企业家最喜欢的一个地方，因为这里的税负特别低。在 1990 年代，网球明星鲍里斯·贝克尔（Boris Becker）声称自己居住在摩纳哥，但德国税务局称他仍然居住在德国境内而对他课以重税，他于是迁往瑞士，但自那以后，他的那些企业与公司也都同时随他迁到了瑞士。[78]

一级方程式赛车明星选手迈克尔·舒马赫（Michael Schumacher）在 1996 年移往瑞士以躲避德国的高税负，他的兄弟拉尔夫（Ralf）也是一名明星车手，而德国繁重的税负使他迁到了摩纳哥。后来，在奥地利大幅度减税之后，拉尔夫又迁往了奥地利。在一次采访中，拉尔夫说："德国是一个简单的税收丛林……我不喜欢脚后有税务员跟着，我不愿像鲍里斯·贝克尔与施特菲·格拉芙（Steffi Graf）那样像猎物一样被税务部门围捕。这就是为什么我要移民国外避税的原因。"[79]

德国许多足球运动员都去了英国，对于定居在英国的外国人来说，一个关键的好处就是不会对外国公民的国外收入课税。因此，德国的足球运动员可以把他们的金融财产和知识产权，以及他们的"形象收益"移往税率低的国家，他们迁往英国，就只有当前的工资需要课税。[80]

## 意大利

意大利进行过一些税制改革，但其宏观税负依然比较重，占到了经济总额的 41%。[81] 意大利个人所得税的最高税率在 1990 年代有所下降，但它仍然相当高，而且它的工资税也非常高。意大利于 2001 年曾一度取消了遗产税，但在 2006 年又恢复了。

这个国家的逃税行为非常猖獗，远近闻名，逃税被人们戏称为继足球之后的第二大体育运动。一名专家估计意大利的 GDP 有 26% 是其地下经济贡献的，[82]高税负是产生庞大的地下经济的关键原因。[83]与法国与德国一样，意大利也有许多著名的税收“流放者”，例如，卢奇亚诺·帕瓦罗蒂（Luciano Pavarotti）就移民到了摩纳哥以逃避意大利的高税负。[84]

意大利的高税负问题近来已经到了比较严重的关头。2007 年，前总理罗马诺·普罗迪（Romano Prodi）抱怨称“有三分之一的意大利人存在严重的逃税行为”，[85]他说全国只有不到 1% 的纳税人声称自己的年收入超过了 10 万欧元，而美国的这一数据大约为 5%，这意味着意大利的富人大量逃税。[86]有趣的是，普罗迪在打击逃税时向天主教会请求帮助，但教会的领导人犹豫不决，因为他们知道，大家普遍认为意大利的税制不公平。

## 英国

在富人这个问题上，英国是一个“流入国”，同时也是一个“流失国”。让我们首先来看“流失”：大量百万富翁移往低税负的国家或地区，包括音乐家大卫·鲍伊（David Bowie）和赛车手杰基·斯图尔特（Jackie Stewart）。[87]英国流行摇滚歌手詹姆仕·布朗特（James Blunt）于 2007 年迁居到了瑞士，歌手菲尔·柯林斯（Phil Collins）也与他一样迁到了瑞士。演员罗杰·摩尔（Roger Moore）生活在摩纳哥，玛格丽特·撒切尔（Margaret Thatcher）的儿子马克·撒切尔（Mark Thatcher）为了使他 6400 万美元的财产被课税最少，迁到了直布罗陀。[88]税负很低的巴哈马也同样吸引着有钱的英国人，包括英国的设计师肖恩·康纳利（Sean Connery）和劳拉·爱什莉（Laura Ashley）都移民到了这里。

英国最著名的企业家理查德·布兰森（Richard Branson）似乎在使用一种非常复杂的策略来使他的税负降到最低。伦敦的《泰晤士报》报道说：

> 理查德·布兰森先生拥有一批境外的信托机构、公司，这些机构与公司支撑起他庞大的商业帝国。布兰森的资产至少有 30.65 亿英镑，而他的资产都分散到了各个境外的公司，他所交的财产税相对而言微不足道。当退休后，他可以移居海外，住到他位于加勒比海的自己的岛上，然后将他在公司的资产变成

现金，这样不必交任何税费。[89]

英国的滚石乐队几十年来一直通过税收筹划采用各种精巧的办法使其税负降到最低。自1972年开始，乐队包括版税在内的大部分收入都是通过荷兰的一家公司进入的，荷兰对版权收入的税收非常低。2005年，滚石乐队8100万英镑的版权收入仅仅被课以2%的低税。[90]据说，荷兰为滚石乐队打理资金的金融机构还为乐队成员都制定了逃避遗产税的计划。

滚石乐队的基思·理查兹（Keith Richards）拥有大约1.8亿美元的资产，他观察到："整个商业过程很大程度上都依赖于税法，这是为什么我们在加拿大排演而不是在美国的原因。我们灵活地流动大部分是为了跟上税法的变化，我们往哪里去，在哪里演出，是否停留，都是参照税法而做出的安排。"[91]

为了避免被认为是英国居民而被课税，从英国迁出的移民在回国访问时都需要确保一年之内在岛内逗留的时间不能超过一定的天数。在过去，英国的辣妹合唱团和滚石乐队都会小心地制定计划以确保其逗留时间在规定日期之内。[92]许多因高税负而迁往海峡群岛与摩纳哥的英国富人在返回英国进行贸易活动时，都会把停留时间控制在限定范围之内。

这是英国税法导致的人才流失。另一方面，英国的税收规则对从国外移民而来的富人来说，又非常具有吸引力，至少到目前为止是这样，因而又有很多人才被引入进来。在英国，十个富人中有七个是国外移民，[93]《华尔街日报》最近有一篇报道的标题是"伦敦繁荣的背后，来自国外的亿万富翁"。[94]文章说，"资本的浪潮涌进伦敦，其背后是财富的全球化"，"低税负、历史关系与地理位置等各种因素共同打造这个城市的吸引力，许多人因此被吸引而选择移民，对那些在东欧、亚洲和中东从事贸易的人来说，伦敦的这些因素有很大的吸引力。"[95]

英国的税收规则中有一些优惠条件，这些优惠一般都是针对"非本国居民"或者未定居的外国居民的。这些居民在英国之外取得的收入不会被英国政府课税，他们只需要为其在英国取得的收入纳税。换句话说，如果你在另一个国家赚了钱，你把这些钱转去英国也不需要纳税。英国大约有15万这样的在他国有收入的非本国居民，他们都享有这样的免税政策。[96]

这一税收优惠政策已经为伦敦吸引到了 23 名亿万富翁。[97] 全世界排名第四的富豪拉克希米·米塔尔（Lakshmi Mittal）就生活在英国，他是印度全球钢铁公司的所有者，是全球钢铁业巨头。[98] 如果米塔尔选择去美国，他必须为他在全球取得的收入纳税，但在英国就不用。

居住在伦敦的另一个亿万富翁是冰岛人，叫托尔·比约戈夫森（Thor Bjorgolfsson），他开有一家私人股权投资公司，他承认是英国的税收政策吸引了他。他说，英国"难以置信的优良税制……是为什么这么多人聚在这里的原因。"[99]

这一税制结构近来还吸引了以色列钻石大亨列夫·雷维夫（Lev Leviev），他从以色列移民过来似乎是为了逃避该国的高税负，他最近购买了英国最昂贵的一处房产。[100] 雷维夫还在伦敦开始进行贸易活动，包括新开了一家可以与德比尔斯集团（DeBeers）竞争的钻石店。与雷维夫、比约戈夫森和米塔尔一起，数以千计的金融业执行官，俄罗斯石油业的百万富翁和中东、希腊的船业巨头们都选择了迁往伦敦。欧洲对冲基金的业务有 80% 在伦敦，部分原因是这里对非本国居民的税收优惠。[101]

然而，杀鸡取卵的极端例子正在发生。2008 年，英国正在提出对非本国居民大幅增税的计划。执政党工党计划实施新计划，该计划将对每一位非本国居民每年一次性征收总额为 3 万英镑的税款。这笔税款对于像米塔尔或比约戈夫森这样的富豪来说当然不算什么钱，但大多数非本国居民的收入并不高，如果这一计划被执行，这些人就只能选择离开英国了。

这一税收规则的改变将会对伦敦金融服务业产生巨大影响。[102] 对冲基金的管理者们已经准备卷铺盖走人移往瑞士了。[103]《金融时报》报道说，如果该计划生效，大多数希腊船主准备离开英国。[104] 大约有 100 家希腊船舶公司的总部在伦敦，这些公司合起来控制了希腊船舶业的五分之一，而希腊船舶业又是全球最大的。显然，对非本国居民征税是一招臭棋，因为英国已经成为了大量国外企业家的家园，他们使英国成为欧洲最有活力的经济体之一。

## 爱尔兰

像英国、爱尔兰都既是人才"流入国"又是人才"流失国"，这与税收竞争有关。爱尔兰因为企业所得税很低，在商业投资领域它是一个巨大的人才“流入国”。但是对于富人来说，这里并不是一个理想的栖居之地，爱尔兰更多的是一个“流失国”。爱尔兰排名前20的富人中，有一大半没有居住在爱尔兰，而是定居在摩纳哥和瑞士等地。[105]爱尔兰个人所得税的最高税率特别高，而且它还有遗产税。

受爱尔兰富人欢迎的移民地有直布罗陀、摩纳哥、葡萄牙和瑞士。以托尼·瑞安（Tony Ryan）为例，他是瑞安航空公司的创始人，在他2007年移民迁往摩纳哥之前，他拥有11亿美元的资产。瑞安航空公司是欧洲最大的廉价航空公司，照爱尔兰总理的说法，瑞安航空的故事也是“爱尔兰经济成功中最伟大的故事之一”。[106]瑞安作为税收难民而被“流放”到摩纳哥，这里没有所得税，没有财产税，没有资本利得税，也没有遗产税。

2006年，爱尔兰电信巨头亿万富翁丹尼斯·欧布莱恩（Denis O' Brien）迁往马耳他定居，这样的话，他如果再出售他的资产，如出售他在加勒比海的电信公司，他就可以成功逃避资本利得税。而如果是在爱尔兰，他将被课以20%的重税。[107]从富人避税的角度来看，马耳他是欧洲最适宜的地方之一，因为这里对于国外资本的资本增值是免税的。欧布莱恩曾经移民到葡萄牙，葡萄牙对于一些富人来说也有吸引力是因为这里也免征资本利得税。

2006年，爱尔兰的摇滚乐队U2将他们的音乐出版业务转移到了荷兰，因为那里对版税征税的税率非常低。总之，U2在2005年共赚了2170万欧元，其中三分之一是版税收入，[108]乐队的吉他手埃德及（The Edge）说，“当然，我们希望节税，谁不希望这样呢?”[109]

如果英国将来成功地把它的“非本国居民”赶出来，这会给爱尔兰带来机会，这些富人可能选择定居在爱尔兰，因为爱尔兰的税法规则对那些居住在本国的外国人有吸引力。[110]对于这些非爱尔兰籍的定居者来说，只要他们不把财产带来爱尔兰，他们在国外的收入一般不会被课税。

## 瑞典

瑞典的个人所得税税率之高是非常有名的，目前的最高税率是56%，这使得那些高收入者的移民动机非常强烈。瑞典流行乐团ABBA的成员都在千方百计来保护自己的财产避免被贪婪的瑞典政府征税。安妮—弗瑞德·林斯塔德（Anni－Frid Lyngstad）定居在瑞士，最近刚刚与瑞典当局就版税收入斗争过。[111]比约恩·奥瓦尔斯（Bjorn Ulvaeus）“通过海外公司与金融机构把版税收入汇集，从而成功避免了被瑞典当局课税。”[112]

瑞典最著名的税收难民可能要算英格瓦·坎普拉德了，他是家具连锁店宜家家居的创始人，是全球排名第七的富豪，目前定居在瑞士的洛桑市。[113]像许多拥有实业的富人一样，坎普拉德也是出了名的节俭，他秉持这一理念因而也尽量地节税以减小经济损失。宜家家居是一家私营公司，坎普拉德发明了一套复杂的收入结构以保证公司利润被课以最小金额的税款。[114]宜家家居的大多数店面是由荷兰的一家公司实际运作的，而这家荷兰公司又是隶属于一家非营利的基金会；宜家家居的知识产权归另一家卢森堡的公司所有，来自专卖店的收入则归属这家公司。

瑞典也进行了一些税制改革。2007年，瑞典废除了财产税，这将鼓励瑞典的富人把海外的财产带回瑞典。但是瑞典的民主有些问题，他们一直无法保证一个很稳定的税制。《国际税务快讯》报道说，“左翼政党声称如果他们赢得了2010年的大选，他们将恢复财产税。这会挫败瑞典人把隐藏在国外的财产带回国内的积极性。”[115]

## 瑞士

瑞士的经济稳定、自由且税负很低，它像是一块磁铁，吸引着各地的投资资本与勤劳的人们。几十年来，很多国家都在努力提升国际竞争力与生活水平，而瑞士则为这些国家提供了一个典范。瑞士有四分之一的人口是在国外出生的，这一比例在发达国家中排名第二，[116]从低层次的劳动者到高端的公司高管，这些外来移民都把瑞士当作提升自己事业的最好的地方。

> 瑞士的经济稳定、自由且税负很低，它像是一块磁铁，吸引着各地的投资资本与勤劳的人们。

瑞士的成功在一定程度上可以归功于它的税收政策。与法国、德国、意大利及其他欧洲国家相比，瑞士的宏观税负非常低，[117]它的税率也远低于欧洲的平均水平，邻国的公民都把瑞士视为税收庇护所。

瑞士非集权化的联邦制度也有助于保持低税负，因为各州之间也会有激烈的税收竞争。高收入居民与企业都会小心地选择居住地，以使税收降到最低，这对各州都产生了减税的压力。普华永道会计事务所在评论瑞士一些州近年来进行的税制改革时说："似乎一些州将加入到降低企业所得税的行列中来，这使得地方税收竞争更加激烈。"[118]

使瑞士与众不同的另一个因素是它深谋远虑的开放政策。瑞士对全球的成功人士都开放国门，"依据开支征税"的政策吸引了全球很多富人迁来瑞士定居，瑞士对他们完全免征所得税与财产税，他们只需依据他们在瑞士的开支一次性交清所有税款。税额的计算是根据居民住房的租价或其他相关的评估办法。

每个州可以决定谁能享有特别税收优惠，能获得这种资格的人是有限的，但被这些优惠政策所吸引的为数不多的人中却包括了一些全球最富有的人。一位专家说：

> 在很长一段时间内，瑞士将自己视为全球被压迫者的庇护所，这个庇护所不止是提供给邻国掠夺性税收政策的受害者，同时，因为瑞士高质量的生活水平与高安全性，瑞士还吸引了工业、体育、艺术领域的富人来永久定居。[119]

瑞士的低税负政策为瑞士带来了好处，因为这一政策吸引到了许多技术人才与富人，也有利于其他国家的纳税人移民。欧洲的邻国政府如果知道它们的高端纳税人都决定逃往瑞士时，他们就有可能去限制自己国家的税率。

## 美国面临的挑战

美国目前没有像一些欧洲国家那样有大量富人移民出走。尽管如此，一些名流与企业领袖已经逃往了一些低税负地区。著名女歌手黛安娜·罗斯（Diana Ross）和蒂娜·特纳（Tina Turner）居住在瑞士，共同基金（mutual fund）企业家与亿万富翁约翰·坦普尔顿（John Templeton）1968 年高调放弃了他美国公民的身份并迁往巴哈马。从那以后，当他把大量财富资助崇高事业时，他就可以逃避税收。其他数以百计的百万富翁与亿万富翁也追随了坦普尔顿的道路，其中一些人与知名公司联在一起，如金宝汤公司（Campbell Soup）、飞镖集装箱公司（Dart Container）和嘉年华邮轮公司（Carnival Cruise Lines）。[120]

除了军队人员外，另外还有差不多600 万美国人居住在国外，但这没有官方统计数据。国务院认为这个数字大约在400 万，然而大家都认为这个数字低估人数了。[121]一些外迁的美国移民属于税收难民，虽然我们并不知道这些人有多少，但我们知道这个数字可能正在随着全球化的深入而增加。

让我们来看看美国的税制如何影响移民。美国针对高收入者的个人所得税税率比发达国家的平均税率要稍低一点，但其最高税率比其他地方的高一些。另外，美国没有增值税，其他大多数国家都有这种税。

> 随着税率低、政治稳定的国家越来越多，美国的税收现状反映出这样一种趋势：对于富人来说，美国正在变成一个缺乏吸引力的国家。

这一税制的结果是美国的人才不可能流失到法国这样的地方去，但是对于外国的富人来说，往美国移民也没有什么税收优势，他们一般都选择去英国或瑞士。也许，阻止国外富人移民美国的最大障碍在于联邦政府的遗产税，遗产税在2010 年后将计划恢复至55%。随着税率低、政治稳定的国家越来越多，美国的税收现状反映出这样一种趋势：对于富人来说，美国正在变成一个缺乏吸引力的国家。

现在，让我们再看看外迁移民这一边的更多细节。像其他许多国家一样，美国对个人在国外的投资所得也征税，然而，美国是为数不多的依据国籍而不是依据居住地征税的国家之一，美国对居住在国外的公民也有一些富有侵略性的税规。[122]这就是说即使美国人在国外永久定居，他也得向联邦政府报税。在一定免征额的基础上，居住在海外的美国人都有义务向美国政府交税。

这一政策有一定的影响。对于那些希望暂时或者永久定居国外的美国公民来说，这个政策是一个障碍，它限制了个人自由，同时还损失了美国公司的竞争力。如果居住在国外的美国人依然面临美国政府的高税负，这会增加美国公司雇佣他们去国外工作的成本，这会导致美国公司在国际市场上丧失竞争力。设备制造商卡特彼勒公司（Caterpillar）说国外雇员沉重的税收负担对于公司来说“束缚了竞争力”。[123]

美国对海外公民的侵略性税规使得很多人放弃美国国籍而移民他国。但是国会在2006年与2008年分别通过新法案，限制移民者逃避华盛顿的全球税收网络。外迁移民如果拥有的财产达到一定数量，他在放弃美国国籍10年之内，也有义务向美国报税。[124]对于一个发达国家来说，这种企图使移民成为政府税收奴隶的做法是非常不同寻常的。

事实表明，这种新税规并没有减少美国人移居国外，反而增加了这种趋势。[125]当然，这种规定会导致产生更为精明的逃税行为，也可能使更多移民直接停止报税却不正式办理放弃国籍的手续。

不管这些规则的实际效果如何，自1868年以来，我们取得了很大的成就。当时美国的一部移民法的序言中声明说：“移民享有一切人所拥有的自然而固有的权利，这与生命权、自由权与追求幸福的权利密不可分。”[126]不幸的是，在今天的立法辩论中，国会很少考虑把个人权利作为对立法的限制。联邦政府的税收政策追索定居国外的前公民是一种迫害，毕竟“出境税”（exit tax）在历史上曾经被专制政权采用过，如前苏联、纳粹德国。对于美国来说，应对富人流动性增强的最好办法是降低税率，这样才能鼓励美国人留在美国。

税收政策与移民看起来似乎是一个并不明朗的问题。因为美国曾经在历史上对于高技术人才与富人来说如同一块磁铁，但是这一情况随着全球化与人口的迅速老龄化而大大改变了。到2030年，美国65岁以上的老年人将增加84%，而美国的劳动力人口将只能增加10%。[127]

这一人口结构的转变将会推动税制改革以使美国能够聚集起足够多的人才与资本。税收改革通过刺激经济增长，老龄化的问题将变得容易解决。而且税收改革将帮助美国在全球战场上争夺劳动力，这是本书已经讨论过的。

即将到来的人口结构的转变也会使税收问题与退休有关。在接下来的几年里，每年都有超过400万在婴儿潮中出生的美国人面临退休，[128]在过去，美国每年只有小部分退休人员迁往国外，[129]但在未来，退休人员的流动性由于各种原因会增加，原因包括他们受教育程度高，比过去的退休者更富有等。[130]到底会有多少婴儿潮的退休者将移民到那些气候宜人且税率低的地方去呢？

从美国国内来说，亚利桑那州和佛罗里达州拥有阳光、生活成本低而且税率比其他州低，它们已经吸纳了很多退休者。一位专家在一本名为《去哪里退休》的杂志上写道："生活成本是一个很重要的因素……人们特别想了解税收，不仅是销售税与所得税，也包括财产税与继承税。"[131]金融杂志《基普林格》（Kiplinger）经常比较各地退休者的税收成本。[132]对于大多数退休者来说，各地区之间最大的不同就是财产税。很多州都在发起一些活动以努力吸引退休者，还实施了一些税收激励政策。[133]

对退休的富人来说，遗产税是非常重要的。近年来，很多州都降低或废除了遗产税，它们担心遗产税会赶走高消费阶层与退休人员中的流动人口。一些学术研究表明，富人在州与州之间选择移民地时，他们对税非常敏感。[134]

美国人越来越多地考虑到国外去退休，讨论得最多的退休地包括巴巴多斯、开曼群岛、哥斯达黎加、墨西哥和巴拿马。中美洲的政府都很欢迎美国的退休人员，它们都制定了一系列激励措施吸引美国的退休者去那里。[135]

海外退休的美国人目前还不多，但这种势头正在发展。加勒比海地区与拉美地区的许多地方生活成本很低，而且税负很轻。现在有许多国家阳光充足、风景优美，政治局势也比过去稳定，廉价的机票与互联网的兴起，使得去国外退休变得更有吸引力。

《巴伦周刊》的一则报道说，"地产顾问与经纪人反映退休人员委托在加勒比海寻找海外天堂的业务增长迅速。"[136]《国际税务快讯》报道说，"国际房地产开发商以前专门为富有的环球旅行者建房……现在他们把目光投向了美国中产阶级，这些人对不断上涨的财产税非常厌烦，开发商试图把他们吸引到税收环境好的地区去。"[137]

墨西哥吸引美国退休人员的原因之一就是这里的医保成本很低，但美国人会信任这里的医疗水平吗？人数迅速增长的医疗旅行者回答了这一疑问。

墨西哥受益最多，美国退休人员将大规模移往南边的邻国，现在还只是一个开始。《旧金山纪事报》的一则新闻报道了"退休人员汹涌入侵墨西哥”。[138]这篇报道指出，在过年十年里，生活在墨西哥的美国人从20万猛增到了100万，[139]地产开发商正在墨西哥海边为美国退休人员设计一个又一个村落，[140]包括下加利福尼亚、巴亚尔塔港和圣米盖尔在内的墨西哥地区吸引了大量美国人。

墨西哥吸引美国退休人员的原因之一就是这里的医保成本很低，但美国人会信任这里的医疗水平吗？人数迅速增长的医疗旅行者回答了这一疑问。大约有15万美国人每年旅游到国外去进行优惠的外科手术或看牙医。[141]最受欢迎的地方有巴西、印度、墨西哥和泰国。这些国家的医院的价格比美国医院要低很多。墨西哥另一个有吸引力的地方是这里的家庭护理价格低廉。[142]

墨西哥和南方的其他地方都有很大的税收优势。例如，许多国家都不对国外获取的退休金征税，也不对国外的投资收入征税。许多地方的财产税也非常低，这也是一个非常重要的优势。在墨西哥，财产税非常低，整个国家的财产税收入只占GDP的0.3%，只有美国十分之一水平。[143]在巴拿马，退休人员修建的新房子可以免征20年财产税。

对于美国的退休人员来说，财产税是非常大的一笔开销，因为他们中有许多人在还清抵押贷款后，就没有多余的钱来支付财产税与其他地方税以及联邦税。这就是说一个退休者每年支付6000美元财产税，这6000美元是一个实打实的付出，因为这不会获得联邦政府的任何补偿。《基普林格》上刊登的一篇文章说得很对，文章说“是财产税而不是州政府征收的所得税，往往会成为退休人员的吸金怪兽。”[144]

对于富有的退休者来说，联邦政府的遗产税是一个吸金怪兽。美国国会通过了一个怪异的法案，依据这个法案，联邦遗产税将在2010年这一年取消，但又规定在2011年时，恢复遗产税，最高税率达55%。即使不是税收专家的普通大众也知道这么高的遗产税必定会把富人驱赶到税率低的国家去。

欧洲的高税负国家也同样面临相似的挑战。英国伦敦最近的一期《卫报》说：“现在，海外的金融产品对各阶层的人都有吸引力……这些产品有很强的竞争力，即使只有几千英镑收入的人也可以去投资这些金融产品……对于那些计划几年之后退休的人们来说，这可以非常有效地帮助他们事先把存款转移到海外，一旦退休之后定居海外时，他们就可以享受当地的低税负。”[145]据称有300万英国人把钱投资在海外[146]。

毫无疑问，美国人进行的海外投资在不断增长，因为互联网可以非常方便地帮助人们把资金转移到海外。[147]许多人可能正在设法在退休前把他们的金融资产转移到税负低的国家或地区，美国应对这一情况的最有效的办法就是取消遗产税，并降低所得税的税率，甚至最终加入到低税率的单一税俱乐部中去。

哈佛大学经济学教授、国际货币基金组织前首席经济学家肯尼斯·罗格夫（Kenneth Rogoff）最近也得出了这一结论：

> 许多高收入者同样也是创造力非常旺盛的人，他们会带来大量的财富。像英国这样的地方就主动讨好国外富人，对他们的投资收入以非常规方式善待。特别富有的人也是流动性非常大的人，如果你每小时可以挣54万美元，你用不了多久就可以攒足够多的钱在伦敦买一套公寓。不管怎样，政治制度对大富豪施加的税收压力是有限制的……全球化强化了对收入实行单一税的趋势，而不是对高收入者进行惩罚性征税，除了效率原因外，复杂而特异的税制正在变得难以为继，成本非常高。[148]

称美国的税制为“特异”还算是有礼貌的，美国联邦政府的所得税简直就是一个恶劣行径。联邦税的规则与管理办法多达67000页之厚，这导致了严重的经济扭曲。[149]在本书第十章，我们将听从罗格夫的建议，阐述单一税代替现行联邦所得税的优点。

## 参考文献

[1] United Nations, Population Division, “World Migrant Stock”, 2005, http://esa.un.org/migration.

[2] Luisa Kroll and Allison Fass, “The World's Billionaires”, Forbes, March 8, 2007.

[3] Merrill Lynch and Capgemini, “World Wealth Report”, 2006, p. 19, www.us.capgemini.com/worldwealthreport07.

[4] Lindsay Lowell, “Policies and Regulations for Managing Skilled International Migration For Work”, De-

partment of Economic and Social Affairs, United Nations, June 23, 2005, p. 1. And see Organization for Economic Cooperation and Development, International Mobility of the Highly Skilled (Paris: OECD, 2002).

[5] A study on Swiss immigration that confirms the importance of taxes is Thomas Liebig and Alfonso Sousa – Poza, "Taxation, Ethnic Ties and the Location Choice of Highly Skilled Immigrants", Organization for Economic Cooperation and Development, July 25, 2005.

[6] National Intelligence Council, "Growing Global Migration and Its Implications for the United States", National Intelligence Estimate 2001 – 02D, March 2001, p. 23.

[7] Michael Skapinker, "London Calling", Financial Times, October 1, 2007.

[8] Michael Skapinker, "London Calling", Financial Times, October 1, 2007.

[9] Michael Skapinker, "London Calling", Financial Times, October 1, 2007.

[10] "Altered States", The Lex Column, Financial Times, August 21, 2007.

[11] Carter Dougherty, "High Income Taxes in Denmark Worsen a Labor Shortage", International Herald Tribune, December 5, 2007.

[12] United Nations, Population Division, "International Migration Wall Chart", 2005. See also Kirstin Downey Grimsley, "Global Migration Trends Reflect Economic Options", Washington Post, January 3, 2002, p. E2.

[13] Organization for Economic Cooperation and Development, Counting Immigrants and Expatriates in OECD Countries: A New Perspective (Paris: OECD, March 2005), p. 133. See also The Economist, "Guarding British Soil", January 5, 2008, p. 47.

[14] Peter Neilson, Chief Executive of the Business Council for Sustainable Development, "New Zealanders Concerned at Skills Shortage", Scoop Independent News, October 20, 2007, www. scoop. co. nz.

[15] Organization for Economic Cooperation and Development, Counting Immigrants and Expatriates in OECD Countries: A New Perspective (Paris: OECD, March 2005), p. 116.

[16] For example, see Lindsay Lowell, "Policies and Regulations for Managing Skilled International Migration For Work", Department of Economic and Social Affairs, United Nations, June 23, 2005, p. 8, 9.

[17] Organization for Economic Cooperation and Development, Counting Immigrants and Expatriates in OECD Countries: A New Perspective (Paris: OECD, March 2005), p. 134.

[18] Organization for Economic Cooperation and Development, Counting Immigrants and Expatriates in OECD Countries: A New Perspective (Paris: OECD, March 2005), p. 134.

[19] Mahmood Iqbal, "Are We Losing Our Minds? Trends, Determinants and the Role Of Taxation in Brain Drain To The United States", Conference Board of Canada, 1999.

[20] Mahmood Iqbal, "The Migration of Highly Skilled Workers from Canada to the United States: The Eco-

nomic Basis of the Brain Drain", in The International Migration of the Highly Skilled (San Diego: Center for Comparative Immigration Studies, University of California, 1991).

[21] Mahmood Iqbal, "Are We Losing Our Minds? Trends, Determinants and the Role Of Taxation in Brain Drain To The United States", Conference Board of Canada, 1999.

[22] Kevin Sullivan, "Hustling to Find Classrooms For All in a Diverse Ireland", Washington Post, October 24, 2007, p. A12.

[23] Lindsay Beck, "Architects Reinvent Skyscraper with Beijing Tower", Reuters, November 19, 2007.

[24] See Chris Edwards, "Real Tax Cuts for Real Investments", New York Post, January 15, 2007.

[25] Rebecca O' Connor, "Head to Dubai for the World' s Lowest Tax Rates", Times (London), November 19, 2007.

[26] Rebecca O' Connor, "Head to Dubai for the World' s Lowest Tax Rates", Times (London), November 19, 2007.

[27] Jack Anderson, "The Forbes Tax Misery Index", Forbes, May 3, 2007.

[28] Organization for Economic Cooperation and Development, Counting Immigrants and Expatriates in OECD Countries: A New Perspective (Paris: OECD, March 2005), p. 121, 145.

[29] In addition to this general cap, H1 – B visas are also issued for jobs at non – profit organizations and to foreign alumni of U. S. postgraduate programs.

[30] Craig Barrett, "A Talent Contest We' re Losing", op – ed, Washington Post, December 23, 2007.

[31] Organization for Economic Cooperation and Development, International Mobility of the Highly Skilled (Paris: OECD, 2002).

[32] For example, see Lindsay Lowell, "Policies and Regulations for Managing Skilled International Migration For Work", Department of Economic and Social Affairs, United Nations, June 23, 2005, p. 14.

[33] Craig Barrett, "A Talent Contest We' re Losing", op – ed, Washington Post, December 23, 2007.

[34] Quoted in Puget Sound Business Journal, "Microsoft Plans Canadian Software Development Center", July 5, 2007.

[35] Agence France – Presse, "Tight U. S. Immigration Forces Outsourcing: Bill Gates", March 12, 2008.

[36] Organization for Economic Cooperation and Development, Counting Immigrants and Expatriates in OECD Countries: A New Perspective (Paris: OECD, March 2005), p. 132.

[37] Devesh Kapur and John McHale, Give Us Your Best and Brightest (Washington: Center for Global Development, 2005), p. 3.

[38] Projections from the United Nations Population Division database, 2006 revisions, at http://esa.un.org/unpp.

[39] U. S. Bureau of Labor Statistics, "Employment Projections: 2006 – 2016", Tables 1, 2, and 5, De-

cember 4, 2007. Available at www. bls. gov/news. release/ecopro. nr0. htm.

[40] Organization for Economic Cooperation and Development, Counting Immigrants and Expatriates in OECD Countries: A New Perspective (Paris: OECD, March 2005), p. 132.

[41] American Electronics Association, "AEA Competitiveness Series", vol. 18, September 2007, p. 3.

[42] Cited in Dan Barnes, "Can New York Break Free," The Banker, April 2, 2007, p. 18.

[43] Vivek Wadhwa, et al., "America' s New Immigrant Entrepreneurs", Master of Engineering Management Program, Duke University, January 4, 2007.

[44] Anna Lee Saxenian, "Silicon Valley' s Skilled Immigrants: Generating Jobs and Wealth for California", Research Brief, Public Policy Institute of California, June 1999.

[45] Organization for Economic Cooperation and Development, Counting Immigrants and Expatriates in OECD Countries: A New Perspective (Paris: OECD, March 2005), p. 121, 145.

[46] Vivek Wadhwa, et al., "America' s New Immigrant Entrepreneurs", Master of Engineering Management Program, Duke University, January 4, 2007.

[47] Vivek Wadhwa, et al., "Intellectual Property, the Immigration Backlog, and a Reverse Brain – Drain", Kauffman Foundation, August 2007.

[48] Quoted in Devesh Kapur and John McHale, Give Us Your Best and Brightest (Washington: Center for Global Development, 2005), p. 2.

[49] Merrill Lynch and Capgemini, "World Wealth Report", 2007, p. 2.

[50] Linda Ng, "New Analysis: Budget Boosts Singapore as Top Private Wealth Center", Tax Notes International, February 25, 2008, p. 644.

[51] Merrill Lynch and Capgemini, "World Wealth Report", 2007, p. 16.

[52] Merrill Lynch and Capgemini, "World Wealth Report", 2006, p. 16.

[53] Merrill Lynch and Capgemini, "World Wealth Report", 2004, p. 13.

[54] Merrill Lynch and Capgemini, "World Wealth Report", 2007, p. 16.

[55] Merrill Lynch and Capgemini, "World Wealth Report", 2004, p. 13.

[56] Cathy Phillips, "Death and Taxes: Can We Talk?" Tax Notes International, March 24, 2008, p. 1015.

[57] Merrill Lynch and Capgemini, "World Wealth Report", 2006, p. 16, 21.

[58] Janice Tibbetts, "Canadian Tycoon Fights $16 Million Tax Bill", Ottawa Citizen, April 9, 2008.

[59] Jerry Jackson, "Low – Profile Billionaire Plays High – Stakes Roles", Orlando Sentinel, March 28, 2006.

[60] Luisa Kroll and Allison Fass, "The World' s Billionaires", Forbes, March 8, 2007. See also Merrill Lynch and Capgemini, "World Wealth Report", 2006, p. 19.

[61] Celestine Bohlen, "French Anti – Rich Views Make Exiles Wary of Sarkozy Tax Cuts", Bloomberg, July 30, 2007. Apparently, the wealthy French don' t move to Monaco because they are required to pay French

taxes there.

[62] Organization for Economic Cooperation and Development, Revenue Statistics (Paris: OECD, 2007), p. 76.

[63] If capital earns a return of, say, 5 percent, a 1.8 percent wealth tax is akin to a tax rate of 36 percent on an asset' s return. Combined with the regular French income tax, which has a top rate of about 50 percent, it is easy to understand why successful people want to escape the country.

[64] Robert Goulder, "Can Shock Therapy Save France?" Tax Notes International, June 18, 2007, p. 1188.

[65] The Economist, "Tax 'n' Wealth and Rock 'n' Roll", January 4, 2007. See also Martin Arnold, "Rock Legend' s Tax Exile Splits French", Financial Times, December 17, 2006.

[66] Quoted in Doreen Carvajal, "Swiss Tax Deals Lure the Superrich, but Are They Fair?" New York Times, January 14, 2007.

[67] Adrien de Tricornot, "Malgré les baisses d' imp　ts, le poids des prélèvements obligatoires a augmenté depuis 2003," Le Monde, May 2, 2007.

[68] BBC News, "France Galled by Model Move", April 3, 2000.

[69] Christopher Caldwell, "Johnny Hallyday Fell Foul of France' s Taxes", Financial Times, December 22, 2006.

[70] Celestine Bohlen, "French Anti - Rich Views Make Exiles Wary of Sarkozy Tax Cuts", Bloomberg, July 30, 2007.

[71] The OECD estimates the figure at about 100, 000, but the French consulate in London thinks the number could be 300, 000. See Swaha Pattanaik, "Young French, Seeking Hard Work, Head for Britain", Reuters, March 15, 2007.

[72] Jean Francois - Poncet, "Brain Drain: Myth or Reality?" Senate of France, Report no. 388, 1999 - 2000 Session, June 7, 2000.

[73] Matthew Campbell, "French Tax Exiles Get to Like Boring Belgium", Times (London), September 25, 2005.

[74] Swaha Pattanaik, "Young French, Seeking Hard Work, Head for Britain", Reuters, March 15, 2007.

[75] Cited in Celestine Bohlen, "French Anti - Rich Views Make Exiles Wary of Sarkozy Tax Cuts", Bloomberg, July 30, 2007.

[76] Molly Moore, "Old Money, New Money Flee France and Its Wealth Tax", Washington Post, July 16, 2006, p. A12.

[77] Joellen Perry, "German Firms Attempt to Plug a Brain Drain", Washington Post, January 3, 2007, p. D1. Reprinted from the Wall Street Journal.

[78] Ulrika Lomas, "Becker Could Face Jail Over £ 13m Tax", www. tax - news. com, July 3, 2001.

[79] Reuters, "Becker' s Trial Spotlights Tax Exiles", October 22, 2002.

[80] Mihir Bose, "Beckenbauer Admits Keeping Ballack May Prove Too Taxing", Daily Telegraph (London), November 11, 2005.

[81] Organization for Economic Cooperation and Development, Revenue Statistics (Paris: OECD, 2007), p. 76.

[82] Friedrich Schneider, "Shadow Economies of 145 Countries All Over the World: What Do We Really Know?" August 2006, www. brookings. edu/metro/umi/events/20060904_ schneider. pdf.

[83] Friedrich Schneider, "Shadow Economies of 145 Countries All Over the World: What Do We Really Know?" August 2006, www. brookings. edu/metro/umi/events/20060904_ schneider. pdf.

[84] Tax Notes International, "Court Acquits Pavarotti on Tax Evasion Charges", October 29, 2001, p. 452.

[85] Phil Stewart, "Tax Evasion is a Sin, Government Tells Italy' s Catholics", abcnews. com, August 1, 2007.

[86] Based on Internal Revenue Service data for 2005, taking into account conversion of the Euro to the U. S. dollar.

[87] Allan Hall, "Swiss Tax Threat to the Super – Rich Celebrity Exiles", Evening Standard (London), June 7, 2005.

[88] Maurice Chittenden, "Thatcher Seeks New Refuge in the Sun", Times (London), December 3, 2006.

[89] Robert Winnett and Holly Watt, "Britain: World' s First Onshore Tax Haven", Times (London), December 3, 2006.

[90] Cordia Scott, "The Rolling Stones Show Tax Man You Can' t Always Get What You Want", Tax Notes, August 7, 2006, p. 466.

[91] Quoted in Hugh Davies, "Rolling Stones Find Satisfaction in Offshore Tax Shelter", Daily Telegraph (London), March 8, 2006.

[92] Tax Notes, "Rolling Stones Postpone British Tour to Avoid Taxes", June 29, 1998, p. 1744.

[93] Cassell Bryan – Low and Jeanne Whalen, "Behind London' s Boom, Billionaires From Abroad", Wall Street Journal, October 5, 2007, p. 1.

[94] Cassell Bryan – Low and Jeanne Whalen, "Behind London' s Boom, Billionaires From Abroad", Wall Street Journal, October 5, 2007, p. 1.

[95] Cassell Bryan – Low and Jeanne Whalen, "Behind London' s Boom, Billionaires From Abroad", Wall Street Journal, October 5, 2007, p. 1.

[96] Giles Whittell, "Brass Tax: The Truth About Non – Doms", Times (London), October 5, 2007.

[97] Giles Whittell, "Brass Tax: The Truth About Non – Doms", Times (London), October 5, 2007.

[98] Luisa Kroll, "The World' s Billionaires", Forbes, March 5, 2008.

[99] Cassell Bryan – Low and Jeanne Whalen, "Behind London' s Boom, Billionaires From Abroad", Wall

Street Journal, October 5, 2007, p. 1.

[100] Reuters, "Leviev Buys Most Expensive New British Property for $70M", January 1, 2008.

[101] Steve Johnson, "Hedge Funds Flee UK Tax Clampdown", Financial Times, December 3, 2007.

[102] City of London and CRA International, "The Impact of Taxation on Financial Services Business Location Decisions", February 2008, p. 59, 60.

[103] Steve Johnson, "Hedge Funds Flee UK Tax Clampdown", Financial Times, December 3, 2007.

[104] Kerin Hope, "Greek Ship Owners to Flee UK Taxes", Financial Times, February 12, 2008, p. 2.

[105] Kathy Foley, "MacKeown Joins Swiss Roll of Wealthy Irish Tax Exiles", Times (London), April 3, 2005. And see Ian Kehoe, "Tax Havens Lure Super – Rich", Sunday Business Post (Ireland), January 20, 2008.

[106] Shawn Pogatchnik, "Tony Ryan; Founded Budget Airline Ryanair", Washington Post, October 6, 2007, p. B6,

[107] Andrea McCullagh, "Canny O' Brien Joins Tax Exiles in Malta", Daily Mail (London), September 16, 2006.

[108] Johnathan Rickman, "U2 to Avoid Irish Cap on Tax – Free Income for Artists", Tax Notes, August 14, 2006, p. 569.

[108] Jason Lewis, "The World' s Richest Rockers and Tax Exiles", Daily Mail (London), December 24, 2006.

[109] Greg Hollingsworth, et. al, "Planning for Retirement in Europe: A Comparative Study", Tax Notes International, September 27, 2004, p. 1224.

[111] Johnathan Rickman, "ABBA Star Accused of Tax Evasion", Tax Notes International, May 8, 2006. p. 484.

[112] Johnathan Rickman, "ABBA Star Accused of Tax Evasion", Tax Notes International, May 8, 2006. p. 484.

[113] Luisa Kroll, "The World' s Billionaires", Forbes, March 5, 2008.

[114] The Economist, "Flat – Pack Accounting", May 11, 2006.

[115] Tax Notes International, Country Digest, "Government Sends Tax Reform Bill to Parliament", November 5, 2007, p. 564.

[116] Organization for Economic Cooperation and Development, International Migration Outlook (Paris, OECD, 2006), p. 262.

[117] Organization for Economic Cooperation and Development, Revenue Statistics (Paris: OECD, 2007), p. 76.

[118] PricewaterhouseCoopers, "Switzerland: Lower Corporate Tax Rates Take Hold", International Tax Review, February 2006.

[119] Pierre Bessard, "The Swiss Tax System: Key Features and Lessons for Policy Makers", Prosperitas, vol. 7, issue 1, February 2007. Available at www. freedomandprosperity. org.

[120] Robert Lenzner and Philippe Mao, "The New Refugees", Forbes, November 21, 1994, p. 131.

[121] The State Department data is based on Americans abroad voluntarily registering at a consulate. See Taylor Dark, "Americans Abroad: The Challenges of a Globalized Electorate", in PS: Political Science and Politics, October 2003. Available online at www. apsanet. org. For further discussion, see Association of Americans Resident Overseas, "FAQ," http: //aaro – intl. org.

[122] For background, see Daniel J. Mitchell, "Territorial Taxation for Overseas Americans: Section 911 Should Be Unlimited, Not Curtailed", Prosperitas, vol. 5, issue 1, May 2005. Available at www. freedomandprosperity. org.

[123] Cris Prystay and Tom Herman, "Tax Hike Hits Home For Americans Abroad", Wall Street Journal, July 19, 2006.

[124] Ashlea Ebeling, "The Long Good – Bye", Forbes, March 28, 2005.

[125] See Doreen Carvajal, "Tax Leads Americans Abroad to Renounce U. S. ", New York Times, December 18, 2006. For further background, see Americans Citizens Abroad at www. aca. ch.

[126] Cited in Stanley Mailman, "Expatriation and Senator Moynihan' s Tax Proposal", New York Law Journal, April 24, 1995, www. ssbb. com/article6. html.

[127] The 2007 Annual Report of the Board of Trustees of the Federal Old – Age and Survivors Insurance and the Federal Disability Insurance Trust Funds (Washington: Government Printing Office, May 2007), p. 78.

[128] See Bureau of Census data on the number of Americans at each age, www. census. gov/popest/national.

[129] William Frey, "Mapping the Growth of Older America", Brookings Institution, May 2007, p. 14.

[130] Charisse Jones, "States Rushing to Lure Retirees", USA Today, December 29, 2005. See also Pat Mertz Esswein and Mary Beth Franklin, "12 Great Places to Retire," Kiplinger. com, March 16, 2005.

[131] Quoted in Bob Moos, "Pinpointing the Best Places to Retire", Washington Post, June 18, 2005, p. F14.

[132] See Mary Beth Franklin, "Where You Stay = What You Pay", Kiplinger. com, March 5, 2003. And see Kimberly Lankford, "State Taxes Vary Greatly for Retirees", Kiplinger. com, September 23, 2002.

[133] Charisse Jones, "States Rushing to Lure Retirees", USA Today, December 29, 2005.

[134] For example, see Jon Bakija and Joel Slemrod, "Do the Rich Flee from High State Taxes? Evidence from Federal Estate Tax Returns", National Bureau of Economic Research, Working Paper no. 10645, July 2004.

[135] Coley Hudgins, "The Yanquis Are Coming", op – ed, TCS Daily, August 18, 2005.

[136] Karen Hube, "Bargain Hunting Overseas for Retirement Properties", Wall Street Journal, April 14,

2006. Story from Barron' s.

[137] Warren Rojas, "Property Tax Free Living Beckons Baby Boomers Abroad", Tax Notes International, July 18, 2005, p. 231.

[138] Mike Davis, "Gringos Turn Tide Crossing Border: Boomer Retirees Invading Mexico", San Francisco Chronicle, October 15, 2006, p. F-1.

[139] State Department data also shows that the number of Americans in Mexico is currently more than 1 million. See Taylor Dark, "Americans Abroad: The Challenges of a Globalized Electorate", in PS: Political Science and Politics, October 2003.

[140] Kemba Dunham, "Builders Bet on Mexico as U. S. Boomers Retire", Wall Street Journal, January 18, 2006, p. B1.

[141] Kathleen Doheny, "Medical Tourism Takes Flight", Washington Post, July 6, 2007. See also Cindy Loose, "Operation Vacation", Washington Post, September 9, 2007, p. P1.

[142] Chris Hawley, "Seniors Head South to Mexican Nursing Homes", USA Today, August 15, 2007.

[143] Organization for Economic Cooperation and Development, Revenue Statistics (Paris: OECD, 2007), p. 78.

[144] Kiplinger' s Retirement Report, "Don' t Let Property Taxes Ruin Retirement", July 1, 2002.

[145] Helen Pridham, "Your Passport to Riches", Guardian Abroad (London), January 3, 2007.

[146] Moira O' Neill, "Offshores Fail Online", Guardian Abroad (London), July 17, 2007.

[147] Kevin McCoy, "Offshore Tax Shelters Not Just for the Rich", USA Today, September 14, 2006.

[148] Kenneth Rogoff, "The Golden Haves in the Age of Globalization", op-ed, Daily Star (Lebanon), November 8, 2007.

[149] Chris Edwards, "Income Tax Rife with Complexity and Inefficiency", Cato Institute Tax & Budget Bulletin no. 33, April 2006.

# 第六章 全球经济中的企业税收

- 国际税收的方法
- 美国企业所得税制度的细节
- 企业对税收的反应
- 低税率吸引投资与利润
- 降低公司税创造高工资
- 公司税的拉弗曲线

全球化正影响着美国数百万企业，大公司与小公司都面临进口商品日益激烈的竞争，许多企业都在拼命把产品打入国外市场。不幸的是，复杂且税率很高的联邦企业所得税损害了这些大大小小的企业在全球进行高效竞争的能力。

美国的跨国公司受到异常复杂的税收规则的管制，这些复杂的税规影响了他们的竞争力。这些税规非常重要，因为美国的跨国公司对国家的经济增长非常关键，这些跨国公司在出口贸易中占了52%的份额，并为美国79%的民间研发提供资助。[1]它们每年给美国经济带来约5000亿美元的投资，在全球经济中创造了12万亿美元的销售额。

在这一章，我们将集中讨论企业所得税与全球经济的三个现实问题，这应该对美国的决策者们有所帮助。[2]首先，联邦税的规则制定基础是已经过时了的1960年代的税收理论，这一理论主张在“全球范围”向企业征税。这一理论对今天的经济来说已毫无意义，大部分国家都把基于“领地”的税收当成一种更有竞争性的战略。

第二，企业所得税的税基是流动的，这意味着需要大幅度降低企业所得税的税率。除非美国的税制比其他国家更有竞争力，否则美国的企业会通过无数的手段转移投资并在国外上报利润。企业所得税的高税率对美国经济来说是得不偿失，对政府来说也是一个损失，因为这会导致税基萎缩，还使税务局的人头痛。

第三，企业所得税影响到美国人的平均生活水平。在全球化经济中，企业税负过重会降低普通工人的薪资水平。如果美国与其他国家的半导体公司与制药公司都因为美国的高税负而不在这里投资建厂，美国会有更多的人失业。因此，企业所得税必须成为美国经济增长、就业以及收入问题的中心议题。

## 国际税收的方法

美国政府将如何对像英特尔或陶氏化学公司这样的企业征税呢？这些企业在美国注册，但它们的大部分利润与税源都产生于国外。美国政府又如何对生产、销售和研发都在国外的数千家美国公司征税？

现在我们假定巴西的一家汽车公司由美国的母公司控股，这家汽车公司的员工大多是巴西人，资金主要由巴西人筹集，其汽车也基本在巴西市场上销售。奇怪的是，尽管这家企业的利润主要发生在巴西也基本上由巴西人完成，但美国政府竟然声称它有权对这家公司的利润征税。在“全球范围”征税的政策意味着美国企业在巴西、英国或其他任何国家创建公司都必须在税收申报表上向美国政府报告这些国外公司的收入，而这些国外公司也同样必须向当地政府交税。

> 美国政府将如何对像英特尔或陶氏化学公司这样的企业征税呢？美国政府又如何对生产、销售和研发都在国外的数千家美国公司征税？

这种全球型的税收制度获得了“资本输出中性”（capital export neutrality）理论的支持。“资本输出中性”理论主张投资者在世界各地的投资——不管国内还是国外，都应该适用相同的税率。根据这一理论的说法，如果税率不一样，国际资本的流动就会受税率影响，这样的话会导致低效率。比如，如果一家日本企业在东京获得的利润按41%的税率交税，而在德克萨斯获得的利润则只按35%的税率交税，这会导致低效率，因为这样会产生一种税收激励刺激资本流向德克萨斯。

全球型的税收政策不允许公司通过在低税负地区投资而获得税收上的利益，从而解决这个所谓低效率的伪问题。这“全球征税”的制度下，企业在国外获得的利润要被课税，但企业会获得一个有限的外国税收抵免额（foreign tax credit）来抵除其向所在地政府交的税收，因此这笔收入一般不会被双重扣税，这种做法主要是想确保企业投资国外不会获得任何税收优势。但是，正如我们接下来讨论的那样，即使这个目标达到了，这也不会给美国经济带来任何好处。

与美国不同，大多数国家都没有采用全球型的税收制度。相反，这些国家都是采用“属地型”的税收制度，这样政府一般不会对企业的国外子公司在国外取得的收入课税，企业收入只会在收入来源地被课税。假设巴西有一家汽车公司为一家法国的母公司所拥有，法国政府不会对这家汽车公司取得的利润扣税，即使是返回到其巴黎总部的利润也不会被征税。像加拿大、法国、德国和荷兰等国家都有各种各样的不同机制对企业在国外取得的收入免税。

表 6.1 显示了对跨国公司的两种不同的征税制度，[3]经合组织中有 30 个工业国家，其中包括美国在内有 9 个国家采用的是“全球型”征税制度，有 21 个国家是采用“属地型”征税制度。经合组织之外的国家大多是采用“属地型”的征税制度。[4]

**表 6.1　　营业税制度的类型**

| | 全球型 | 属地型 |
|---|---|---|
| 征税基准 | 纳税人的居住地（母公司所在的国家） | 收入来源（收入产生的国家） |
| 征税原则 | 资本输出中性 | 资本输入中性 |
| 实施范围 | 30 个经合组织成员国中有 9 个，包括美国 | 30 个经合组织成员国中有 21 个 |

“属地型”征税制度获得了“资本输入中性”（capital import neutrality）理论的支持。“资本输入中性”理论认为不管资本来自哪里，在同一个国家的所有投资都按相同税率课税。例如，英国公司在英国获得的利润是按 28% 的税率课税，而美国公司在英国获得的利润是按 35% 的税率扣税，这就违背了“资本输入中性”原则。这种情况之所以发生，是因为美国公司在英国按 28% 的税率纳税之后，这些利润还会被美国政府课以 7% 的税，因为美国是“全球型”税收制度。

“资本输入中性”的支持者认为美国公司也应该像英国公司那样只按 28% 的税率交税，如果再另被征税，其竞争力就会受损。而在“属地型”税收制度下，这是完全可能的。正如我们将讨论的那样，“属地型”税收制度会强化国际税收竞争，而“全球型”税收制度则会扼杀这种竞争。

被美国采用的“全球型”税收制度随着时间的推移已经变得不那么流行

了。越来越多的国家都采用了“属地型”税收制度，密歇根大学的詹姆斯·海因斯（James Hines）说，“与其他国家相比，美国在某种程度上可以说是一个另类，它对国外利润征重税。”[5]

然而，大多数国家的税制事实上既不是严格的“全球型”也不是严格的“属地型”。例如，美国按照“资本输出中性”原则建立了它的国际税收结构，但多年来它又增加了很多复杂且偷工减料的措施，这些措施并没有遵循一个清晰的原则。[6]

严格来说，“资本输出中性”原则主张美国政府应该立即对美国公司在国外取得的所有收入征税。美国有一些政客对这一目标内心向往，但美国政府并没有走到这一步，因为这从长远来看会损害美国企业在国外市场上的竞争力。比如，如果严格遵循“资本输出中性”原则，美国企业在爱尔兰的利润将按35%的税率课税，而同时，法国企业在爱尔兰的工厂所获得利润却只需向爱尔兰政府按12.5%的税率交税，因为法国采用的是“属地型”税收制度。这样导致的后果就是，美国企业在爱尔兰市场上将存在严重的劣势，无法与法国这样的国家的企业竞争。

“资本输出中性”原则带来种种问题，美国的税制也进行了变通，比如对美国企业在国外取得的收入允许“延期”交税。这意味着企业在国外取得的利润只有在返回美国时才被课税。因此，在爱尔兰取得的利润只有在返回美国国内时才被课税，但是“延期”只针对“主动型”国外收入，如制造业加工厂获得的收入，但对于像在国外银行的存款利息等“被动型”收入还是会被美国政府即时征税。

自从美国基本的国际税收制度在1962年生效以来，对国外收入区分“主动型”与“被动型”的做法一直倍受争议，各派斗争不止。国会一直在设法扩大可以即时征税的这一类收入的范围，这样可以依据“资本输出中性”原则增加财政收入，但美国企业界都一直在抵制，他们坚持认为限制“延期”会损害他们在国外市场上的竞争力。斗争的结果是产生了一套针对国外收入的异常繁杂的税收规则，使企业不得不进行精细的税收筹划。

越来越多的人认识到了美国的税制已经无法适应经济全球化的现实了。就拿一件事来说，“全球型”税制使美国变成了一个“困难户”，跨国公司在选择把总部落户美国时都有重重顾虑。美国的这一税制制定于1962年，当时大家并不用考虑这些公司是否把总部建在美国。在那个时候，全世界最大的20家公司有18家把总部建在美国，但今天却只剩下8家了。[7]而且美国现在已经没有其他方面的优势可以抵消税制上的不足，从而吸引公司把总部建在美国。

“全球型”税制使美国变成了一个“困难户”，跨国公司在选择把总部落户美国时都有重重顾虑。

“全球型”税制给美国带来的另一负面影响就是企业不愿意回收国外的利润。美国企业在国外挣到了钱，他们如果把这些资金继续放在国外投资的话，则可享受到“延期”的税收优惠，事实上，他们都害怕那35%的联邦企业所得税。如果你对这些东西征税，你就会失去它，因此美国当前的税制阻止利润回流美国，对这一点也不用觉得奇怪，这最终可能减少国外资本在美国的投资。[8]

“资本输出中性”理论的根本缺陷在于，即使它在理论上行得通，但在现实情况中它不可能达到它想要的那个效率目标。詹姆斯·海因斯指出，“资本输出中性的逻辑假定美国是这个世界做投资的唯一国家，这犯了一个低级错误。”[9]如果美国坚持资本输出中性原则进行征税，但其他国家却不这么做，那“中性”就不存在了，其优势也就不再存在了。此外，美国税制中对国外利润的税收有抵免、延期等变通办法，但这些变通之处也没法让“资本输出中性”理论所设想的那些有效办法变成现实。

为什么美国还有一些学者与决策者继续坚持“资本输出中性”原则呢？一个理由就是人们担心企业向国外转移。他们认为除非对企业在国外取得的收入征税，否则这些企业都会转移到像爱尔兰这样的税负低的国家去。

现实是，如果出于经济或税收的原因某个工厂将建在爱尔兰而不是美国，这个工厂迟早会建好，唯一的问题是这个工厂由美国企业拥有还是由国外企业拥有。如果美国政府对企业在国外的子公司也征收重税，美国企业拥有的国外子公司将越来越少，这会导致美国企业利润下降，美国的投资衰弱，正如本书第二章讨论的那样。

坚持“资本输出中性”原则还有一个政治上的理由，就是这对于统治者来说可以非常方便地加税。依照这一原则提出来的加税提案往往想扩大企业所得税的税基，从而增加财政收入。加里·赫夫鲍尔（Gary Hufbauer）和艾莉尔·爱沙（Ariel Assa）在他们的新书中指出，“为了给美国增加财政收入，财政部总是尽力支持依据‘资本输出中性’理论制定的法案。”[10]如果全世界的国家都制定企业所得税税率为60%的“全球型”税制，“资本输出中性”理论的支持者们一定会非常满意，在他们看来，这是非常有“效率”的。但对全球化经济来说，这是一场灾难，因为投资会直线下跌，收入水平也会下降。

与过去相比，支持“资本输出中性”理论的人现在要少很多了。[11]越来越多的专家相信美国将会抛弃“全球型”税制转而采用“属地型”税制。加里·赫夫鲍尔认为，“‘全球型’税制的合理性是来自情绪而不是逻辑。”[12]他说美国的税制一开始就是遵循严格的“资本输出中性”原则，但这没有可行性，然后又增加了许多特殊税法以尽力使其能够在现实中运转，其结果就是导致一团乱麻。如果一开始就像大多数国家那样采用“属地型”税制，情况会好得多。

“全球型”税制使所有国家都受损，因为它抑止了税收竞争，缓解了减税的压力，从而导致投资减少，经济增长速度放慢。

“全球型”税制使所有国家都受损，因为它抑止了税收竞争，缓解了减税的压力，从而导致投资减少，经济增长速度放慢。对于美国来说，“全球型”税制增加了税收规则的复杂性，损害了美国企业的竞争力，没有给经济带来任何好处。

## 美国企业所得税制度的细节

美国的企业所得税制度是非常复杂的，我们需要深入了解后才能知道这一套税法对全球经济产生的影响。在这一节里，我们将探讨国外税收抵免、延期、费用分配和复杂性等所有影响全球税收竞争的因素。

在讨论时，我们应该注意到美国企业的国外附属公司一般是作为分公司或子公司的结构存在。美国企业的国外分公司在国外并不是独立运营，其利润会被美国政府即时课税，例如，美国银行在国外的附属公司就是以分公司的结构运营的。

相反，国外子公司一般都是独立运营，大部分是“控股的国外公司”，美国企业掌握了它们超过50%的股份。[13]当这些子公司的利润返回美国时，美国政府就会对其征税。也就是说，如果这些子公司的利润不返回美国，美国政府就会“延期”对它们课税。

### 国外税收抵免

美国企业的国外附属公司除了要向美国政府交税外，也要向其所在国的政府交税。为了避免双重课税，美国会提供一定的税收抵免，扣除其向所在国政府交纳的税金，税收抵免的金额取决于美国税率或国外税率，按这两者中税率较低的一种进行抵免。因此，美国企业在日本的附属公司在日本是按41%的税率交税，如果其利润返回美国的话，就按35%的税率交税，但其税收抵免是按35%进行。美国企业在日本或其他高税率国家的附属企业都要按国外的高税率交税，尽管比美国企业所得税税率还高的国家很少。

美国企业在低税率国家的附属公司也没有对等的地位，这些附属公司并不能简单地按国外的低税率交税，它们必须按美国的高税率来交税。就像我们所说的那样，美国企业在英国的附属公司在英国按28%的税率交税，然后再向美国政府按7%的税率交税，这样总税率就是美国的联邦企业所得税的税率35%。

有一些情况下，美国的税制也促进税收竞争。例如，这种国外税收抵免制度为美国企业避免像日本这样的国家的高税率提供了一些基本的激励。在另外一些情况中，美国的这一制度则阻碍了税收竞争。假设一家美国企业考虑到亚洲投资建厂，选择的是一个企业所得税税率为15%或30%的国家，如果是税率为15%的国家，企业必须按15%的税率向当地政府交税，再以20%的税率向美国政府交税；如果税率是30%，那它就按30%的税率向当地政府交税，再以5%的税率向美国政府交税。无论它选择在哪一个国家建厂，其总税负都是相同的，这种选择对节税来说没有意义。

值得注意的是，如果各国都采用“全球型”税制的话，税率高的政府会获得更多好处，因为政府尽可能地调高税率也不会阻碍企业来投资。而且全世界都采用“全球型”税制的话，政府不会有减税的压力。

然而，企业所得税的税收竞争远比这个要复杂。在一定范围内，美国的企业可以把高税率国家与低税率国家的收入混在一起而达到节税的目的。那些附属公司主要在高税率国家的企业可以获得额外的“国外税收抵免”，这在一定程度上可以抵消它在低税率国家的附属公司的税，这样他们在高税率国家投资也不再是一种惩罚。在这种情况下，“全球型”税制使在高税率国家投资的美国企业不再感到难堪，因为他们可以从低税率国家的投资中获利。

相反，那些附属公司主要在低税率国家的美国企业不能获得额外的“国外税收抵免”，因此他们对在低税率国家继续投资不感兴趣，因为无论这些国家的税率如何低，他们的利润都得按美国的税率足额纳税。在这种情况下，美国的“全球型”税制阻碍了企业在低税率国家的进一步投资，从而阻止了税收竞争。

关键在于不同企业获得的国外税收抵免情况不一，这会影响企业在低税率国家或高税率国家进一步投资的积极性。在某些情况下，美国目前的税制会促进税收竞争，而另一些情况下，它会阻碍税收竞争。

1986 年通过的税改法案可以说明这种效果。这一法案把美国企业所得税的税率从 46% 降到了 34%，这在当时比许多国家的税率都低，人们期望这一法案可以使更多的美国企业获得国外税收抵免，以激励它们去低税率国家投资。结果，美国在国外的投资变得对税收更加敏感了，这使得许多国家的政府也降低了税率。[14]

国外税收抵免制度还有一个后果，企业混合高税率国家收入与低税率国家收入的能力受到了限制，从国外获得的收入必须放在不同的“篮子”里，不允许混在一起，这增加了企业的税收负担。但是在 2004 年，由众议院筹款委员会前主席比尔·托马斯（Bill Thomas）起草的法案简化了篮子制度（basket system），虽然这一法案同时也增加了税法的复杂性。[15]

## 延期

现在，我们将更仔细地考察延期政策。就像前面所说的，国外附属公司“主动型”的收入一般不用交税，除非这些收入返回了美国国内。但像利息这样的“被动型”收入则会被即时课税。例如，美国企业在爱尔兰的一家附属公司挣了一笔钱，然后将这笔钱存入一家英国的银行，这笔钱所产生的利息会被美国政府即时征税。

美国反“延期”的法规被称为“子规则 F”，制定于 1962 年。[16] 除了包括“被动型”收入以外，这一法规对国外基地公司（base company）提供服务与销售的收入也不允许延期。比如，美国附属公司向第三国的出口收入要被美国政府即时征税。因此，美国企业控股的瑞士公司向德国出口产品取得的利润也会被美国政府即时课税。

1986 年，美国金融服务企业在国外获取的某些收入也不能享受到延期优待了。这损害了像美国运通（American Express）这样的企业在国外市场的竞争力。近来，金融企业赢得了暂缓执行“子规则 F”的待遇，但一家会计公司的一位税收专员说，一旦暂缓期结束，美国的金融企业与国外企业相比将面临“全面的竞争劣势”。[17]

“子规则 F”听起来抽象又模糊不清，但它对企业造成的损害却是货真价实的。美国运通公司在向国会做证时举了一个例子：

> 美国运通公司在 1983 年并购了一家瑞士银行，它的运营完全在美国领土之外，它的顾客也不是美国人。1987 年，“子规则 F”的部分条款进行了调整，使得这家瑞士银行的收入也必须向美国交税，于是这家瑞士银行承担的实际税率一下从 9% 上升到了 40%。我们子公司的税负远比我们国外的竞争对手高，原因仅仅是因为这家公司属于美国。1990 年，我们放弃了这家银行的控股权。[18]

另一个引人注目的例子就是美国控股的运输船队，它也深受“子规则 F”

的伤害。在 1975 年之前，只要收入不返回美国，国外船队的收入能享受延期待遇。但 1975 年与 1986 年的反延期法律使这些收入都必须即时交税，美国从此成了世界上唯一对国外船队收入进行惩罚性征税的国家，这相当于给这些船队的竞争对手带来了巨大的竞争优势。[19]

后果是灾难性的。在 1980 年到 1990 年代，美国企业的船队不断转移到了其他国家，新加坡人与荷兰人收购了美国的大船队。要指出的是，全球大多数商业船队上挂的是船舶注册开放的国家（open - registry country）的国旗，如巴拿马，而实际上是属于别的国家的。在 1975 年，这些船队中有 26% 属于美国企业，但到 1990 年后期，这一比例下降到了仅为 5%，因为“子规则 F”使税负增加了。[20]

国会试图从美国航运公司收到更多的税，而努力的结果却适得其反——税基被转移到了国外反而损失了大量收入。国会最终在 2004 年认识到了这一错误，通过了一个法案重新对船队实行延期待遇，美国航运业又有复苏的迹象了。[21] 国会税收联合委员会的前领导人肯·凯斯（Ken Kies）总结说，“从航运业中获得的教训就是，美国企业如果承受了对手没有的税负的话，在全球化经济中这些企业肯定会身陷囹圄。”[22]

虽然针对航运业的规则被修改了，但美国的反延期法律仍然是世界上最严格与最复杂的。作为 300 多家美国大公司的利益代表的美国国际商业委员会称“子规则 F”中的很多条款“考虑不周”“繁杂”“难以忍受”。[23]

美国对外贸易委员会在 2001 年的一个重要报告中说，“美国的反延期法律已经成了一个经常性的法律补锅匠，这导致规则不稳定与晦涩难解。例外规则、对例外规则的例外规则、交互条款、互见条款等使得其复杂性大大增加，以至于变得无法忍受了。”[24]

## 费用分配

“费用分配”的税收规则使美国的跨国公司又背上另一个反竞争的负担。这些规则要求企业把国内的一部分费用分配到国外收入中去，以减少一些企业的国外税收抵免，增加美国政府的税收收入。美国这方面的税收规则比其他国家要繁杂得多，而且不会产生任何经济效益。詹姆斯·海因斯解释说：

> 假定一家公司花了50美元的行政开支以增加管理效率，并且产生了55美元的额外产出。从效率上来看，这是一笔值得的花销，因为它的产出（55美元）大于投入（50美元）。但是，如果费用分配规则要求公司开支中的20美元给国外资源，从而使公司的国外税收抵免限制减少……这样公司就要为其国外所得额外多交7美元的税。结果，公司就丧失了改进国内管理效率的积极性，因为这样做会给其国外收入增加额外的纳税义务。[25]

与其他国家相比，美国这些针对研发的税收规则更具有惩罚性，这些规则说明了国会是如何不顾经济后果而制定税收政策的。

费用分配规则往往损害企业的研发功能，因为这些规则不允许企业减除其研发成本。如果一家公司雇佣一名美国的科学家，这名科学家的部分薪资可能不可以扣除。在这种情况下，公司可能会派遣这名科学家去其国外的机构工作，这样美国经济将会蒙受损失。

与其他国家相比，美国这些针对研发的税收规则更具有惩罚性，这些规则说明了国会是如何不顾经济后果而制定税收政策的。[26]美国的立法者似乎着了魔，他们的目标是宁可没有收入也不允许联邦税收捕鱼机有漏网之鱼。但从经济学角度来看，如果费用分配规则对像研发这样的关键活动有损害，那么放宽这些规则也是很有意义的。美国企业雇佣科学家远比政府从商业中压榨更多的钱要重要得多。

不管是费用分配规则还是其他针对美国企业国外收入的税法，每次加大这些法律的执行力度时，国会都是在加大美国企业在竞争中的劣势。美国对外贸易委员会得出一个结论："没有哪一个国家采用了范围广泛的子规则F，也没有哪一个国家实行了像美国这样严格的国外税收抵免政策，结果，国外的跨国公司现在都成了美国跨国公司的强劲对手，它们享受了比美国企业低很多的税收政策。"[27]

## 复杂性

美国企业所得税最要命的一点在于它的异常复杂性。世界银行与普华永道的一项研究发现，美国的税收规则在全球 20 个最大的经济体中排在第 15 位。[28]在遵守税法所需耗费的时间排名中，美国得分也很低，178 个国家中排名第 122 位。[29]世界经济论坛发现，“在美国做生意最大的问题”是税率与税收规则。[30]

“全球型”税制是造成美国跨国公司交税复杂的主要原因。以陶氏化学公司为例，它每年的税收申请报告长达 7800 页，其中五分之四是关于国外附属公司的。[31]这里有一些企业所得税专家的评论，这些评论清楚说明了在当前税制下美国企业的挫折：

前财政部官员帕姆·奥尔森（Pam Olson）说：“其他国家都没有税法规定要对企业在国外取得收入即时课税，美国这方面的税法比其他国家要广，也要复杂。”[32]

美国最优秀的税务律师之一威拉德·泰勒（Willard Taylor）说：“针对对外投资的子规则 F 与国外税收抵免政策无比繁杂，而且不具可操作性，大家对此已经达成了共识。”[33]

布鲁金斯研究所的金柏莉·克劳辛（Kimberly Clausing）与鲁文·阿维—约纳（Reuven Avi – Yonah）的研究表明：“美国税制的复杂性臭名昭著：观察家们都近乎一致地为这一税制感到悲哀与惋惜，因为遵守它的代价太重了，而且执行起来没有连贯的可操作性。”[34]

哈佛大学的米希尔·德赛（Mihir Desai）说，税收规则导致“极为严重的扭曲，带来的税收收入很少，说国际部分的条款是错误的，我认为这个评价很公道。”[35]

英特尔负责税务的副总裁鲍伯·帕尔曼（Bob Perlman）说：“税法干扰决策的程度在全世界来说都是空前的……其他国家没有这么复杂的规则。”[36]

这些问题的一个根源在于政客们都把大企业视为“摇钱树”，在大多数投票者看来它们可以承受大量增税。几十年来，国会增加一大堆临时特别条款，以试图在跨国公司身上搜刮到油水。同时，全球化与财政革新也使税收问题变得更复杂了，这些新情况为公司提供了巨大的避税空间。政府为了阻止企业避税制定了大量法律与规章，而不是通过简化税制与减税来应对企业避税。

决策者们需要关注经济效率与竞争力，而不是把企业榨干。当其他国家降低企业所得税时，美国却对企业的国外收入制定复杂的税收规则。但是，为应对企业不断出现的新问题而不断增加法律与规范，而不是追求根本性的变革，这无论是对政府还是对企业或是对美国经济来说，都是死路一条。

## 企业对税收的反应

企业所得税的复杂性意味着国际税收竞争是一场复杂的游戏。就拿一件事情来说，不同的商业决策受不同的税率的影响，税率的边际效应影响增量决策（incremental decision），比如现有的工厂扩大到何种程度这类问题；税率的平均效应影响重大的离散决策（discrete decision），比如去哪个国家创建一个新工厂这类问题；法定税率同时影响投资与避税的决策，比如把利润从高税负国家转移到低税负国家。

本节会讲述公司用来降低整体税负的几种特别的避税方法，我们将分析可税收入不断增加的流动性，充分说明大企业的减税需求。

企业对国际税收环境的反应有两个基本的策略。他们会改变真实的商业活动并通过有效的金融技巧来避免在高税负国家申报利润。本书这一节会讲述公司用来降低整体税负的几种特别的避税方法，我们将分析可税收入不断增加的流动性，充分说明大企业的减税需求。

**资本投资** 企业喜欢选择在低税负的国家或地区投资，同样也希望那里的法规能允许他们的厂房与设备迅速折旧，以很快降低新投资的成本。一项研究发现，美国的折旧规则的受欢迎程度比该研究中列举的19个国家的平均受欢迎程度要稍好一点。[37]但不同的投资类型其税负不一样，比如美国对像炼油与发电这样的能源投资规定的折旧率就比加拿大等其他发达国家的要差一点。[38]一个可能的效果就是加拿大的发电能力会增长更快，从而可以向它南方的邻居美国出口电力。在本书第10章，我们将探讨抛弃目前的折旧制度，采用一种新的简单而高效的“损耗”方案，或者对投资成本直接扣除。

**研究与开发** 研发是一种高回报的活动，大多数国家都会提供特别税收抵免来激励，如英国、加拿大、爱尔兰、日本和西班牙。美国自 1981 年开始也对企业研发提供税收抵免，同时允许研发开支在报税时即时扣减。对于像计算机与制药这类依赖研发的行业来说，选址意义重大，他们选择地点时希望这里能提供足够的技术人员、低税负并且能为研发提供特别税收优惠。

**股息返回** 美国企业常常积累了一些国外利润，他们希望能把这些钱返回到美国来。但返回会被课以重税，因为税法规定企业的国外所得一返回美国就要课税。企业需要慎重考虑以便在最佳时间把这些利润从高税率与低税率国家转移回来，以争取到最高的国外税收抵免。同时，企业还需要考虑以何种形式返回这些利润，以股息、利息、租金还是专利税的形式？不同的形式要交的税额大不一样。另一种策略就是在亏损的情况下将国外收入返回。[39] 如果企业长年在亏损的情况下返回收入，他们必须将收入以专利税或利息的形式返回，不能以股息的形式返回。[40] 无论如何，我们可以看出复杂的税法是如何扭曲企业的财政决策的。

> 通过转移定价来避税的现象越来越多，许多税收专家将其视为国际税收领域中的最大问题。

**债务与股权** 跨国公司可以通过调整它们国外附属公司的债务与股权结构把可税收入转移到不同国家中去。为了把利息在可税收入中扣除，企业一般在高税负地区把借款最大化。“收益剥离”（earnings stripping）是一种通过利息扣除的方法把收入从高税负国家转移到低税负国家的技巧。例如，美国企业所得税非常高，使得国外公司都想把利润从美国子公司中转移出来。这种财务筹划的另一个例子是一家荷兰企业将它在高税率德国的子公司通过债券来筹钱，而在低税率爱尔兰的子公司通过股票来筹款。[41]

**转移定价** 跨国公司可以使用转移定价的策略把利润从高税负国家转移到低税负国家。这种办法是将公司内部的采购价与销售价定得比市场价高很多或低很多。例如，如果一家美国企业以高于市场价的价格向它在爱尔兰的子公司购买产品，这样它就可以把利润从美国转移到低税负的爱尔兰。

通过转移定价来避税的现象越来越多，许多税收专家将其视为国际税收领域中的最大问题。[42]但没有人确切地知道这个问题到底有多大，因为在具体的交易过程中很难评估合理价格应该是多少，很多交易非常特别，无法进行市场比较。同样，许多企业内部的交易包括无形资产，这些都很难定价。微软经常通过转移定价的方式把通过无形资产取得的大量收入转移到低税负的爱尔兰去。[43]

美国制定了非常复杂的法律去防止转移定价过程中的腐败。现在，企业需要向政府申报比以往更多的材料，一旦发现作弊，也会面临比以往更严厉的处罚。经常出现的问题倒不是打擦边球似的作弊，而是企业自己也不清楚什么是合法的转移定价。因此，政府与企业之间关于转移定价的诉讼层出不穷，并由此产生了一个数十亿美元的相关产业。[44]

随着国际贸易的增长，许多税收专家认为转移定价正在变得越来越“不合经济学的常理”，而且“在企业内部失控”。[45]布鲁金斯研究所的一项研究经论证后说，目前转移定价的标准“因为过于复杂而难于管理”。[46]对于这些问题，我们并没有万全之策，但毫无疑问的是，大幅降低美国企业所得税的税率将大大减少关于转移定价的争议。

**无形资产**　现在，像专利权、商标和版权这样的无形资产或知识产权在企业总资产中的份量不断扩大。最近一项研究发现，美国制造业中有三分之二的企业资产是以无形资产的形式存在的。[47]这些资产数额巨大而且流动性非常强，因此这些对国际税收竞争来说非常重要。

美国的税制鼓励企业通过研发增加无形资产，并通过这些无形资产在国外盈利。[48]国外附属公司向其母公司支付这些无形资产的使用权，这些收入大部分是免税的。[49]美国目前的税制鼓励企业开展研发，这一点非常好。问题在于美国税制也鼓励企业把它们的高科技产品向国外转移，这一点我们将在本书第10 章讨论。

美国企业所得税的高税率使企业会选择通过向低税负的国外附属公司支付高价专利费，以便把资金向国外企业转移。这种高税率还鼓励企业把自己的无形资产向低税率国家转移，[50]像爱尔兰和新加坡这些地方，美国企业就常把它们的无形资产转移过去。

微软在爱尔兰的子公司发放的许可证对全球范围的很多微软产品都有效，这已广为人知。这样做可以降低微软产品消费者的费用，而且可以为低税率的爱尔兰创造财政收入。[51]我们在美国内部也发现了无形资产流动的例子——企业经常把它们的无形资产转移到特拉华州，这里不会对无形资产创造的收入征税。

一位专家表示，在全球化经济中，对无形资产征税很困难："在不同管辖区之间，知识产权的转移只需一纸合同即可。随着知识产权投资的不断猛增，以及国内外技术市场的不断整合，更多的美国企业将它们的无形资产放在税率低的管辖区。虽然美国国内税务服务署想阻止知识产权流向国外……但这些资产最终都会找到转移国外的办法。"[52]这一次，核心问题又在于联邦企业所得税的高税率，它对税基流失国外起了促进作用。

**企业结构**　企业税收筹划的一个重要手段就是选择一种有利节税的企业结构。美国国内有非盈利公司、个人所有权公司、有限责任公司和有限责任合伙公司、不动产投资信托公司等公司类型，它们的国外附属公司的类型，可以用分公司、子公司、控股公司、合伙公司和合资企业等形式。对于税收筹划来说，每一种企业结构都存在有利与不利的一面。例如，国外附属公司的运营在开始时可以作为分公司以应对美国税法，等开始盈利之后就转变成子公司。企业相同的运营可以在不同的结构下进行，其税收也大不一样。通过不同的企业结构，债务可以转变为股权，同样，股权也可以转变为债务。

安然公司因精于操作企业结构来避税而声名狼藉。[53]例如，安然公司的国外收入可以享受双重"延期"税收，它为此精心布置其国外的250家附属公司，创造出了一个非常复杂的企业结构来实现这一目标。[54]对于美国企业来说，通过把国外附属公司设计出一个复杂的企业结构来避税是非常普遍的，这并不违法，只是高税率带来的副作用，也是美国"全球型"税制的副作用。

对于美国企业来说，通过把国外附属公司设计出一个复杂的企业结构来避税是非常普遍的，这并不违法，只是高税率带来的副作用，也是美国"全球型"税制的副作用。

国会对安然公司的税务活动进行调查发现，"精明的税收筹划通常要求美国的跨国公司整合其在不同国家与地区的众多不同实体，即使企业税收筹划的目标局限于……一般不会招致反对的目标。”[55]调查指出，跨国公司通常在避税天堂有附属公司，并承认这种税收筹划是正当的企业行为。[56]

税收筹划中有一个有趣的新动向是“混合”结构被越来越广泛地使用，这是由于1997年开始生效的“勾选”（check – the – box）制度导致的。[57]在美国与国外的法律中，混合结构是一种很独特的结构，因此各国法律也允许区别对待。这些规定促发了许多税收筹划的技术，可以使美国企业降低其在全球的税负，因而也能增长它们在国外的竞争力。

**企业总部** 税收竞争并不止于关系到美国企业是在美国建厂还是在中国建厂的问题，同时也涉及到在中国建好的工厂是被总部在美国的企业所拥有，还是被总部在其他国家的企业所拥有。就像本书第二章所讨论的，企业总部对经济很重要，对于美国来说，提供良好的税收环境至关重要，应该允许企业大胆去国外投资，并且不对它们进行惩罚性征税。

非常不幸，经济顾问委员会前主席格伦·哈伯德（Glenn Hubbard）指出，“从所得税的角度来看，美国成了对跨国公司总部落户最没有吸引力的工业国家。”[58]税制对跨国公司充满敌意，激励它们把总部建在伦敦或新加坡这样的地方而不是纽约或洛杉矶。[59]

美国税率高，而且又是“全球型”税制，这增加了企业在国外运营的负担。在当前法律下，这会导致美国的跨国公司将其总部迁到像荷兰这样的“属地型”税制国家，这样企业可以少交很多税。

许多国家的税率比美国低，而且是“属地型”税制，在一些国家还为企业总部提供了特别税收优惠。一名专家指出，“由于税收竞争，把总部建在避税天堂的企业会越来越多。”[60]比利时、爱尔兰、荷兰和瑞士因为税制优良而成为很多企业总部的青睐之地。[61]像倍欧吉恩（Biogen）、杜邦、惠普、菲利普莫里斯、宝洁等很多美国企业都把它们的欧洲总部迁到了瑞士。[62]卡夫食品和雅虎最近把它们的欧洲总部从伦敦迁到了瑞士，易趣的主要运营也是在都柏林和瑞士。

瑞士的一个政府网站夸口称他们国家“因拥有吸引企业的税制而闻名全

世界，税率在国际化地区中最富有竞争力。"[63] 这个网站还接着说，"创办公司……对股权的股息、资本所得基本上全部免税，像利息收入与管理费等其他收入只征 7.8% 的联邦税。"[64]

另外，把总部建在避税天堂可以把附属公司的成本到总部进行抵扣，跨国公司就可以降低它们附属公司的税收。如果这些国家允许国外投资者进行收益剥离的话，这相当于减轻了高税负国家减税的压力。

不管怎样，许多国家都想吸引跨国公司把总部设在自己那里，而美国的税收劣势可能会导致很多企业总部逐渐迁出美国。例如，美国企业进行国际并购时，它们把总部放在国外对节税很有意义。普华永道的一项研究发现，在 1998 年到 2000 年间，在国际合并与兼并案中有超过四分之三的美国企业是兼并对象（国外企业是收购方）。[65] 最为有名的是 1998 年产生的戴姆勒—克莱斯勒汽车公司（现在已经分裂了）把总部建在德国而不是美国。但是，近年来在跨国并购案中，美国企业与国外企业作为兼并对象大概是各占一半。

对于在国外有实质运营的美国企业来说，重组企业结构把自己变成国外企业的附属公司在税收上会产生重大影响，这种结构重组可以摆脱美国税法（例如子规则 F）对其国外收入的觊觎，还能使企业通过各种避税的技巧降低美国国内的税负。

在 1990 年代，使用这种国外再合并策略的美国企业增加了很多，从 1996 年到 2002 年，25 家大公司并入到了国外的母公司。[66] 这些大公司包括库柏工业（Cooper Industries）、福斯特惠勒（Foster Wheeler）、鲜果布衣（Fruit of the Loom）、全球海事系统有限公司（Global Marine）、英格索兰（Ingersoll – Rand）和泰科（Tyco）。当史丹利公司（Stanley Works）宣布它决定迁往国外时，它们的主席说公司将可以减少约 7 ~ 9 个百分点的企业所得税的实际税率。[67]

> 全球的经济变得更加扁平——股东似乎不再在乎公司把总部迁出美国，他们只关心减税与增加利润。

在 1990 年代之前，人们认为企业这么做会贬值，因为放弃美国企业的身份在名声上会受损。但在 1990 年代，这种做法反而使其股票上涨了，而不是贬值了。这说明全球的经济变得更加扁平——股东似乎不再在乎公司把总部迁出美国，他们只关心减税与增加利润。

国会在2004年通过了一项法律，拒绝给迁出本土的美国企业以任何税收优惠。[68]很可惜，这是典型的华盛顿办法——对问题的症状贴上一个创口贴，对税制丧失竞争力的深层问题毫无反应。这些迁出本土的企业都是矿井上的金丝雀①，而国会却决定要杀了它。

如果美国的税制仍然没有吸引力，联邦法律也将不可能阻止美国企业外迁。那些计划进行国际贸易的美国企业家一开始就会把他们的企业建在海外。例如，为得克萨斯州和中东的原油钻井公司提供服务的企业，它如果并入到迪拜会比并入到达拉斯要好得多，能从税收方面获得更多的收益。

没有竞争力的美国税制还将导致国外企业不愿把它们的总部建在美国。2005年，中国的联想集团购买了IBM的个人电脑业务，并计划把位于北京的总部迁到纽约，[69]但它后来改变了决定，现在公司并到了香港。

2005年，中国的联想集团购买了IBM的个人电脑业务，并计划把位于北京的总部迁到纽约，但它后来改变了决定，现在公司并到了香港。

把人家的公司总部吓跑毫无道理，但这些道理对国会来说都是耳旁风。最近众议院筹款委员会主席查尔斯·兰格尔（Charles Rangel）提了一份议案，这份议案要求对美国企业的国外收入征收更多的税。一个法律事务所在评价这议案时说："对于美国的跨国公司来说，这一议案将增加它们在美国开支的边际成本，并使它们维持国外业务，这无意中导致了这些跨国公司减少在美国的工作岗位以支持它们的国外业务。"[70]

## 低税率吸引投资与利润

从我们前面的讨论可发现，投资与利润对税率是非常敏感的。这一节我们将讨论一些实例。首先，我们可以看到对美国的国外分公司来说，利润最高的

① 译者注：在20世纪前，美国的矿工都会在新矿井上用笼子放置一只金丝雀，用来判断矿井是否安全。因为金丝雀对沼气和一氧化碳很敏感，如果金丝雀死了，就说明矿井很危险。

企业都是在中等税率或低税率的地区——荷兰、爱尔兰、百慕大群岛、英国和卢森堡。[71]有研究发现，一个国家的税率每提高10%，它能吸引到的来自美国企业的直接投资就减少30%。[72]

爱尔兰之所以能吸引到数额特别巨大的投资与利润，正是因为它公司税的税率仅仅为12.5%。在2004年，美国所有海外分支企业的总利润中，约有8%被这个小国家吸收了。[73]经济学家马丁·沙利文（Martin Sullivan）指出，企业在爱尔兰直接投资能获得首轮税收优惠，如果它通过各种金融手段把利润留在爱尔兰，它接下来还能获得第二轮税收优惠。[74]

税务专家基本上都认为税收对跨国公司的决策有至关重要的影响。[75]美国财政部在总结学术界的相关研究后发现，“一个国家实际税率每降低1个百分点，其吸引到的资本就会增加3个百分点。”[76]经合组织发表一篇综述性评论也认同这一观点。[77]下面是一些顶级学者对这一问题的简短结论：

詹姆斯·海因斯发现，“税收极大地影响了对外直接投资的流向、公司借款、转移定价、分红、版税支付以及研发行为。”[78]

米希尔·德赛认为，“跨国公司对税收的反应非常敏感而且极为强烈。”[79]

杰克·明兹指出，“众多研究结果表明，营业税对一个国家的投资影响非常大。”[80]他发现，“针对资本的高实际税率会导致国外直接投资的减少，从而减缓经济增长。”[81]

英特尔公司计算过它建厂的成本，如果把一个半导体工厂建在美国，其成本要比建在国外增加10亿美元，其中70%的额外成本为税收负担。

为了评估税收的影响，我们可以看看一些企业的行为与言论。例如，2005年美国的SanDisk在爱尔兰尽管仅有8名员工，但它却宣布在爱尔兰的年利润为10.6亿美元。[82]很明显，它通过各种金融手段把它在全球各地的利润转移到了爱尔兰。一些人指责SanDisk这样做是为了逃避税收，但我们认为美国应该学习爱尔兰的成功之处，把税率降低，以吸引企业把利润转移到美国来。

英特尔公司计算过它建厂的成本，如果把一个半导体工厂建在美国，其成本要比建在国外增加10亿美元，其中70%的额外成本为税收负担。英特尔公司董事会主席克雷格·贝瑞特证实说，税收成本的差异是影响企业投资决策的一个关键因素。[83]他还指出，不同国家的劳动力成本差异是一个次要得多的因素，因为“先进的芯片工厂都是高自动化的，所有工厂的员工都受过良好的教育，薪资都很高。”[84]

对于其他企业，税收扮演了相对不同的角色。陶氏化学公司和通用电气都证实，税收对他们决定在哪里投资并没有必然的影响，但税收却决定了他们在全球市场中能否战胜国外的竞争对手。[85]例如，与陶氏化学公司或通用电气相比，德国的一些公司可能在国外市场中领先，因为德国公司税在很多方面要比美国的公司税低。这样一来，其结果是美国企业在全球市场中失去一些份额，也将削弱它们在美国本土投资并雇佣员工的能力。

## 降低公司税创造高工资

对于企业日益增加的流动性，政府可以以两种方式进行应对。一种方式是政府可以制定多个层面的新规则，尽力保住现有企业的税基，这是美国政府近年来采取的一种方式；另一种方式是，政府可以拥抱全球化，降低公司税的税率并简化税制。正如我们讨论的这样，后一种方式会推动经济的发展与工资水平的提高，而政府税收的损失即使有也没有多少。

公司税政策归根到底关系到投资、工资和生活水平。公司税对投资的影响已经被研究得非常充分了，结论也非常清楚。在2008年的一项研究中，世界银行与哈佛大学的研究者们研究发现“公司税对投资有巨大的副作用”。[86]在这个分析报告中，研究者们考察了85个国家中税收与经济变量之间的关系：

在各个国家中，我们可以说公司税对投资总量、国外直接投资和企业活动有非常巨大的副作用。例如，公司税的实际税率每增加10个百分点，投资总量占GDP的比例就要减少2个百分点。公司税的税率与经济增长呈负相关，与地下经济的规模呈正相关。[87]

> 对资本征收高税，包括企业所得税，对现代经济来说毫无意义。

在全球经济中，如果一个国家提高公司税的税率，那同时也提高了投资项目需要特别处理的税前利润率（pre-tax rate of return），因为跨国流动之后的税后利润趋于平均化。换句话说，如果政府增大税前与税后利润之间的“税收楔子”（tax wedge），税前利润必须要更高才可能出现新的投资。

这样导致的结果是投资越来越少，资本渐渐流向了国外。接着，股金总额越来越少，劳动生产力不断下降，不断给工资带来下降的压力。随着能运转的机器不断减少，工人们的劳动越来越不值钱，营业额也随着下降。更少的股本和更低的工资带来的是更低的生活水准。因此，在一个全球化的经济体中，大部分公司税的税负会转嫁到工人身上，而不是落在资本所有者身上。

对资本征收高税，包括企业所得税，对现代经济来说毫无意义。经济学家马丁·弗尔德斯坦（Martin Feldstein）和格伦·哈伯德（Glenn Hubbard）指出：

> 许多经济学家坚持认为，在一个开放的经济体系中，使用企业所得税来增加财政收入是没有效率的。如果资本能在国际间流动，那公司税的税负都会落在其他不流动的要素（如劳动）上。而如果直接对这些不流动的要素征税，那税制的效率会高得多。[88]

> 政客们与那些能言善道的饱学之士高呼着要求尊重美国工人，却总是谴责要求降低企业税赋的任何提案。事实上，工人、投资者与企业都会从减税中获得同样的利益。

也就是说，如果政府想要增加100美元税收，对个人工资直接扣税比对企业利润扣税要好。因为企业税负无论如何最终都会转嫁到员工身上，而转嫁会对经济造成很大伤害。有趣的是，在两个世纪前经济学家亚当·斯密已经讨论过这一想法了。亚当·斯密描述了对流动的“股票”或资本征重税是如何给工人造成损失的：

> 土地是不能移动的，而股票的流动却非常容易。土地的经营者必须是土地所在的国家的公民，而股票的经营者却可以是任何一个国家的公民，并不必然

要依附于某个特定的国家。他可以轻而易举地离开赋税繁重的苛政国家，也可以很容易地把他的股票转移到另外一个要么可以继续做生意要么可以生活很安逸的国家。当他把股票转移到其他国家时，他会把他原来经营的产业也处理掉。股票支撑着土地的耕作，股票也养活了劳动力。税收使得股票从一个国家转移走，也会干涸财政收入的源泉，不仅是对于统治者是这样，对于社会也是这样。转走的不仅是股票的利润，也是土地的租金和劳工的工资，这些都会随着股票的转移而或多或少地受损。[89]

政客们与那些能言善道的饱学之士高呼着要求尊重美国工人，却总是谴责要求降低企业税赋的任何提案。事实上，工人、投资者与企业都会从减税中获得同样的利益。哈佛大学的格雷格·曼昆教授描述了一个简单的模型，从这个模型中我们可以看到，民主政体中包括两个集团：工人与资本家。[90]当工人的数目超过资本家时，他们就能通过投票把税率设定在任何他们希望的水平，但在一个资本流动的世界里，工人们为了自己的利益将会对资本实行零税率，因为长期来看，这样会带来更大的股本和更高的工资待遇。

大量实证研究都已经考察过这些关系。国会预算办公室的威廉·兰道夫（William Randolph）发现，大约70%的公司税最终都落到了工人身上，而另外的约30%由资本家承担。[91]这些份额分摊的比例取决于多种因素，例如资本的流动性是必须考虑的。

2007年牛津大学几位经济学家的一份研究分析了10个国家23000家企业的相关数据，对企业税收负担进行考察。[92]他们发现从长远来看，公司税每增加1美元，工人工资就要下降1美元以上，最高下降达1.7美元。

经济学家凯文·哈塞特（Kevin Hassett）与阿帕拉·马瑟（Aparna Mathur）在2006年做过一个研究，他们对72个国家制造行业的公司税与员工工资水平的关系进行了考察，[93]他们发现公司税每增加1个百分点，员工的工资将降低0.8个百分点。

密歇根大学的雷切尔·菲力克斯（Rachel Felix）最近有一个研究对30个国家的数据进行了分析，他发现从长远来看，公司税的税率每降低10个百分点，工人的工资将增长7个百分点。[94]因此，如果将美国联邦企业所得税的税率从35%降至25%的话，美国工人的工资将增长7%。如果2006年美国工人的工资总额为6万亿美元，实施这样的减税政策的话，美国的工资总额每年将增长4000亿美元，这是数倍于政府收入的损失。[95]

最后，我们还可以看看来自加拿大的证据：减税带来的积极效应。从2001年到2004年，加拿大将联邦企业所得税从28%降至21%，到2007年，政府的一份分析报告发现减税对商业投资“有强烈而积极的影响”。[96]这份分析报告在结论中写道：“商业税收的降低提高了加拿大人的生活水平。”[97]

## 公司税的拉弗曲线

降低公司税能带来巨大的潜在利益，而国会却对此无动于衷，这让人觉得不可思议。其中的一个症结似乎是决策者们只关心减税对联邦预算赤字的影响。当然，当国会专注于考虑增长政府开支时，它似乎就很少关心赤字，当我们要求减税时它就把这些置之不顾而专注于考虑减税对联邦收入的影响。

最近海外的经验告诉我们，当公司税的高税率降低时，政府收入不会受损，即使有也非常小。降低公司税能给经济带来活力与动力，这可以弥补政府收入的损失。税基的规模与税率成反比——当税率降低时，税基会因经济的增长而扩大，而且逃税与避税行为会减少。正如我们所讨论的那样，公司税的税基对税率非常敏感。

支持这一说法的一个证据就是各国公司税的税率与公司税的税收收入几乎没有关系。[98]例如，美国公司税的法定税率与实际税率都是全世界最高的，但美国政府通过公司税获得的税收收入所占GDP的比例却低于全球平均水平。[99]

我们再回顾一下税率与税收收入的变化也是非常有益的。这里是19个发达经济体自1960年代至2005年的数据，我们计算了公司税的平均税率与公司税的平均税收收入占GDP的比例。[100]图6.1表明在1980年代中期以前，公司税的平均税率为40%甚至更高，接着税率开始下降，平均税率从1985年45%降到了2005年的29%，但公司税的税收收入并没有下降。事实上，在这一期间，公司税的税收收入占GDP的比例从2.6%上升到了3.7%。[101]相对这一经济规模来说，公司税的税收收入增长了42%，这一增长给人印象深刻。

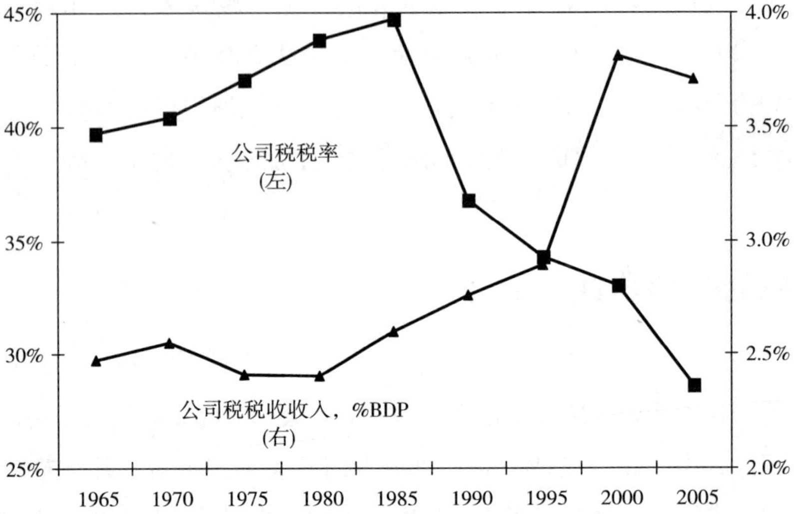


**图6.1　公司税税率与税收收入增长（19个发达国家的平均水平）**

数据来源：作者依据19个经合组织成员国的数据计算得出，数据只包括中央税的税率。

为什么公司税的税收收入增长如此迅猛呢？一个原因是许多国家经常通过降低企业的折旧减余额（depreciation deduction）扩大了公司税的税基。但是税基扩大得最厉害的时候是1980年代后期，而这段时间各国在降低企业折旧减余额这件事上却没有做什么努力。各个大国的折旧减余额的平均数额自1990年代中期以来的确没有什么变化，既没有增加，也没有减少。[102]而近年来实际税率却一直随着法定税率不断下降。[103]

> 减税会产生更高的投资与经济增长，从长远来看，这些经济增长与投资可以抵消由此而来的一半的政府税收的损失。

相反，导致公司税税收收入迅猛增长的一个主要因素是纳税企业对减税的积极反应。随着时间的过去，低税率产生了更多真实的投资，带来了更高的收入。哈佛大学的曼昆（Greg Mankiw）和马修·魏因齐尔（Matthew Weinzierl）在2004年的一项研究中考察了减税对资本产生的税收效应。[104]他们发现减税会产生更高的投资与经济增长，从长远来看，这些经济增长与投资可以抵消由此而来的一半的政府税收的损失。德国经济学家马赛厄斯·特莱邦德（Mathias Trabandt）和哈拉尔德·尤利格（Harald Uhlig）在2006年的一项研究中发现了类似的结果。[105]这项研究称，假定经过简单预测，降低公司税将导致政府损失1000亿美元的收入，但因为减税在实际过程中对企业有激励效应，政府实际上只会损失仅仅约500亿美元。

除了带来实际的投资效应，税率降低还会减少避税行为。正如我们前面讨论过的，跨国企业有无数种办法通过利润转移来应对税率的变化，公司税也会改变国内企业的避税行为。例如，随着公司税税率的下降，许多非企业的经济活动就会转变成公司的业务，从而扩大税基，增加政府税收收入。有研究发现，自1990年代早期以来，欧洲国家税收占GDP的比例在不断增长，其中有0.2%的增长归功于这种转变。[106]在美国，也有很多活动已经转成了公司活动，尽管公司税的税率非常高。[107]

我们讨论过合理避税，但如果美国降低公司税的税率，非法逃税的现象也会减少。我们虽然不知道减税的效果有多大，但我们知道逃税是促成其他国家近来减税的一个关键因素，包括埃及、德国和俄罗斯。

考虑到税收带来的一连串后果，降低美国公司税的税率将很可能大幅度扩大税基。无论是美国公司还是国外的企业都会在美国进行更多的投资，而且它们不会再想着把账目上的利润转移出美国。

> 的确，许多经济学家都同意——至少在理论上同意——企业所得税应该完全取消，因为它导致了对经济的极大扭曲。

拉弗曲线清楚地说明了一个道理：当税率超过一定的水平时，减税会有效地扩大税基，从而带来税收收入的增加。经济学家亚历克斯·布里尔（Alex Brill）和凯文·哈塞特考察了经合组织成员国的拉弗曲线，他们发现当公司税的税率超过26%时，政府相应的税收收入就会有下降的趋势。[108]美国企业所得税的税率为40%，超过合理税率14个百分点，可能进入拉弗曲线中的“税收损失区”很远了。经济学家杰克·明兹研究企业所得税时也发现了与拉弗曲线类似的结果。[109]其他研究还发现美国公司资本利得税的税率也处在拉弗曲线的“税收损失区”。[110]

总之，从长远来看，把联邦企业所得税的税率降至约25%的水平可能并不会损失政府的收入。但是，税收政策的目标并不是增加政府收入使政府膨胀，而是使美国的经济获得最大限度的增长。为了实现这个目标，更大幅度的减税是必须的。的确，许多经济学家都同意——至少在理论上同意——企业所得税应该完全取消，因为它导致了对经济的极大扭曲。我们将在本书第10章讨论这一问题。

为了赶上全球的减税浪潮，我们提议决策者应该把美国联邦企业所得税的税率从35%降低至15%。这虽然还比不上爱尔兰12.5%的税率，但它将减少避税行为，推动经济增长，增加劳工工资，并使美国成为国际投资的首选之地。

## 参考文献

[1] Raymond Mataloni, "Operations of U. S. Multinational Companies in 2005", Survey of Current Business (Washington: Government Printing Office, November 2007), p. 44. Data for 2005.

[2] Thanks to Peter Merrill for detailed comments on this chapter. Of course, any errors are those of the authors.

[3] President' s Advisory Panel on Federal Tax Reform, "Simple, Fair, and Pro – Growth: Proposals to Fix America' s Tax System", November 2005, p. 243, www. taxreformpanel. gov.

[4] James Hines, Testimony to the House Committee on Ways and Means, Subcommittee on Select Revenue Measures, June 22, 2006.

[5] James Hines, Testimony to the President' s Advisory Panel on Federal Tax Reform, May 12, 2005, www. taxreformpanel. gov. See official transcript, p. 128.

[6] For background on U. S. international tax rules, see National Foreign Trade Council, International Tax Policy for the 21st Century (Washington: NFTC, 2001).

[7] National Foreign Trade Council, International Tax Policy for the 21st Century, (Washington: NFTC, 2001), p. 96. Updated to 2007 based on the Fortune Global 500. Largest companies are measured by sales.

[8] Mihir Desai, Fritz Foley, and James Hines, "Repatriation Taxes and Dividend Distortions", National Tax Journal LIV, no. 4 (September 2001).

[9] James Hines, Testimony to the President' s Advisory Panel on Federal Tax Reform, May 12, 2005.

[10] Gary Hufbauer and Ariel Assa, U. S. Taxation of Foreign Income (Washington: Peterson Institute for International Economics, 2007), p. 54.

[11] James Hines, Testimony to the President' s Advisory Panel on Federal Tax Reform, May 12, 2005. See official transcript, p. 127. Note that Hines and other scholars have developed alternative theories to CEN

and CIN such as capital ownership neutrality (CON), but these are beyond the scope of our discussion.

[12] Gary Hufbauer, "A Critical Assessment and an Appeal for Fundamental Tax Reform", Peterson Institute for International Economics, March 11, 2000.

[13] To be more precise, CFCs are foreign corporations that are at least 50 percent owned by U. S. individuals or corporations who hold stakes of at least 10 percent each. Separate rules apply for affiliates that are less than 50 percent owned by Americans.

[14] Jack Mintz and Michael Smart, "Income Shifting, Investment, and Tax Competition: Theory and Evidence from Provincial Taxation in Canada", University of Michigan Business School, Working Paper 2001 -15, July 2001, p. 2.

[15] The law is the American Jobs Creation Act of 2004. See Willard Taylor, Testimony to the President' s Advisory Panel on Federal Tax Reform, March 31, 2005.

[16] For background, see Carl Dubert and Peter Merrill, Taxation of U. S. Corporations Doing Business Abroad: U. S. Rules and Competitiveness Issues (Morristown, New Jersey: Financial Executives Research Foundation and PricewaterhouseCoopers, 2001).

[17] Peter Merrill of PricewaterhouseCoopers quoted in Lisa Nadal, "Why Is the Subpart F AFI Exception Chronically Temporary?" Tax Notes, March 31, 2008, p. 1361.

[18] Alan Lipner, American Express, Testimony to the House Committee on Ways and Means, June 30, 1999.

[19] Ken Kies, "A Perfect Experiment: Deferral and the U. S. Shipping Industry", Tax Notes International, September 24, 2007, p. 1151.

[20] National Foreign Trade Council, International Tax Policy for the 21st Century (Washington: NFTC, 2001), p. 107.

[21] Ken Kies, "A Perfect Experiment: Deferral and the U. S. Shipping Industry", Tax Notes International, September 24, 2007, p. 1151.

[22] Ken Kies, "A Perfect Experiment: Deferral and the U. S. Shipping Industry", Tax Notes International, September 24, 2007, p. 1151.

[23] U. S. Council for International Business, Testimony to the House Committee on Ways and Means, Subcommittee on Select Revenue Measures, June 22, 2006.

[24] National Foreign Trade Council, International Tax Policy for the 21st Century, (Washington: NFTC, 2001), p. 145.

[25] James Hines, Testimony to the House Committee on Ways and Means, Subcommittee on Select Revenue Measures, June 22, 2006.

[26] Gary Hufbauer and Ariel Assa, U. S. Taxation of Foreign Income (Washington: Peterson Institute for In-

ternational Economics, 2007), p. 133, 141.

[27] National Foreign Trade Council, International Tax Policy for the 21st Century, (Washington: NFTC, 2001), p. 13.

[28] World Bank and PricewaterhouseCoopers, "Paying Taxes: The Global Picture", 2006, p. 16, www. doingbusiness. org/taxes.

[29] World Bank and PricewaterhouseCoopers, "Paying Taxes: The Global Picture", 2008, p. 49, www. doingbusiness. org/taxes.

[30] World Economic Forum, "Global Competitiveness Report, 2007 – 08", 2007. See summary results for the United States at www. weforum. org/en/initiatives/gcp.

[31] Charles Hahn, Dow Chemical, Testimony to the Senate Committee on Finance, July 15, 2003.

[32] Pam Olson, U. S. Treasury, Testimony to the Senate Committee on Finance, July 15, 2003.

[33] Willard Taylor, Testimony to the President' s Advisory Panel on Federal Tax Reform, March 31, 2005.

[34] Kimberly Clausing and Reuven Avi – Yonah, "Reforming Corporate Taxation in a Global Economy", Brookings Institution, June 2007, p. 5.

[35] Mihir Desai, Testimony to the President' s Panel on Federal Tax Reform, March 31, 2005. See the questions and answers section.

[36] Bob Perlman, Intel Corporation, Testimony to the Senate Committee on Finance, March 11, 1999.

[37] Michael Devereux, "Developments in the Taxation of Corporate Profit in the OECD since 1965", Oxford University Centre for Business Taxation, December 2006, p. 6, 33.

[38] Ernst & Young for the American Council for Capital Formation, "International Comparison of Depreciation Rules and Tax Rates for Selected Energy Investments", May 2, 2007.

[39] Joann Weiner, "Timing Is Everything in Multinationals' Repatriation Patterns", Tax Notes, June 11, 2007, p. 1001.

[40] Laura Power and Gerald Silverstein, "The Foreign Source Income Repatriation Patterns of U. S. Parents in Worldwide Loss," National Tax Journal LX, no. 3 (September 2007): 537.

[41] Ruud de Mooji, "Will Corporate Income Taxation Survive?" De Economist 153, no. 3, 2005, p. 292.

[42] Kimberly Clausing and Reuven Avi – Yonah, "Reforming Corporate Taxation in a Global Economy", Brookings Institution, June 2007, p. 15.

[43] Glenn Simpson, "Irish Subsidiary Lets Microsoft Slash Taxes in U. S. and Europe", Wall Street Journal, November 7, 2005, p. A1.

[44] Kimberly Clausing and Reuven Avi – Yonah, "Reforming Corporate Taxation in a Global Economy", Brookings Institution, June 2007, p. 15.

[45] Brian Lebowitz, "Transfer Pricing and the End of International Taxation", Tax Notes, September 10, 1999.

[46] Kimberly Clausing and Reuven Avi – Yonah, "Reforming Corporate Taxation in a Global Economy", Brookings Institution, June 2007, p. 7.

[47] Robert Shapiro, "Economic Effects of Intellectual Property: Intensive Manufacturing in the United States", July 2007, p. 3, www. thevalueofip. com.

[48] Harry Grubert and Rosanne Altshuler, "Corporate Taxes in the World Economy: Reforming the Taxation of Cross – Border Income", Working Paper, December 12, 2006, p. 24.

[49] Harry Grubert and Rosanne Altshuler, "Corporate Taxes in the World Economy: Reforming the Taxation of Cross – Border Income", Working Paper, December 12, 2006, p. 13.

[50] In theory, getting the intellectual property abroad requires sale or license to a low – tax affiliate, or the development in a low – tax affiliate which sacrifices the domestic deduction for development costs.

[51] John Mutti and Harry Grubert, "The Effect of Taxes on Royalties and the Migration of Intangible Assets Abroad", National Bureau of Economic Research, Working Paper no. 13248, July 2007, p. 2.

[52] Ryan Kennedy, "How the U. S. IRC Encourages the Migration Of Intellectual Property Offshore", Tax Notes International, August 30, 2004, p. 851.

[53] Chris Edwards, "Replacing the Scandal – Plagued Corporate Income Tax with a Cash – Flow Tax", Cato Institute Policy Analysis no. 484, August 14, 2003.

[54] Joint Committee on Taxation, "Report of Investigation of Enron Corporation", JCS – 3 – 03, February 2003, p. 377.

[55] Joint Committee on Taxation, "Report of Investigation of Enron Corporation", JCS – 3 – 03, February 2003, p. 373.

[56] Joint Committee on Taxation, "Report of Investigation of Enron Corporation", JCS – 3 – 03, February 2003, p. 375.

[57] Rosanne Altshuler and Harry Grubert, "Taxpayer Responses to Competitive Tax Policies and Tax Policy Responses to Competitive Taxpayers: Recent Evidence", Tax Notes International, June 28, 2004, p. 1352.

[58] Glenn Hubbard, "Comments on Sen. McCain' s Tax Policy Toward U. S. Multinationals", Tax Notes, March 6, 2000, p. 1434.

[59] Gary Hufbauer and Ariel Assa, U. S. Taxation of Foreign Income (Washington: Peterson Institute for International Economics, 2007), p. 14.

[60] Reuven Avi – Yonah, "Globalization, Tax Competition, and the Fiscal Crisis of the Welfare State", Harvard Law School, Working Paper no. 4, Spring 2000, p. 19.

[61] Glenn Simpson and Dan Bilefsky, "EU' s Tax Changes Scatter Corporations: Switzerland, Ireland Draw Companies Seeking to Avoid a Rise in Obligations", Wall Street Journal, October 9, 2003.

[62] See Location: Switzerland at www.locationswitzerland.com.

[63] See Location: Switzerland, "Setting Up a Business in Switzerland", at www.locationswitzerland.com.

[64] See Location: Switzerland, "Setting Up a Business in Switzerland", at www.locationswitzerland.com.

[65] Carl Dubert and Peter Merrill, Taxation of U. S. Corporations Doing Business Abroad: U. S. Rules and Competitiveness Issues (Morristown, New Jersey: Financial Executives Research Foundation and PricewaterhouseCoopers, 2001), p. 75.

[66] Mihir Desai and James Hines, "Expectations and Expatriations: Tracing the Causes and Consequences of Corporate Inversions", National Tax Journal, vol. LV, no. 3, September 2002.

[67] Mihir Desai and James Hines, "Expectations and Expatriations: Tracing the Causes and Consequences of Corporate Inversions", National Tax Journal LV, no. 3 (September 2002): 423.

[68] The American Jobs Creation Act of 2004 treats a new foreign parent company created in such a transaction as a U. S. corporation, thus denying any tax benefits.

[69] Phred Dvorak, "Why Multiple Headquarters Multiply", Wall Street Journal, November 19, 2007, p. B1.

[70] Miller Chevalier, "International Tax Alert", October 29, 2007, p. 2.

[71] Kimberly Clausing and Reuven Avi - Yonah, "Reforming Corporate Taxation in a Global Economy", Brookings Institution, June 2007, pp. 8, 17. Data for 2003.

[72] Rosanne Altshuler, Harry Grubert, Scott Newlon, "Has U. S. Investment Abroad Become More Sensitive to Tax Rates?" in International Taxation and Multinational Activity, ed. James Hines (Chicago: University of Chicago, 2001), p. 10.

[73] Martin Sullivan, "A Challenge to Conventional International Tax Wisdom", Tax Notes, December 11, 2006, p. 953.

[74] Martin Sullivan, "Wake - Up Call for the Celtic Tiger", Tax Notes, April 23, 2007, p. 312.

[75] For a summary of studies, see Rosanne Altshuler and Harry Grubert, "Taxpayer Responses to Competitive Tax Policies and Tax Policy Responses to Competitive Taxpayers: Recent Evidence", Tax Notes International, June 28, 2004, p. 1349.

[76] U. S. Department of the Treasury, "Treasury Conference on Business Taxation and Global Competitiveness", Background Paper, July 23, 2007, p. 49.

[77] Organization for Economic Cooperation and Development, Tax Effects on Foreign Direct Investment (Paris: OECD, 2008), p. 12.

[78] James Hines, "Introduction", in International Taxation and Multinational Activity, ed. James Hines (Chicago: University of Chicago, 2001), p. 1.

[79] Mihir Desai, Testimony to the President's Panel on Federal Tax Reform, March 31, 2005.

[80] Jack Mintz, "2007 Tax Competitiveness Report: A Call for Comprehensive Tax Reform", C. D. Howe In-

stitute, September 2007, p. 8.

[81] Jack Mintz, "2007 Tax Competitiveness Report: A Call for Comprehensive Tax Reform", C. D. Howe Institute, September 2007, p. 11.

[82] Martin Sullivan, "Wake - Up Call for the Celtic Tiger", Tax Notes, April 23, 2007, p. 312.

[83] Craig Barrett, Intel Corporation, Testimony to the House Committee on Ways and Means, Subcommittee on Select Revenue Measures, June 22, 2006.

[84] Craig Barrett, Intel Corporation, Testimony to the House Committee on Ways and Means, Subcommittee on Select Revenue Measures, June 22, 2006.

[85] Dow Chemical Company, Testimony to the House Committee on Ways and Means, Subcommittee on Select Revenue Measures, June 22, 2006. And see John Samuels, General Electric Company, comments at U. S. Treasury Conference on Business Taxation and Global Competitiveness, July 26, 2007.

[86] Simeon Djankov, Tim Ganser, Caralee McLiesh, Rita Ramalho, and Andrei Shleifer, "The Effect of Corporate Taxes on Investment and Entrepreneurship", National Bureau of Economic Research, Working Paper no. 13756, January 2008, p. 2.

[87] Simeon Djankov, Tim Ganser, Caralee McLiesh, Rita Ramalho, and Andrei Shleifer, "The Effect of Corporate Taxes on Investment and Entrepreneurship", National Bureau of Economic Research, Working Paper no. 13756, January 2008, p. 1.

[88] Martin Feldstein, James Hines, and Glenn Hubbard, "Introduction", in Taxing Multinational Corporations, eds. Martin Feldstein, James Hines, and Glenn Hubbard (Chicago: University of Chicago Press, 1995), p. 3.

[89] Adam Smith, An Inquiry into the Nature and Causes of The Wealth of Nations, 1776, Book V, Chapter II, Part II, (Chicago: University of Chicago Press, 1976), vol. 2, p. 375.

[90] Discussed in Kevin Hassett and Aparna Mathur, "Taxes and Wages", American Enterprise Institute, June 2006, p. 6.

[91] William Randolph, "International Burdens of the Corporate Income Tax", Congressional Budget Office, Working Paper, August 2006.

[92] Wiji Arulampalam, Michael Devereux, and Giorgia Maffini, "The Incidence of Corporate Income Tax on Wages", Oxford University Centre for Business Taxation, Working Paper 07/07, April 2007.

[93] Kevin Hassett and Aparna Mathur, "Taxes and Wages", American Enterprise Institute, June 2006.

[94] Rachel Alison Felix, "Passing the Burden: Corporate Tax Incidence in Open Economies", Phd thesis, University of Michigan, October 2006.

[95] Federal corporate tax revenues in fiscal year 2006 were $354 billion.

[96] Department of Finance, Canada, "Corporate Income Taxes and Investment: Evidence from the 2001 -

2004 Rate Reductions", December 11, 2007.

[97] Department of Finance, Canada, "Corporate Income Taxes and Investment: Evidence from the 2001 - 2004 Rate Reductions", December 11, 2007.

[98] Ruud Mooij and Gaetan Nicodeme, "Corporate Tax Policy, Entrepreneurship, and Incorporation in the EU", CESifo Working Paper no. 1883, December 2006.

[99] For revenues, see Organization for Economic Cooperation and Development, Revenue Statistics, 1965 - 2006 (Paris: OECD, 2007), p. 81.

[101] Revenue data from the Organization for Economic Cooperation and Development, Revenue Statistics, 1965 - 2006 (Paris: OECD, 2007). Rates are for national governments from the University of Michigan Office of Tax Policy Research, as adjusted and corrected by authors. The countries are Australia, Austria, Belgium, Canada, Denmark, Finland, France, Germany, Greece, Ireland, Italy, Japan, Luxembourg, Netherlands, New Zealand, Spain, Sweden, United Kingdom, and United States.

[102] Organization for Economic Cooperation and Development, Revenue Statistics, 1965 - 2006 (Paris: OECD, 2007), p. 81.

[103] Michael Devereux, "Developments in the Taxation of Corporate Profit in the OECD since 1965", Oxford University Centre for Business Taxation, December 2006, Figure 5. See also Rachel Griffith and Alexander Klemm, "What Has Been the Tax Competition Experience of the Last 20 Years?" Tax Notes International, June 28, 2004, p. 1299.

[104] Michael Devereux, "Developments in the Taxation of Corporate Profit in the OECD since 1965", Oxford University Centre for Business Taxation, December 2006, Figures 7 and 9.

[105] Greg Mankiw and Matthew Weinzierl, "Dynamic Scoring: A Back - of - the - Envelope Guide", National Bureau of Economic Research Working Paper no. 11000, December 2004.

[106] Mathias Trabandt and Harald Uhlig, "How Far Are We From the Slippery Slope? The Laffer Curve Revisited", Discussion Paper 2006 - 023, Humboldt University, April 3, 2006.

[107] Ruud Mooij and Gaetan Nicodeme, "Corporate Tax Policy, Entrepreneurship, and Incorporation in the EU", CESifo Working Paper no. 1883, December 2006.

[108] Peter Merrill, "The Corporate Tax Conundrum", Tax Notes, October 8, 2007, p. 174.

[109] Alex Brill and Kevin Hassett, "Revenue - Maximizing Corporate Income Taxes", American Enterprise Institute, July 31, 2007.

[110] Jack Mintz, "2007 Tax Competitiveness Report: A Call for Comprehensive Tax Reform", C. D. Howe Institute, September 2007, p. 14.

[111] U. S. Department of the Treasury, "Approaches to Improve the Competitiveness of the U. S. Business Tax System for the 21st Century", December 20, 2007, p. 72.

# 第七章 税收竞争的经济学

- 税收竞争会伤害私营企业吗
- 税收竞争会伤害公共部门吗
- 改革的机会
- 结论

全世界各个国家实施着不同的经济政策，这些不同的政策产生了不一样的经济成就——一些国家享受着倍受瞩目的繁荣而另一些国家面临非常不幸的贫穷。随着时间的过去，我们已经非常清楚哪些经济政策（包括税收政策）是值得追求的，哪些是可以改善人们生活水平的。[1]虽然尊重市场是普遍的共识，但并不是所有的政府都在追求市场原则的政策。各个国家都有选择本国经济政策的自由，有的国家选择扩大政府，而另一些国家则选择扩大市场。

纳税人也可以选择，如果一个政府的税收政策富有压迫性，公民就会反抗，政府要么就选择谈判，要么就等着人们上街游行。人们也会通过避税的方式来进行反抗，或者干脆移民，要知道在一个全球化经济体中，移民已经变得容易多了。

税收竞争就是选择，这与集市上提供商品与服务的竞争是类似的。在集市上，人们在购买一件商品时，会权衡成本与收益，消费者的选择会刺激企业的生产以满足人们真实的需求。在一定程度上，税收竞争对于政府来说也是做同样的事情。税收竞争通过限制政客们加税的能力，从而鼓励他们出台更好的税收政策，以更加节约的方式使用纳税人的钱。

现代最早关注税收竞争的经济学文献可以追溯到 1956 年查尔斯·蒂布特的研究。[2]根据蒂布特的这一研究，地方政府之间为吸引流动家庭而展开竞争，这些竞争提高了社会福利。竞争促使政府削减开支，降低税负，以满足当地人们的喜好。基于对政府服务水平与税负程度的考虑，人们会在不同的管辖区域之间流动，喜欢由政府提供大量福利的家庭会往高税负的管辖地区跑，而另外一些人则选择税负低福利有限的管辖区定居。

蒂布特的理论关注的是地方政府之间的竞争，但实际上在全球化时代的各国政府也变得越来越像地方政府了。各国政府过去都拥有垄断性的强大的控制力，人们对政府的财政政策没有太多可选择的空间。就像一家垄断的大企业，政府提供的服务总是又少又差，而且效率低下，但定价（税收）却又非常昂贵，人们被迫接受这种糟糕的局面。

全球化已经开始改变政府与纳税人的关系了。对政府财政政策不满意的工人、投资者和企业都可以迁往其他地方追求更好的选择，这促使政府进行税收改革。全球化是一种促使政府间竞争的积极力量。

> 我们认为恰恰相反，政府的决策者们总是倾向于多收税，多开支，而税收竞争对限制政府膨胀是非常必要的。

但是，全球化也遭到很多的批评与指责，这些批评与指责既有学术的，也有政治的。这些批评者不喜欢自由贸易，不愿意开放投资潮或跨国公司，而且很多人希望能限制税收竞争。所有的这些对全球化的批评都持这样一个观念：政府控制跨国公司会创造出比自由选择更好的结果。一些批评家认为蒂布特关于税收竞争的研究是错误的，他们认为税收竞争既害了经济，也害了政府。[3]

在这一章，我们将考察反对税收竞争的最主要的两种观点：第一种认为税收竞争驱动资源从高税负国家向低税负国家流动，这会导致私营企业效率低下。根据这一观点，国际间任何税收驱动的资本流动与人才流动在经济上都是有害的。

第二种观点认为税收竞争会导致公共部门效率低下。税收竞争被认为是“恶性竞争”，它导致税收水平不断下降。如果税收竞争不断持续，政府将没有足够的资金来提供那些重要的公共服务，不仅如此，税收竞争还将限制政府对收入进行二次分配的能力。这在那些批评者看来是一个非常可怕的问题。

我们来讨论一下为什么这些对税收竞争的抱怨总是难以如愿。当你对他们引以为据的理论进行抽丝剥茧的分析时，你就会发现种种不合实际的假设以及政治上对大政府的偏爱。其中一个被高举的大旗就是“政府的公共利益理论”，这一理论认为政府垄断可以最好地满足人们的需要，因为它大公无私。我们认为恰恰相反，政府的决策者们总是倾向于多收税，多开支，而税收竞争对限制政府膨胀是非常必要的。

## 税收竞争会伤害私营企业吗

一些政府部门和国际组织的决策者呼吁各国共同阻止“有害税收竞争”，政客们和这些饱学之士经常轻率地使用“有害税收竞争”这一词汇来称呼所有可能具有国际影响的减税措施。高税负国家担心这会让资本和人才流向低税收国家，从而导致本国的税基流失。例如，德国现在非常“担心本国的金融服务业会转移到伦敦，其控投公司会移往荷兰，而储蓄会转到卢森堡，制造业会迁往低税负的爱尔兰。”[4]

对税收竞争更精明的批评试图对“有害税收竞争”下一个精确的定义。经合组织 1998 年发布了一个题为《有害税收竞争：一个正在出现的全球性问题》的报告，[5]经合组织通过这个报告挑起了一场全球大论战，这个报告成了税收竞争反对者的战斗口号，他们坚持认为税收竞争伤害了全球经济。但从一开始，就有很多税收专家批评这个报告内容含混不清，而且其所希望的目标是不可能达到的。[6]尽管如此，1998 年的这个报告是关于税收竞争大论战的一部分，因此，考察与检验这个报告中的主张是有意义的。

经合组织声称税收竞争是有害的，因为税收竞争导致了“投资与贸易格局中潜在的扭曲，这会降低全球的福利”[7]。当各个国家都采用“积极竞价投标”的方式来吸引投资时，这也是有害的。[8]经合组织声称税收竞争会“非常不公平地侵蚀其他国家的税基，并扭曲资本与服务行业的选址”[9]。

他们的基本观点是：如果税收竞争导致投资从高税负国家流向了低税负国家，这是一种“扭曲”（distortion），因为资源没有得到有效配置。根据这一思路，税制应当不影响跨境的资本流动。各个国家之间的政策差异都会驱动资本跨境流动，如果税收政策也产生这种效应，它也会相应地产生巨大的扭曲效果，这就需要有国际性的校正方案。这也是本书第 6 章讨论的“资本输出中性理论”的原则。

有趣的是，经合组织已经成为了一个全球化的支持者，它也常用正面的事例来谈论减税与税收竞争。在它 1998 年的这个报告中，经合组织很乐观地得出一个结论“全球化也已经成了推动税制改革的力量之一”[10]。而在2001年发布的一个关于有害税收竞争的报告中，经合组织承认：

在过去的几十年间，越来越开放和竞争性的环境对税制产生了许多积极的影响，包括税率的降低和税基的扩大，这些都是过去15年中税制改革的鲜明特点。这些发展可以部分地视为税收竞争的结果，税收竞争刺激各国改革税制以吸引更多的投资者。[11]

遗憾的是，经合组织称它只支持“公平的”税收竞争，而这个“公平”与国际贸易中的“公平”一样，是一个非常模糊的概念。[12]经合组织特别讨厌税收竞争的两样东西：“避税天堂”和“有害的税收优惠制度”。避税天堂的关键特征包括所得税的低税率或零税率，以及限制与他国共享纳税人信息的隐私法。[13]与此类似，“有害的税收优惠制度”也包括低税率或零税率的税收、信息分享的限制以及“栏栅式”的税法条款。栏栅式大致是说税收优惠措施只针对国外投资者，本国投资者却享受不到这些优惠。

哪些是“公平”的？哪些是“有害的”？经合组织对税收制度进行这样的区分总是非常武断，随意性很大，一则是税制非常复杂，二来这种做法所依据的理论本身也有缺陷。即使经合组织的一些成员国在一定程度上已经是避税天堂了，也提供了许多税收优惠政策，但这种随意性却使经合组织在指责非成员国时往往比批评其成员国有更大的热情。在本书第8章，我们将讨论经合组织反对避税天堂这个问题。

我们所关心的不仅仅是经合组织。欧洲的决策者们对各种“不公平”税收竞争的猛烈抨击是众所周知的，芝加哥大学的法学教授朱莉·卢荣（Julie Roin）指出，“主张税收协调的人有远大的目标”，他们的最终目标是经合组织的日常工作所不能及的，[14]她提到“有大量的文章和研究都在吹捧全球性体制的好处，它们希望全世界的国家都在这种体制的管制下使税基顺从统一的模式，并把税率维持在一个特定的狭小范围”。[15]所以，自然会有一些反税收竞争的十字军战士比经合组织更有雄心壮志。

但是，不管是经合组织还是这些诅咒所有税收竞争的人，他们的假设却并无二致，他们都假定税收竞争会产生经济上的“危害”。这种“危害”最根本的来源被认为是资本、劳动力和利润从高税负国家向低税负国家流动。因此，我们现在主要是说明为什么税收驱动的投资是一个好东西，它并没有像反对者们所声称的那样危害经济。

## 一个零和游戏?

一个国家无论在什么时候改变它的税收政策，都会影响资本与劳动力的流动与跨国贸易。因为全球的经济是相互联系的，各国的财政政策也是这样。一个根本的事实就是经济的全球化，而据那些税收竞争的批评者们说，这些相互联系导致了有害的后果。

> 减税运动的成功，原因很简单：在一个竞争性的国际社会里，每个国家都在追求自身的利益。

假设某个国家决定通过降低企业所得税，并试图以此来提高企业的生产率并刺激增长，如果这些改革顺带吸引到了额外的国外投资，它会导致其他国家的税基被“侵蚀”。很多学者把这种侵蚀称之为无效率的“财政外部性”（fiscal externality），而经合组织则常常称之为“外溢效应”（spillover effect）。

税收竞争的批评者指责低税负国家的外溢效应，但是这同样可以说是高税负国家导致了外溢，因为它们选择了实施高税率的政策。同样的，这些国家的高税率使得国内避税和逃税行为增多，因而也“侵蚀”了它们自己的税基。

“外部性”和“外溢”这些词在经济学中常常被用来描述市场失灵和需要管制的情况。通过税收竞争，市场失灵并不存在，但这些词汇被当作借口用来支持控制税收竞争的国际性计划。例如，联合国的一份报告就在呼吁成立一个新的全球性机构以控制财政性“外溢”。[16]

财政外溢是有害的，这一思想建立在一个虚假的零和游戏的观念上——如果有国家繁荣了，必定有另外的国家受了损失。但税收竞争对任何国家都不是负面的，如果有国家实施了更有效率的税制，其他国家也跟着采纳这一税制，那么全球的投资增长会给每个国家都带来利益。差不多所有的经济学家都认为工业国家现在的税制比过去更有效率，原因就是1980年代以来的全球性减税运动。需要指出的是，这一场减税运动的成功并不需要有国际组织发起、领导和实施，也不需要有什么国际协议，它之所以成功原因很简单：在一个竞争性的国际社会里，每个国家都在追求自身的利益。

在这一点上，比较税收政策与贸易政策是非常有意思的。零和游戏的世界观在民粹主义批评自由贸易时非常明显，但差不多所有的贸易专家都知道，减少贸易壁垒会让整个世界的经济获得增长，会给每一个国家带来潜在的利益。的确有人通过估算发现，如果移除全球的贸易壁垒，将会给全球增加1.9万亿美元的福利。[17]

贸易壁垒实质上就是对贸易征税，因此贸易自由化与税收竞争的重点都是减税。但是贸易自由化与税收竞争的政治却有惊人的不同。像经合组织和WTO这样的国际组织都在努力减少贸易壁垒，但像经合组织和联合国这样的机构却是税收竞争的主要批评者。

如果一个国家决定减少贸易壁垒以吸引更多的交易，这样的举措不会被批为“有害的”贸易竞争。没有人因为香港不存在贸易壁垒而抱怨它是一个“贸易天堂”，然而包括香港在内的很多管辖区却都被人指责为“避税天堂”。

贸易壁垒实质上就是对贸易征税，因此贸易自由化与税收竞争的重点都是减税。

导致这样截然不同评价的一个原因就是，贸易专家们所关注的基本上是改革给消费者个人带来的利益，事实上，正如本书第六章所分析的那样，减税（例如降低企业所得税）最终也会惠及到个人，但这一点却很少被认识到。不管是贸易自由化还是税收竞争，都会减少政府对经济的控制，但一些分析家和决策者却总找税收竞争的麻烦。

关税的降低与贸易配额的减少促进了全球贸易的繁荣，而对投资征收更低的税收带来了更多的全球投资，这些例子中都不存在零和游戏的例子。批评者假定税收竞争只有一个效果，那就是改变了投资在各国之间的的分配，这就是本书第六章分析过的资本输出中性理论（capital export neutrality theory）。这一理论关心经济活动的地点，却忽视了高税率对国内生产率的负面效应。

如果税收竞争能降低针对劳动力和资本的高边际税率，它同样为一个国家的经济创造了巨额的利润。但这样的好处却被资本输出中性理论视而不见，它总是假定各个国家之间不存在竞争，税率由政府预先决定。但我们在现实中却看到税收竞争能帮助改革效率低下的税制并增加全球储蓄、投资和高质量劳动力的供应总量。

有趣的是，税收竞争的批评者与资本输出中性理论的主张者在看待个人和企业的税收时，观点似乎并不一致。他们希望消除国际间的税收差异，因为他们担心资本和劳动力对这些差异会非常敏感。而另一方面，他们却几乎没有注意到高税率对国内经济的负面效应，他们想当然地相信纳税人不会对国内决策做出敏感的反应。

我们认为纳税人无论是在国内层面还是在国际层面都是非常敏感的，证据是显而易见的。但资本输出中性理论是一个有缺陷的理论，因此它不能为美国的税收政策提供有用的向导。相反，应该关注的目标是降低国内税收扭曲，而税收竞争对达到这一目标能起到很大的作用。

劳动力的流动也需要说一说。税收引发的熟练工人的移民和人才流失可能真是一个全球性的零和游戏。但当这些人才流向低税负的国家时，他们将可能会提高工作积极性，并更好地发挥自己的优势。人才流失确实会对穷国产生重大影响，但也有专家指出这些移民也会带来好处。[18] 这些外出的移民会给他们的祖国带来大量外汇收入，这也是一种有效的帮助。另外，这些移民经常会把新技术带回家，这些技术也能帮助他们的祖国。最后一点，这些人才的外移为他们的政府提供了一个强烈的信号：他们国内的政策需要改革了。

## 多样性 VS 协调

对于那些将税收竞争视为伤害经济的零和游戏的人来说，一个政策处方就是“协调”各国的税收，或将各国的税收平均化。欧盟从 1960 年代开始就考虑协调其成员国的税收，现在欧盟要求其成员国征收税率不低于 15% 的增值税，以及各种规定了最低税率的特许权税（excise tax）。

在欧洲，从 1962 年和 1970 年的官方报告开始，要求协调企业所得税的提议已经说了几十年了。[19] 1975年，欧共体委员会力图执行税率不低于45%的企业所得税；1992年，鲁丁委员会（Ruding Committee）① 提议的企业所得税的税率最低不低于30%。[20] 幸运的是这些提议都失败了，而今天欧盟国家企业所得税的平均税率仅为24%。但是欧洲目前仍有一股强大的声音要求协调企业所得税的税基。

欧洲议会称商业税的协调“可能是需要的，这样可以阻止竞争的扭曲，特别是投资决策的扭曲。只要哪里的税制不是中性的……哪里的资源就会被错误配置”。[21] 欧洲议会指出：

> 税收协调可以避免单个国家进行税制改革带来的负外部性……尤其是单个国家减税导致其竞争力上升或者其对外资的吸引力上升。这一结果带来的商品、资本特别是人才的流动会损害伙伴国家的经济活动和财政收入。

照这么说，如果所有国家的税收被固定在一个很高的税率水平，那么税收竞争问题所带来的所有麻烦会被一劳永逸地解决，这样能消除所有的“负外部性”。但是，如果税率被协调在如此高的水平上，这毫无疑问会毁灭商业投资。这样的话，确实再也没有哪一个国家会“损害”到其他国家，但所有国家都会遭罪。

税收协调试图消解任何使税率下降的合理压力，这与蒂布特的洞见很不一样，蒂布特认为多样化的税制更有效率。经济学家一般喜欢税率普遍下调，降低存款与投资的税收，但每个国家所适合的最优税制却是多样化的。通过这种多样性，每个国家都可以考察他国采用的税制，分析其起作用的部分是什么，然后可以吸收最好的改革理念促进国内市场。

各个国家有不同的文化和经济状况，这意味着税制结构也将是不同的。在一些国家，人们喜欢高税负高福利，而另一些国家的人们则不一定喜欢这样。

---

①　译者注：1990年，时任荷兰财政部长的奥诺·鲁丁（Onno Ruding）主持了一个委员会以设计一套旨在消除共同市场内扭曲行为的具体措施，该委员会发现各国税负差异很大，而且税收因素对投资商作商业决策影响也非常大。鲁丁委员会在1992年的报告中呼吁制定税收协调以阻止各国之间的税收竞争。

例如，被敌人包围的国家需要庞大的军费开支，他们的税负也会高于其他国家。

经济结构不同的国家，也会采用不同的税制结构。例如，一个旅游业发达的国家可能对收入征低税，而对宾馆则征高税，这样外国人也能为政府服务买单。再举一个例子，经济学家理查德·鲍德温（Richard Baldwin）和保罗·克鲁格曼（Paul Krugman）建议税制多样化，他们坚持认为欧洲搞的税收协调没有效率，因为欧洲大陆的“核心”国家与“外围”国家应该有不同的税制结构。[23]

芝加哥大学的朱莉·罗茵（Julie Roin）提出了税制多样化有道理的另外一种情况。[24]富裕城市的居民可能并不希望建任何新工厂，因为这会污染环境，因此他们可能并不愿意通过减税以吸引投资；但是那些失业率高的城市的居民则可能很乐意通过减税来吸引新的投资。

但是，从长远来看税制竞争也会使税制越来越接近，这一进化过程我们可以称之为“竞争性协调”。这就像是目前正在发生的几大工业国的企业所得税的情况。在最近几十年里，几大工业国的企业所得税的税率一直在下降，它们之间的差距比过去要小得多了。[25]因此，主张税收协调的人的诉求也得到了部分满足，只是这种协调导致的税率水平比他们所希望的要低。

不管政府的独立政策是导致竞争性协调还是税制多样性，需要郑重指出的是，试图通过国际协议实施一套自上而下的税法对纳税人来说是危险的。在最近几十年里，所有市场化倾向的改革都不是源自对世界经济的宏伟计划。看看1980年代由英国引发的私有化革命，它迅速席卷全球，每个国家都根据各自的利益进行了改革。

> 大部分市场化改革都是各国在学习他国经验之后为自身利益而采取的行动。

同样的，大部分贸易自由化也不是贸易协议的结果，而是源于单边行动。据估算，在过去20年里全球仅仅有35%的关税减免是因为贸易协议而发生的，而另外的65%都是单边行动——很多国家单方面降低了关税。[26]这些减免都是贸易税的“恶性竞争”，但获得了差不多所有经济学家的支持。

总而言之，大部分市场化改革都是各国在学习他国经验之后为自身利益而采取的行动。试图通过国际协议对各国税制强加限制，这对于各国财政系统的改革来说，无疑是戴上了“紧箍咒”。税收协调目前主要在欧洲讨论得火热，但美国人也需要警惕，因为这种税收协调的诉求可以通过经合组织、联合国或者其他国际机构而成功。

欧洲的政治精英们热衷于对欧盟成员国实施自上而下的规则，欧洲的决策者们经常以“财政外部性”和单一市场为借口试图结束税收竞争。相反，美国在历史上一直喜欢政策的多样性，50 个州就有 50 种政策。美国在享受各州之间的税收竞争的同时，它的单一市场也已经存在了两个多世纪。有些州没有所得税，而另外一些州则没有消费税，税率与税基都有差异。在国际舞台上，美国应该成为税制多样性的捍卫者，捍卫各国采取独立财政政策的权利。

## 政府竞争

让我们再回顾一下那种认为税收竞争扭曲投资流动并导致经济无效率的观点。1998 年的经合组织报告称，“投资选址的决定应该受经济因素的影响，而不应该主要受税收因素的影响”以创造一个“公平竞争的环境”。[27] 经合组织还认为，基于税收考虑的商业投资决策并不是“真实的”经济决策。[28]

但税收却是真实的经济考虑，它与政府在管理、通货膨胀、移民和教育方面的政策是一样的。事实是众多不同的政府政策都在影响跨国贸易、投资和人才的流动，不同的国家也有不同的国内与国际政策，这些常常影响国际经济。政府政策可以通过各种方式使“公平竞争的环境”发生倾斜。

与不稳定、腐败的政权相比，政治稳定且司法系统效率高的国家能吸引到更多的国外投资，受教育程度高的国家能吸引到更多的高科技公司，公共交通设施发达的国家能吸引到更多的制造业。这些高质量的服务都可以通过花更多的钱或者进行教育选择权改革、私有化等办法来获得。

需要指出的是，许多国家都在通过多种手段尽力改善它们的投资气氛和竞争力，不仅是通过减税这一种途径。但除税收领域外，经合组织和其他一些国际机构都没有对其他领域的“外部性”和“外溢”展开反对活动。假如两个国家有相同的税制，而一个国家的政府把预算投入交通等公共设施建设，而另一个国家则把钱用于福利项目，那结果将是后一个国家的投资会流往前一个国家，那前一个国家就会被指责进行了“有害的公共事业竞争”，后一个国家决策者则可能会呼吁经合组织或联合国这样的国际机构要求所有国家把钱投入到非生产性的福利项目中，并减少对生产性公共设施的投入，以确保“公平竞争的环境”。

当然，这会被认为是对国家内政的荒谬干涉，但税收竞争的批评者们却一直在呼吁这种干涉。[29]《金融时报》最近讲述了瑞士的一个州如何在其他州税收竞争的压力下降低所得税税率的的事情。《时代》杂志报道“欧盟委员会开始争论……瑞士国内不同的州税如何使欧盟的公司处于不利处境”。[30]

瑞士则持不同的看法，他们将低税率与富有竞争性的地方政府视为瑞士的核心资产，就像法国的气候是生产法国葡萄酒最有利的条件一样。“在瑞士的财政部长汉斯 - 鲁道夫·默茨（Hans - Rudolph Merz）看来，各州的税收竞争是瑞士联邦体制最核心的部分，是瑞士独特的基于公民投票权的直接民主的体现。”[31]

瑞士则持不同的看法，他们将低税率与富有竞争性的地方政府视为瑞士的核心资产，就像法国的气候是生产法国葡萄酒最有利的条件一样。

瑞士是经合组织的成员国，但它拒绝了1998年经合组织关于税收竞争的报告。瑞士政府指出“金融与投资决策取决于经济、政治和社会因素等多重原因”，不仅仅是税收。[32]据瑞士的说法，经合组织的报告没把其他的这些因素考虑进去，从而只能“对现状做出偏颇而错误的评估”。[33]

经合组织把它大部分的精力都用来反对税收天堂，但这些税收天堂的管辖区通常没有改变真实的投资模式。相反，像开曼群岛这样的金融中心它们的目的就是保护国际投资免受额外税负的压榨。这样的管辖区域为最终用于众多工业国家的真实投资创造了一个资金池，而资金池的这些资金也都来源于各工业国家。税收天堂没有扭曲投资，相反它们增加了国际资本市场的效率。[34]

就如本书第二章所讨论的，发达国家的生产一直在变得更有流动性，对于大多数产业来说，它们在哪里投资落户主要取决于不同政府的政策。大多数国家的决策者都知道这一点，这使他们都在加紧改善教育、公共设施、管理水平和其他方面。税收竞争也是政府改革的一个重要部分。

这个世界缺乏一个全球性的政府来执行一种一刀切的规则，“中性”对于国际投资流动来说并不可求，既使有也不是个什么好主意。瑞士的治理非常优良，而它的低税负也不是“中性”的，这一事实提示着其他国家的政策到了需要改进的时候了。在教育这样的领域，各国都在改良政策追求卓越，以期达到能与最高水平的国家相比。税收政策也应该是各国努力改进的对象，以达到像瑞士、爱尔兰和爱沙尼亚这些国家的水准。

最后一点，就经济学的观点来说，确实不是所有形式的政府竞争都是有益的。例如，当各国政府竞争发放商业补贴时，这是一个负和游戏（negative - sum）。因为它把资源转移到了生产率低的领域，而且高支出会带来增税的压力。追根到底，税收竞争的一个长远的好处就是会把政府竞争的冲动引导到减税竞争中来，并避免出现竞争财政补贴这样的有害竞争。

## 税收竞争会伤害公共部门吗

我们刚才分析了那种认为税收竞争伤害经济的观点，现在我们接着来考察认为税收竞争伤害政府的观点。我们听到最常见的担忧就是认为税收竞争导致恶性竞争，必然会减少财政收入，政府无法获得足够的收入，必然会削减一些重要的公共服务。

> 我们认为，缩小政府的规模无论是对于纳税人还是对个人自由与经济增长来说都是一个好消息。但到目前为止，还从来没有政府因为税收竞争而财政枯竭。

在 1998 年的报告中，经合组织控诉说税收竞争会“重新塑造税收与公共支出的理想模式”。[35]经合组织担心低税负国家将会“损害政府的财政职能，以致无法提供足够的物质和服务来满足人们的合理愿望”。[36]

经济学家华莱士·奥兹（Wallace Oates）说，税收竞争的问题就是“官员无法考虑他们的决策对税基的影响，这样的决策只能做到次优税率”。[37]同样的，密歇根大学的税法教授鲁文·阿维—约纳（Reuven Avi - Yonah）认为，因为高税负导致一些资本从一些国家外流，“其结果是这些国家无法提供足够的政府服务”。[38]

我们认为，缩小政府的规模无论是对于纳税人还是对个人自由与经济增长来说都是一个好消息。但到目前为止，还从来没有政府因为税收竞争而财政枯竭。近几十年的减税风潮并没有使政府的税收收入减少，对于大多数国家来说，政府规模所占经济体的份量一直很稳定。从经合组织的 30 个国家来看，税收占 GDP 的平均比例从 1990 年的 34% 慢慢上升到了 2000 年的 36%，而到 2005 年的时候，这个比例仍然是 36%。[39]

就像我们指出的那样，降低所得税的税率创造强劲的经济活力，从而缓和政府税收收入的损失。税率的降低会推动经济更快的增长，并减少避税和逃税行为，从而扩大税基。迄今为止，减税并没有导致政府税收收入出现滑向底线的恶性竞争。但是，我们希望所得税下降的趋势继续保持，税收收入和政府开支也最终得到限制。

## 政府垄断不是最优的

我们来乐观地设想一下，税收竞争将会限制财政收入的增长。竞争会使税收收入减少得太过分吗？税收竞争的反对者们会给出一个肯定的回答，因为他们假定现在的“大政府”是最佳的。欧洲议会指责税收竞争，因为这样会使“每个国家都有降低所得税的动力，以致降到与其自然状态不相匹配的水平”。[40]但到底什么才算是“自然”的状态呢？

对于欧洲议会而言，自然状态似乎就是政治精英在没有外在竞争压力时所决定的政府规模。如果税收竞争损害了政府的垄断地位，税负水平与政府规模就不再是最优的了。芝加哥大学的朱莉·罗茵指出，“税收协调的主张者们把非竞争化世界中设定的税负视为最优，好像只要改变这一状况，税负就会过低。”[41]她把这种错误称之为“现状的特权”（privileging of the status quo）。[42]

这就是税收竞争反对者们的核心假设。他们通过“政府的公共利益理论”这一假设来建构他们反对税收竞争的论据，他们假定政府是将公民福利最大化的慈善家，政客与官僚们则将自己称为“公仆”，而很多理论家们也好像相信这一点。在公共利益的假设之下，当政府可以垄断资本和劳动力时，财政就会取得最佳的平衡，而税收竞争似乎就是打破这一最佳平衡的凶器。

政府的另一种模式就是“公共选择”的观点。这一观点将政府官员视为有自身利益诉求的人，他们可能会也可能不会将社会福利最大化，游说团体也同样被视为公共政策的关键驱动力。公共选择解释了政府政策的真实结果，这些结果常常并不正当，而且违背常理。政客官僚们通常不是追求对公共产品的立法，而是寻求预算的最大化，争取额外的办公补贴，追求行政特权，为利益集团提供丰富的财政补贴以获取他们的支持与赞赏。

公共选择学派的学者们认为“民主政治对低效率的大政府有一种固有的偏爱”。[43]这有大量的例子，国会议员之间互相投赞成票达成的那些昂贵的条款并没有获得广泛的公众支持，支出法案总是将一揽子庞大的综合措施打包在一起，这一揽子措施中有很多项目，如果单独投票并不会获得支持。立法者们喜欢把政府的厚礼慷慨地分发给那些重要的选民，而把相应的成本以赤字的形式向纳税人隐瞒起来。

当然，美国的开国者们对这些问题是非常清醒的，这就是为什么他们会创造出一个宪政体制以尽力限制联邦政府的权力。这一体制的核心就是联邦主义，这非常严格地限制了联邦政府的活动，并把大部分权力保留给了各州和人民。在美国开国元勋们看来，分权是对个人自由最关键的保护。在美国国内，各州之间的竞争现在限制着各州政府的权力，就像今天税收竞争限制着联邦政府的权力一样。

在美国开国元勋们看来，分权是对个人自由最关键的保护。在美国国内，各州之间的竞争现在限制着各州政府的权力，就像今天税收竞争限制着联邦政府的权力一样。

国际税收竞争是限制政府不负责任的财政支出的一种重要力量。在美国，现在比过去更需要国际税收竞争的约束，因为历史上宪法对联邦政府支出的限制已经在很大程度上被抛弃了，而联邦主义也在很大程度上被废除了。其他国家的政府也同样需要税收竞争来规范，因为它们不存在美国这样的刚性制度来避免大政府的出现。

到目前为止，政府垄断了许多专卖权，他们试图从居民身上压榨出尽可能多的税收收入。税收竞争正限制着政府的无所节制的财政，就像全球化的市场竞争限制各国垄断巨头的权力那样。

## 改革的机会

对于大政府来说，税收竞争是一个威胁；但对于那些有志于市场化改革的决策者来说，税收竞争则是同盟者。税收竞争迫使政府做出艰难的选择并放弃浪费巨大的项目。诺贝尔经济学奖得主加里·贝克尔（Gary Becker）观察到，“国际竞争趋向于良性竞争而非恶性竞争，它限制了每个国家的那些强大而贪婪的利益集团和政客的能力，这些集团与政客们往往将他们的意志强加于大多数人。”[44]

另一位诺贝尔奖得主米尔顿·弗里德曼也同样指出：“税收竞争正在解放世界经济的生产力，这是一件值得庆祝的事，而不是阻挠它。它迫使政府在财政上更具有责任心，并为经济活动创造一个税负更低的环境。”[45]

甚至经合组织的很多研究也认为政府缩小得益于税收竞争。经合组织的一份工作文件认为：“因为允许资源有更好的配置，去中心化能使政府更有责任感。如果在不同管辖区之间引入竞争，公共部门会变得更有效率。”[46]经合组织的另外一份报告指出，“除了降低整体税率，一个竞争性的环境能促进政府出资的项目更有效率。”[47]

瑞士政府认为税收竞争“阻止了政府采纳没收性管理体制，这样的管理制度不但伤害企业家精神，也损害经济。税收竞争避免了税负停留在高水平的位置上”。[48]重要的是，他们正在指出“政府的公共利益理论”的错误之处，并且认为政府要达到更合适的规模，竞争是必需的。

> 税收竞争不但提高了公共部门的效率，还抑制了浪费式的企业补贴。

最近，瑞士政府的一份报告为支持税收竞争提供了更一步的理由：“税收竞争为推动公共部门的创新提供了很重要的动力，瑞士并不倾向于向企业提供国家援助，因为援助单个企业或行业往往扭曲竞争，并且会损害效率。”[49]因此，税收竞争不但提高了公共部门的效率，还抑制了浪费式的企业补贴。

我们希望税收竞争能发挥更多的作用，而不止于削减企业补贴。毕竟政府支出的主要部分是用于二次分配或各类“津贴”项目。如果税收竞争限制政府开支，其最大的作用将是迫使政府的“二次分配”功能大大萎缩。除了支付利息，美国联邦政府在2007年的花销为2.55万亿美元。概括来说，这些支出可以分为国防、退伍军人事务、司法、交通、环境、基础科学、国际事务和行政支出，从理论上来说，这些支出都是为了一般社会利益。美国在这些方面的支出总共为0.88万亿美元，仅为年度总支出的三分之一。[50]其他的预算资金则包括大范围的二次分配项目，比如医疗保健补贴和农业补贴。从长远来看，税收竞争将会限制政府开支，这些二次分配项目必将会被削减。

关于税收竞争的争论，这里有一个非常有趣的事实：批评者们经常指责竞争将会导致基本的“公共服务”萎缩，他们想要人们相信除非税收竞争得到控制，否则像消防、社会治安等方面的必要开支将被缩减。但是，从大多数发达国家的情况来看，绝大部分纳税人的钱并没有用于这些基本服务，政府开支的大部分都花在了二次分配项目上。

税收竞争的反对者有时也承认，他们真正关心的就是这些二次分配项目，而不是基本的公共服务。经合组织1998年关于有害税收竞争的报告中指责减税“可能妨碍累进税率的应用，阻碍二次分配目标的实现”。[51]税法学教授鲁文·阿维－约纳指责税收竞争限制了政府“通过税收进行二次分配的能力”，并使社会制度“难以把资源从富人转移到穷人手中”。[52]阿维－约纳和经合组织所说的这一点都是对的，但在我们看来，这是一个有益的结局。

税收竞争最后的优势就是鼓励政府放弃那些最没有效率的税收政策。税收竞争使所得税的税率变得“单一”，没有那么多的层级，这将减少税收对经济的扭曲，也会降低税法带来的“无谓损失”，这些扭曲与“无谓损失”都与高边际税率直接相关。低税率的单一税制比多重税率或累进税率都要有效率，而且对经济增长有利。[53]

税收竞争鼓励政府减少对存款和投资征税，这也会提高税收政策的效率。就像我们讨论的那样，竞争给政府带来了减税的压力，迫使它减少对企业利润、红利、利息、资本利得、和财产等方面的征税。本书第4章解释了在税收竞争的过程中，全球单一税革命是怎样的先进。

近几十年来，美国很多税收专家和公众都支持取消对存款和投资征税，把征税对象转向像消费领域这样更有效率的税基。[54]联邦政府的决策者讨论对美国税制进行一场根本性的改革已经有很久了，如果这个继续的话，国际税收竞争将会是这一改革发生的推动力。

## 结论

为了结束这一章的讨论，让我们先来总结一下经合组织在1998年的报告中列出的关于有害税收竞争的所有危害。[55]他们指责税收天堂和有害税制造成的危害有：

（1）“扭曲财政和真实投资的流动”。

（2）“重新设定了税收与支出的理想规模”。

（3）“损害了税制结构的公平与正直”。

（4）“妨碍了所有纳税人的税收遵从”。

（5）“增加了税收部门的行政成本和纳税人的遵从成本”。

（6）“导致部分税负转向流动性较少的税基，如劳动力、财产和消费，这种税负转移并不是人们期望的方向”。

前面两条是我们关注的，也是批评者们最关注的。第一条所说的危害是对私营部门而言的，第二条是对公共部门而言的。这两条都基于一个共同的错误观念，即政府的公共利益理论。然而，政府在任何方面的政策差异（不单是在税收方面）都可能会导致资本、劳动力和贸易在全球化的经济体中流动，而税收竞争的批评者们却无视这一事实。

剩下的四条指控可以很快地处理掉。所列的第三、第四和第五条更像是在说高税负税制的特点，而不是低税负税制的特色。高税负的税制并不公平，它妨碍税收遵从，而且还导致过高的管理成本，因为纳税人遵从税法的意愿不大。高税率是税制漏洞的滋生地，这转而又增加纳税人的遵从成本。美国高税率的企业所得税滋生了一个庞大的游说产业，如果企业所得税的税率降至15%的话，我们相信这产业会极大地缩水。

第六条所指出的危害恰恰与事实相反。如果税收竞争导致税负转向劳动力和消费这些税基，这种转移是有效率的，正是期望之中的方向。经合组织也说有害的税收竞争使得“部分税负从所得转向了消费”，“从资本转向了劳动力，这并不是期望的结果”。[56]但这只是一种政治指责，而非经济学的批评，大部分经济学家都相信税负从资本转向消费或工资从长远来看，是有利于经济增长的。然而这种税负转移却正是自由派观点的税收专家反对税收竞争的关键理由，鲁文·阿维-约纳坚持认为：

> 从正直的角度来看，如果资本不能被有效地征税，劳动力就会成为税基，而对劳动力征税会比对资本征税更有累退性。因此，税收竞争损害了所得税调节贫富差距的能力。基于这些考虑，限制税收竞争是应该获得支持的。[57]

鲁文·阿维-约纳的这段分析存在一个重大错误，就像本书第六章所指出的那样，在全球化经济体中，对资本征税最终会以低工资的形式转嫁到工人身上。因此，对资本征税并不是必然要比对劳动力征税更具有“累退性”，对资本征税对经济的损害更大。

最后要指出一点：认为税收竞争有害的观点是自相矛盾的。阿维-约纳认为税收竞争“对全球的效率与公平有负面影响”。[58]阿维-约纳对于“公平”的看法说明他偏好对富人征高税，并希望增加政府在二次分配上的支出。但是有很多理由都说明这些政策会损害经济，如果“全球的效率”是决策者追求的目标，他们应该支持税收竞争，因为这能限制政府的预算，降低边际税率，将税收转向更有效率的税基。

## 参考文献

[1] See James Gwartney and Robert Lawson, Economic Freedom of the World (Vancouver: Fraser Institute, 2007).

[2] Charles Tiebout, “A Pure Theory of Local Expenditures”, Journal of Political Economy 64, no. 5 (Octo-

ber 1956): 416 - 424.

[3] For a survey of the literature, see John Douglas Wilson, "Theories of Tax Competition", National Tax Journal 52 (June 1999): 269 - 304.

[4] Thomas Field, "Tax Competition in Europe and America", Tax Notes, March 31, 2003, p. 2045.

[5] Organization for Economic Cooperation and Development, Harmful Tax Competition: An Emerging Global Issue (Paris: OECD, April 1998).

[6] For an early rebuttal, see Arthur Wright, "Review: OECD Harmful Tax Competition Falls Short", Tax Notes International, August 17, 1998, p. 461. For general background, see Elaine Abery, "The OECD and Harmful Tax Practices", Tax Notes International, May 21, 2007.

[7] Organization for Economic Cooperation and Development, Harmful Tax Competition: An Emerging Global Issue (Paris: OECD, April 1998), p. 14.

[8] Organization for Economic Cooperation and Development, Harmful Tax Competition: An Emerging Global Issue (Paris: OECD, April 1998), p. 16.

[9] Organization for Economic Cooperation and Development, Towards Global Tax Cooperation: Progress in Identifying and Eliminating Harmful Tax Practices (Paris: OECD, 2000), p. 5.

[10] Organization for Economic Cooperation and Development, Harmful Tax Competition: An Emerging Global Issue (Paris: OECD, April 1998), p. 13.

[11] Organization for Economic Cooperation and Development, The OECD' s Project on Harmful Tax Practices: The 2001 Progress Report (Paris: OECD, November 2001), p. 4.

[12] Organization for Economic Cooperation and Development, The OECD' s Project on Harmful Tax Practices: The 2001 Progress Report (Paris: OECD, November 2001), p. 4. See also Seiichi Kondo, Organization for Economic Cooperation and Development, "Uncooperative Tax Havens: Little Cheats Will Have to Repent", op - ed, International Herald Tribune, May 10, 2002.

[13] The OECD also cites "lack of transparency" and "no substantial activities" as factors to identify tax havens.

[14] Julie Roin, "Competition and Evasion: Another Perspective on International Tax Competition", Georgetown Law Journal 89 (March 2001): 548.

[15] Julie Roin, "Competition and Evasion: Another Perspective on International Tax Competition", Georgetown Law Journal 89 (March 2001): 548.

[16] United Nations, Recommendations of the High - Level Panel on Financing for Development (New York: United Nations, June 26, 2001), p. 65.

[17] Drusilla Brown, Alan Deardorff, and Robert Stern, "Multilateral, Regional, and Bilateral Negotiating Options for the United States and Japan", Tufts University Working Paper, April 23, 2001.

[18] Ian Goldin, "Globalizing with Their Feet: The Opportunities and Costs of International Migration", Global Issues Seminar Series, World Bank, 2006. Note that tax factors are probably not the main factors causing brain drain from poor countries anyway.

[19] These were the Neumark and Van Den Tempel committee reports, respectively.

[20] European Parliament, "Personal and Company Taxation", Fact Sheet no. 3. 4. 8, October 19, 2000.

[21] European Parliament, "Personal and Company Taxation", Fact Sheet no. 3. 4. 8, October 19, 2000.

[22] European Parliament, "The Reform of Taxation in EU Member States", Working Paper Econ 127, May 2001, p. 7.

[23] Cited in The Economist, "Not So Harmonious", March 31, 2001.

[24] Julie Roin, "Competition and Evasion: Another Perspective on International Tax Competition", Georgetown Law Journal 89 (March 2001): p. 559.

[25] The standard deviation of statutory corporate rates across countries in the OECD fell quite a bit between 1985 and 2006.

[26] Moises Naim, "The Trade Paradox" op – ed, Washington Post, September 7, 2007.

[27] Organization for Economic Cooperation and Development, Harmful Tax Competition: An Emerging Global Issue (Paris: OECD, April 1998), p. 9.

[28] Organization for Economic Cooperation and Development, Harmful Tax Competition: An Emerging Global Issue (Paris: OECD, April 1998), p. 17.

[29] It is true that activists are trying to impose labor and environmental "standards" at the international level through trade agreements.

[30] Haig Simonian, "Swiss Tax System Boosts Less Affluent Cantons", Financial Times, January 19, 2008.

[31] Haig Simonian, "Swiss Tax System Boosts Less Affluent Cantons", Financial Times, January 19, 2008.

[32] Organization for Economic Cooperation and Development, Harmful Tax Competition: An Emerging Global Issue (Paris: OECD, April 1998), p. 77.

[33] Organization for Economic Cooperation and Development, Harmful Tax Competition: An Emerging Global Issue (Paris: OECD, April 1998), p. 77.

[34] For further discussion, see Richard Teather, The Benefits of Tax Competition (London: Institute of Economic Affairs, 2005), p. 32, 86, 87.

[35] Organization for Economic Cooperation and Development, Harmful Tax Competition: An Emerging Global Issue (Paris: OECD, April 1998), p. 16.

[36] Seiichi Kondo, Organization for Economic Cooperation and Development, "Uncooperative Tax Havens: Little Cheats Will Have to Repent", op – ed, International Herald Tribune, May 10, 2002.

[37] Wallace Oates, "Fiscal Competition or Harmonization? Some Reflections", National Tax Journal 54

(September 2001): 507.

[38] Reuven Avi – Yonah, "Globalization, Tax Competition, and the Fiscal Crisis of the Welfare State", 113 Harvard Law Review (May 2000): 35.

[39] Organization for Economic Cooperation and Development, Revenue Statistics, 1965 – 2006 (Paris: OECD, 2007), p. 74.

[40] European Parliament, "The Reform of Taxation in EU Member States", Working Paper Econ 127, May 2001, p. 10.

[41] Julie Roin, "Competition and Evasion: Another Perspective on International Tax Competition", Georgetown Law Journal 89 (March 2001): p. 553.

[42] Julie Roin, "Competition and Evasion: Another Perspective on International Tax Competition", Georgetown Law Journal 89 (March 2001): p. 553.

[43] Randall Holcombe, "Tax Policy from a Public Choice Perspective", National Tax Journal 51, no. 2 (June 1998): p. 366.

[44] Gary Becker, "What' s Wrong with a Centralized Europe? Plenty", op – ed, Business Week, June 29, 1998.

[45] Quoted in Alex Easson, "Harmful Tax Competition: An Evaluation of the OECD Initiative", Tax Notes International, June 7, 2004. p. 1055.

[46] Isabelle Joumard and Per Mathis Kongsrud, "Fiscal Relations Across Government Levels", Organization for Economic Cooperation and Development, Economics Department Working Papers no. 375, December 10, 2003.

[47] Organization for Economic Cooperation and Development, The OECD's Project on Harmful Tax Practices: The 2001 Progress Report (Paris: OECD, November 2001), p. 4.

[48] Organization for Economic Cooperation and Development, Harmful Tax Competition: An Emerging Global Issue (Paris: OECD, April 1998), p. 76.

[49] Ulrika Lomas, "Swiss Report Critical of EU Tax and State Aid Policies", Tax – News. com, November 8, 2007.

[50] Budget of the United States Government, Fiscal Year 2008, Historical Tables (Washington: Government Printing Office, February 2007), p. 54.

[51] Organization for Economic Cooperation and Development, Harmful Tax Competition: An Emerging Global Issue, (Paris: OECD, April 1998), p. 14.

[52] Reuven Avi – Yonah, "Globalization, Tax Competition, and the Fiscal Crisis of the Welfare State", 113 Harvard Law Review (May 2000): 45 – 46.

[53] For a summary of the literature, see Chris Edwards, "Economic Benefits of Personal Income Tax Rate Re-

ductions", Joint Economic Committee, April 2001. See also Chris Edwards, "Options for Tax Reform", Cato Institute Policy Analysis no. 536, February 24, 2005.

[54] See Chris Edwards, "Simplifying Federal Taxes: The Advantages of Consumption – Based Taxation", Cato Institute Policy Analysis no. 416, October 17, 2001. See also Chris Edwards, "Options for Tax Reform", Cato Institute Policy Analysis no. 536, February 24, 2005.

[55] Organization for Economic Cooperation and Development, Harmful Tax Competition: An Emerging Global Issue (Paris: OECD, April 1998), p. 16.

[56] Organization for Economic Cooperation and Development, Harmful Tax Competition: An Emerging Global Issue (Paris: OECD, April 1998), p. 56.

[57] Reuven Avi – Yonah, "Globalization, Tax Competition, and the Fiscal Crisis of the Welfare State", 113 Harvard Law Review (May 2000): 4.

[58] Reuven Avi – Yonah, "Globalization, Tax Competition, and the Fiscal Crisis of the Welfare State", 113 Harvard Law Review (May 2000): 93.

# 第八章 为了自由与竞争的战争

- 直接与间接的税收协调
- 避税天堂的背景
- 布什政府的作为
- 联合国
- 经合组织反对避税天堂的战争
- 经合组织的双重标准
- 欧盟
- 结论

税收竞争给各国的税收政策带来了戏剧性的变革。就像我们所描述的那样，减税浪潮在全球涌起，单一税被越来越多的国家采纳。如果没有税收竞争，很多国家个人所得税的税率仍然会高达70%甚至更高，企业所得税的税率也会在50%以上。

如果没有税收竞争挑战政府财政的垄断地位，各国的政府会比今天大很多。工业国家的政府预算从1950年到1980年代中期都在急剧膨胀，而此后税收收入与政府开支占GDP的比例大体得到了控制。如果税收竞争继续迅速加剧，它将成为21世纪控制政府规模最主要的手段，至少它可以阻止政府进一步膨胀。随着老龄化时代的到来，政府福利开支的压力将越来越大，这威胁着政府进一步膨胀。

正如欧佩克的工作是维持虚高的油价一样，各国反对税收竞争的政客联盟试图以高税收的形式维持政府服务的高价格。

大政府的支持者很清楚这一点，高税负国家的统治者正在回击税收竞争。许多国家的政客受特殊利益集团的游说想拖住税收竞争，他们正在采取行动试图阻止个人和企业获得更大的经济自由，特别是他们一直寻求在各国之间进行或间接或直接的税收协调，这样就可以削弱税收竞争的势头，从而使得增加政府债务更为容易。

幸运的是，任何国家的政客都无法阻止全球税收竞争。事实上，一些国家阻止劳动力和资本流动的尝试最终都事与愿违，因为这些国家对企业家和投资者的吸引力变得越来越小。例如，如果有国家对跨国公司实施更为严厉的税法，那就很少会有跨国公司在这个国家落户。

因此，扼杀税收竞争唯一可行的办法就是创造一个全球性卡特尔垄断组织，就像臭名昭著的石油卡特尔组织欧佩克（OPEC，Organization of Petroleum Exporting Countries）一样。正如欧佩克的工作是维持虚高的油价一样，各国反对税收竞争的政客联盟试图以高税收的形式维持政府服务的高价格。通过欧盟委员会、联合国和经合组织等国际组织，试图缓解减税压力的各种努力都在进行，甚至有人提议建立一个全球性的常设税收组织来限制税收竞争。

在这一章里，我们将讨论国际组织试图限制税收竞争并进行跨国税收协调的种种努力，另外，我们也会考察美国的角色。作为全球经济的重量级国家，作为自由市场的忠实捍卫者，美国在税收竞争的论争中有非常特殊的作用。近年来，一些美国的领导者已经在捍卫竞争，但我们担心接下来的政治压力会使官员们与国际组织一道走上反对税收竞争的道路。

## 直接与间接的税收协调

当人们去另外一个管辖地工作或投资时，他们往往会因税收竞争而享受到更好的税收政策，无论是劳工还是企业都会从中受益。在这种情况下，政府也知道它们必须使税制保持竞争力，否则企业、劳动者和资本都会外流。通过这种方式，全球化创造了一种检测与平衡的机制，以促进优良税制。甚至经合组织也承认，“经济活动地点的选择能力补偿了政府预算过程中的不足，抑制了税收与支出浪费的趋势。”[1]

对于那些想限制税收竞争的决策者来说，他们有两个办法可以尝试：第一，针对人才与资本流动关闭边境，这是1970年代以前的通常做法，但在全球化的今天，这条路很难走得通；第二个办法就是寻求税收协调，让那些出国做买卖的纳税人没法享受到税收优惠，这个办法允许政客们成为财政垄断者。税收协调主要有两种形式：

**直接税收协调**　各国经协商同意设定最低税率或一致采纳相同税率，这就是直接税收协调。举个例子，欧盟成员国必须征收税率至少为15%的增值税。[2]欧盟对燃油、酒精和烟草方面的税率也进行协调，另外还有许多协调所得税的提议。通过直接税收协调，纳税人无法在国外享受到税收优惠，因为每个国家的政府都采用相同的税率征税。这样的后果就是把政客们从竞争中隔离出来，使他们可以制定高税率的税收政策。

**间接税收协调** 一个国家对其居民和企业在国外取得的收入也征税，这就是间接税收协调。在这种情况下，不管纳税人在哪个国家储蓄，也不管他在哪个国家投资，他总得按其国籍所在国的税率交税，无法享受其他国家的低税率。即使纳税人在国外参与经济活动，他也必须得遵照国内的税法，其后果也是把政客们从竞争中隔离出来，导致政府税收与支出的浪费。

这一章的焦点是直接税收协调，为了使全世界都维持高税负，高税负国家的政府都在尽力掌握本国居民在国外活动的情况，胁迫那些低税负国家提供其国外投资者的私人财务信息。各种各样的措施都旨在让各国分享更多纳税人的信息以维持某些国家的高税率。

的确，这主要是一些高税负的大国对一些低税负小国制造的单方面的压力，这些大国通过严厉的手段把低税负的小国变成自己的关税征收员。它们要求这些小国为它们收集国外投资者的信息，但这种信息分享计划对低税负国家来说却没有任何利益。

为了理解税收协调如何阻碍竞争，我们以两个加油站的竞争作为类比。如果卖高价的加油站能用某些手段阻止司机换到另一家加油站，就像资本管制那样，这无疑是妨碍竞争并会使加油站剥削司机。另一种方法是，两家加油站尽力协调油价，比如搞个价格联盟。这是直接协调的办法，所有加油站将形成一个卡特尔垄断组织，并达成一个高油价的协议。

还有一种可能，就是强制实施间接税收协调。还是以这两个加油站为例，卖高价的加油站要求卖低价的加油站将顾客信息交出来共享，这样卖高价的加油站就会知道自己的哪些老顾客去购买过低价油，并要求他们将节省的油费交出来。幸运的是，市场经济并不存在这样愚蠢的加油站，但在税收竞争领域中，却存在这样愚蠢的政策。

无论是加油站之间的竞争还是政府之间的竞争，限制这些竞争对经济来说都不是个好消息，竞争的缺失必将导致资源配置的效率降低。越是严厉限制纳税人跨国转移资源，政客之间的竞争就越少，他们也就越可能恣意挥霍。

## 经合组织反对避税天堂的战争

高税负国家的决策者们无力单独应对税收竞争，因此他们都强烈要求扩大一些国际组织的权力，通过制定国际性规则以限制税收竞争。目前反对税收竞争最努力的国际组织就是经合组织（OECD）。总部位于巴黎的经合组织自称是发达工业国家的“智库”，但这个组织越来越背离了最初的宗旨，这些年来一直在推广自己的税收方案。经合组织一共有 30 个成员国，来自欧洲、北美和环太平洋地区，其中 22 个欧洲成员国是经合组织的主体。

经合组织主张限制某些“有害的税收竞争”。经合组织的很多成员国都是高税负国家，如法国和德国，这些国家是大国，有影响力，他们都会通过种种努力去限制税收竞争。相反，经合组织之内和之外的那些支持税收竞争的国家则通常都是小国，没有影响力，他们执行经合组织的政策时常处于劣势。

1996 年，七国集团（G－7）要求经合组织和它的财政事务委员会成立倡导“有害税收竞争”的机构，这个机构的第一个产品就是 1998 年发布的《有害税收竞争：一个正在出现的全球性问题》这个报告。[3] 在本书第七章，我们讨论过这个报告的经济学错误以及逻辑不一致的问题，对于经合组织的成员国卢森堡和瑞士来说，报告里的矛盾是非常清楚的，他们没有在这个报告上签字。

卢森堡说它们并不“赞同报告中所暗示的理念，这一理念认为银行的保密性必然是有害税收竞争的一个来源”。[4] 另外，卢森堡还极力主张交换纳税人信息的国际合作应当遵从“严格限制”的原则，而不是信息的广泛开放，否则必然会威胁到个人隐私。瑞士也对该报告愤愤不平，它们说：“保护个人隐私的机密性是正当的，也是必要的。从这方面来说，这个报告及其建议在一定程度上与瑞士的法律体系相冲突。”[5]

最初，经合组织的这个报告几乎没有什么影响力。许多观察家指责这个报告充满了典型的欧洲官僚们的中央集权思想，这些官僚们都对自己国家糟糕的经济表现非常不满。但如果你想忽视这个报告的分量，那你就大错特错了，因为经合组织的财政事务委员会悄悄地组织了一场针对低税负国家的围剿。

2000 年，经合组织扔出另一颗重磅炸弹，他们发布了一个新报告——《走向全球税收合作：认识与消除有害税收竞争的新进展》[6]。这个报告以 41 个被称为“税收天堂”的国家和地区为靶子，给这些税收天堂的税收制度、财政制度和隐私保护制度定罪（表 8.1）。经合组织明确威胁这些“税收天堂”，如果这些国家和地区不答应改革税制和隐私保护制度，经合组织将采取歧视、拒绝对它们开放市场以及其他形式的财政制裁等措施来对付它们。高税负国家想要这些低税负的国家和地区削弱隐私保护，这样高税负国家就可以对流动的资本征到税。

如果你想忽视这个报告的分量，那你就大错特错了，因为经合组织的财政事务委员会悄悄地组织了一场针对低税负国家的围剿。

**表 8.1　　经合组织列出的税收天堂黑名单**

| | | |
|---|---|---|
| 安道尔 | 直布罗陀 | 荷属安的列斯 |
| 安圭拉岛 | 格林纳达 | 纽埃 |
| 安提瓜岛和巴布达岛 | 根西岛 | 巴拿马 |
| 巴布达岛 | 马恩岛 | 萨摩亚 |
| 巴哈马群岛 | 泽西岛 | 圣马力诺 |
| 巴林岛 | 利比里亚 | 塞舌尔 |
| 巴巴多斯 | 列支敦斯登 | 圣基茨和尼维斯 |
| 伯利兹城 | 马尔代夫 | 圣露西亚岛 |
| 百慕大群岛 | 马耳他 | 圣文森特和格林纳丁斯 |
| 英属维尔京群岛 | 马绍尔群岛 | 汤加 |
| 开曼群岛 | 毛里求斯 | 特克斯和凯科斯群岛 |
| 库克群岛 | 摩纳哥 | 美属维尔京群岛 |
| 塞浦路斯 | 蒙特色拉特岛 | 瓦努阿图 |
| 多米尼加岛 | 瑙鲁 | |

经合组织把这些所谓税收天堂列出了一个黑名单，并要求他们签署一份由巴黎的官僚们起草的承诺书，这份承诺书强制要求签署的国家和地区放弃它们的财政主权。它们被要求承诺阉割自己喜欢的税制和隐私政策，以取悦经合组

织的高税负国家。

这种事除了不公之外，同时也非常伪善。事实上，依据经合组织对税收天堂的定义，经合组织本身也有许多成员国符合“税收天堂”的条件，如奥地利、比利时、卢森堡、瑞士、英国和美国，它们也有非常严格的隐私保护政策。此外，美国和英国也不会收集国外投资者的信息把它们交给外国政府。但经合组织的报告却不会把它们列入黑名单，只会把没有什么政治势力的小国和地区列入黑名单。

这些国家和地区很多是英国以前的殖民地或者英联邦成员。[7]在英联邦成员会议和其他国际论坛上，这些国家和地区都在抗议经合组织的双重标准，对经合组织试图侵犯它们主权的行为表达愤怒。[8]2002 年，英联邦秘书处的一项研究对经合组织进行了严厉的批评，为这些避税天堂辩护，该研究称这些避税天堂曾经都是贫穷的殖民地，现在采用有利于金融业的低税负制度使得经济获得了发展。[9]这项研究的研究人员请求经合组织国家“别再努力为全球经济决策建一个卡特尔式的垄断联盟了”。[10]

不幸的是，一些美国政客也在效仿经合组织的办法，玩起了黑名单的游戏。拜伦·道尔甘（Byron Dorgan，D－DN）提出的一个法案（S. 369）就要对税收天堂进行惩罚，这会把美国的税制弄得更加繁琐。他的这个法案列出了 40 个税收天堂的黑名单，美国的企业在这些国家和地区获得的收入也将像在国内获得的收入一样征税，这一法案将大大增加这些企业的税收负担。然而，参议员道尔甘的法案并没有解释为什么这些国家或地区被列入了黑名单，也没有说明它们如何才能从黑名单上去掉，因此，黑名单上的国家和地区也只好用鄙视目光来看待这种做法了。

不管是个人还是企业，美国的纳税人都是道尔甘和列文法案的受害者。如果这些法案付诸实施，美国的纳税人将很难享受到避税天堂高效的税制了，这是帮助其他国家的企业和投资者打败美国人。与经合组织一样，道尔甘和列文的法案也尽是拣软柿子捏，被列在这个黑名单上的都是小国，绝大多数国家都是发展中国家，其中一些国家采用低税率的税制都是希望用来促进本国经济的发展与繁荣。

## 避税天堂的背景

税收天堂在国际税收竞争中扮演了重要角色，因此，我们想先提供一点关于“税收天堂”的背景。欧洲、亚洲和加勒比海地区有数十个国家和地区被称为税收天堂，但并没有一个明确的标准来区分什么叫税收天堂。卢森堡是税收天堂吗？香港呢？爱尔兰呢？英国呢？黑名单上列举税收天堂一般说来是比较随意的，就像约翰·格里森姆的小说中列出一条参考文献一样。

依据经合组织 1998 年的报告，低税负是判定一个国家或地区属于税收天堂的起码标准。经合组织说，判定税收天堂的关键因素还包括不与其他国家交换投资者的信息。此外，他们还说了“缺乏透明度”和“没有实质性活动”等标准。然而，经合组织的标准如此宽泛，最后是那些他们因政治因素想要惩罚的国家和地区，就被他们列入了税收天堂的黑名单。

他们还为定义税收天堂做了很多其他的工作。离岸金融中心（offshore financial center，OFC）也是被专家们经常提到的一个概念。国际货币基金组织的一项研究指出离岸金融中心的关键特征有：[11]

商业服务的定位是面对非本地居民；
宽松的管制环境；
对投资活动适用零税率或低税率；
与其他产业相比，金融业规模巨大。

这些是离岸金融中心的几个基本特征，但如果离岸金融中心要获得成功，它还必须为国际贸易和投资者提供一系列高质量的服务，如金融安全、隐私、管制优势、技术专家和低廉的商业成本。国际货币基金组织称这些离岸金融中心经常提供的服务有：

资产持有——帮助企业或投资者暂时持有或剥离高风险资产；

集资入股和金融衍生品交易——享受税收激励的优势；

担保风险投资——以此来规避各国的管制措施；

资产保护——帮助投资者降低、规避遗产税，或使财产免于被没收；

用于持有离岸债务的专门机构；

用于持有离岸出口收据的贸易公司。

近年来，许多对冲基金都落户在离岸金融中心，给离岸金融中心带来巨大的繁荣。如同开曼群岛一样，不管是不是美国籍的投资者，离岸金融中心的对冲基金都为他们提供了低成本高回报的免税投资机会。来自美国的投资者有搞退休金项目的，有大学，还有基金会。这些来自美国的免税投资者落户离岸金融中心，他们的投资收益就可以避免被征收企业所得税。

**表 8.2　　　　国际货币基金组织所列的离岸金融中心名单**

| | | |
|---|---|---|
| 香港 | 乌拉圭 | 泽西岛 * |
| 爱尔兰 | 巴巴多斯 * | 马尔他 * |
| 拉脱维亚 | 百慕大 * | 毛里求斯 * |
| 卢森堡 | 开曼群岛 * | 荷属安的列斯 * |
| 新加坡 | 根西岛 * | 巴拿马 * |
| 瑞士 | 马恩岛 * | 瓦努阿图 * |
| 英国 | | |

* 同时也是在经合组织所列的税收天堂黑名单上。

离岸金融中心的另一个优势就是他们不需要遵守美国证券交易委员会（Securities and Exchange Commission）繁杂的管制政策。此外，与投资美国的基金相比，投资离岸金融中心对冲基金的外国人不需要缴纳美国的所得税或房产税。一般来说，非美国籍的投资者也不会在美国投资对冲基金，因为美国的税负很重，而且管制措施很繁琐，因此，美国式的繁文缛节使美国的经济失去了许多金融服务公司，它们都跑去了低税率的金融中心。

税收天堂还在“专属保险”（captive insurance）产业中起了关键作用，一些大的金融机构在提供银行同业存款（interbank deposit）等服务时都利用了这些好处。离岸金融中心最富有争议的是私人银行业务，一些私人银行的顾客却利用离岸结构隐瞒他们的资产，以躲避惩罚性的税收，这让那些对税收感到饥饿的政府很沮丧。

国际货币基金组织决心通过一种统计分析的方法来确定某些国家是否应该被定为离岸金融中心。结果，符合他们离岸金融中心标准的，除了像巴拿马和开曼群岛这样的地方，也有爱尔兰和英国。有趣的是，经合组织黑名单中所列的41个国家和地区中只有11个在国际货币基金组织的名单上（如表8.2所示）。

国际货币基金组织的另一项研究——离岸评估项目——却给出了另一个不同的名单，这个名单包括有46个国家和地区，[12]还有的名单列出的离岸金融中心高达70个。[13]这常常是因为包括美国在内的许多不同的国家和地区都会给投资者提供各种各样的有利和不利条件，相对某类经济活动在一个特定区域而言，另外不同的地区就可以是这类经济活动的“税收天堂”。全世界存在许许多多不同的税收天堂，有针对保险业的，有针对银行业的，有针对制造业的，有针对研发的，有针对公司总部的，有针对航运业的……

在税收竞争的反对者眼里，税收天堂好像就是一个流氓，差不多就是一个缺乏治理的政权，但是证据却表明恰恰相反。

税收天堂很容易让我们想到的一个事情，就是他们非常富有前瞻性地采取了一系列有效的税收与管制政策来参与全球经济竞争。而其他国家一直都有一个庞大而积重难返的税制和管制机制，比如美国的税收政策总是摇摆不定，反映的是特殊利益团体的游说力量和阶级福利的政治斗争，显得很随意。美国并没有集中精力去试着改进跨国税收和提高管制政策的竞争力，而开曼群岛、香港和爱尔兰等税收天堂却一直在做这些事情。

这里涉及到税收天堂管辖权的问题，这是一个非常普遍的问题。在税收竞争的反对者眼里，税收天堂好像就是一个流氓，差不多就是一个缺乏治理的政权，但是证据却表明恰恰相反。经济学家达米卡·达摩波罗（Dhammika Dharmapala）和詹姆斯·海因斯（James Hines）用统计方法对全球40个所谓税收天堂的政府质量进行了检测，他们的结论称“治理质量对成为税收天堂的可能性有很大的影响，这种影响在统计学上具有显著性”。[14]

的确，达摩波罗和海因斯曾下结论说“几乎没有税收天堂是低质量的治理”，治理质量很低的国家几乎都不是税收天堂。[15]如果一个国家立志要成为税收天堂，竞争压力将使他们减少腐败，改善法治，增强政府透明度。发达国家应该欢迎发展中国家改进自己的治理结构，而不是惩罚他们的低税率和其他健康的政策。

经合组织一直声称税收天堂“有害”，但近来一些研究也对这种说法表示怀疑。就像本书第7章已经讨论过的，经合组织和其他一些批评者指责低税负国家使投资不公平地从高税负国家流出。但近来的经验研究的结论却是相反的：税收天堂为高税负国家的经济提供了直接帮助。虽然税收天堂从高税负国家吸引到了帐面利润，但它们似乎刺激了高税负国家更活跃的真实投资活动。经济学家海因斯在探讨税收天堂的经济效应时说：

> 税收天堂被部分高税负国家视为警钟，很多人很关心税收天堂的地点，因为这些税收天堂可能圈走高税负国家的经济活动，这些流失的税本来可以增加高税负国家的财政收入……但是，证据却告诉我们一个不同的结论：税收天堂的活动与附近高税负国家的投资是互补的。[16]

因此，通过帮忙高税负国家的企业降低帐面利润的税收，税收天堂可能减少了这些国家的投资者的痛感。[17]通过这种方式，税收天堂可能实际上削弱了国际间的税收竞争。从我们的观点来看，这并不是一个好结果，但这却反映出某些反税收天堂的批评家弄错了靶子，经合组织反对税收天堂的所作所为也与他们的目的背道而驰。

## 经合组织的双重标准

经合组织反对税收竞争的所作所为就是想强迫低税负地区扮演代理征税者

的角色，来帮助高税负国家维护他们的税制。“大政府”的粉丝们都拥护经合组织的行动，而主张“小政府”的人则非常反感。但不管是拥护者还是反对者，只要是有过思考的人都认为经合组织在这个问题上存在严重的双重标准。离岸问题资深专家马歇尔·兰格尔（Marshall Langer）在《国际税务快讯》上撰文说：

当人们听到我说全世界最重要的税收天堂是一个岛屿时，没有一个人会吃惊。但是，当我说这个岛屿就是曼哈顿时，他们都会吃惊。而且，全球第二大税收天堂也是在一个岛上，这就是英国的一座名叫“伦敦”的城市。[18]

兰格尔引述了英国和美国吸引国外投资者的政策，因而认定它们是税收天堂。我们刚才也说了，国际货币基金组织将英国也定为一个离岸金融中心，而且美国政府问责办公室（Government Accountability Office）发布的一个关于美国各州税收政策的报告认为美国的一些州也符合各类税收天堂的分类标准。例如，特拉华州的公司全球闻名，因为这个州对非美国居民有优惠的税收和不错的隐私政策。[19]

甚至经合组织在根本上也承认英国和美国是税收天堂。2006 年的一份报告指出这两个国家都允许无记名股票和无记名债券的存在，这些措施都是促使税收竞争的，因为这为投资者提供了很好的隐私保护。[20]此外，经合组织还承认没有哪一个国家有义务收集企业所有者的信息来帮助维护其他国家的税法。

美国还有另外一个经合组织没有提到的政策，就是美国不会收集国外投资者在利息和资本利得方面的信息。这个政策之所以重要，是因为经合组织关于税收天堂的定义非常在意收集和分享外国人投资活动的相关信息。按照经合组织的标准，美国和英国都是非常明确的税收天堂，但这两个国家都没有在经合组织的黑名单上。

英国和美国并不是仅有的“本土”的税收天堂，卢森堡和瑞士也是非居民投资者首选的金融中心，但因为它们都是经合组织的成员国而因此没有上黑名单。奥地利、比利时和荷兰也是某种程度上的税收天堂，但他们也同样因经合组织成员国的身份而过关。[21]据估算，经合组织成员国的本土社区已经夺得了全球80%的离岸市场，[22]对这一事实你不必感到意外，因为有这么多经合组织的成员国都是税收天堂。

经合组织不对成员国中的税收天堂采取行动，却为什么要压迫一些税收天堂的小国呢？黑名单中的国家的决策者怀疑经合组织是试图在金融服务领域排挤竞争者，压迫没有政治力量的小国。他们说，除非经合组织的成员国也执行相同的规则，否则他们不会被迫修改本国的法律。

黑名单上的国家指责经合组织成员国搞的所谓“公平竞争”其实是政治游戏。如果经合组织里的大国可以继续实行它们优惠的税收政策，那小国为什么却要废止有利于经济增长的税制呢？如果经合组织的要求是个好东西，巴黎总部的官僚们为什么不要求经合组织的成员国首先采纳呢？经合组织的姿态明显是虚伪的，他们这么做的主要目的就是要阻止税收竞争，他们迄今为止一直都在从中作梗。

来自高税负国家的一些政客和众多左派团体都在批评税收竞争，他们希望能废除所有税收天堂的政策，但他们知道这个不仅小国反对，也会得罪大国，打击面太大注定是不会成功的，于是经合组织就拣柿子先挑软的捏，先把最弱小的国家列上黑名单作为打击目标。这就可以解释为什么经合组织的黑名单上没有香港和新加坡：香港和新加坡现在都是强大的经济体，经合组织的官僚们也许觉得只有等这两个地方的实力变弱了之后才可能使之屈服。

黑名单上的国家指责经合组织成员国搞的所谓“公平竞争”其实是政治游戏。如果经合组织里的大国可以继续实行它们优惠的税收政策，那小国为什么却要废止有利于经济增长的税制呢？

税收竞争还涉及到一个根本性的问题，这就是财政主权。任何一个国家都有权利实施他们认为能使经济增长最大化、生活水平最优化的财税政策，而经合组织在他们的税收竞争报告中却显然没有顾及这一点，他们宣称“各国在自主制定税制的同时也要遵守国际社会认可的相关标准”。[23]这是什么话?! 谁赋予了经合组织权力让他们去推行这些所谓的国际税收标准？很不幸，这种力图用全球税收规范来控制税收竞争的想法广泛存在，而且持续不断，这对财政主权来说是一个很大的威胁。

## 布什政府的作为

美国是经合组织最大的成员国，也是最大的赞助者，他贡献了经合组织四分之一的经费，美国因而有能力在经合组织的税收竞争的议题上扮演关键角色。在1990年代反税收竞争刚兴起时，当时的克林顿政府非常支持，克林顿政府的财政部长劳伦斯·萨莫斯（Lawrence Summers）抱怨税收竞争为“国际资本流动的黑暗面”。[24]美国在经合组织的地位就像沙特阿拉伯在石油输出国组织的地位，一个全球性税收卡特尔垄断组织如果没有美国的支持是很难成功的，而自从获得美国财政部的支持后，这项工作便开始大不同于以往了。经合组织黑名单上的国家从前可以对法国和德国嗤之以鼻，但现在他们很难扛住来自美国政府的压力。

不过这些低税负国家很幸运，黑名单产生之后克林顿政府正处于低谷状态，无暇顾及这摊子事。2000年克林顿副手戈尔竞选美国总统失败，黑名单上的国家因此躲过了一劫，否则白宫肯定会继续支持经合组织对税收竞争的围剿行动，尽管当时仍不清楚布什政府是否会采取与克林顿政府相反的政策，结果小布什政府虽然没有全力反对经合组织阻击税收竞争，但他基本上站在税收竞争这一边，对低税负国家和地区抱支持的态度。[25]

这场斗争的一个关键事件是自由与繁荣中心（Center for Freedom and Prosperity）在华盛顿成立，这是一个为税收竞争辩护的机构，[26]它在成立之后随即发起了针对经合组织单边激进主义的攻势。2001年，指责经合组织的邮件铺天盖地般地飞向布什政府，这些邮件来自国会议员和各种公共政策研究机构。美国众议院的多数党领袖迪克·阿米（Dick Armey）在这次避免美国卷入经合组织反对税收竞争的行动中做出了贡献，阿米认为美国不应该支持一个“全球性的税制网络”，因为富强的大国迫使小国放弃他们成功的经济政策，这样做很不公平。[27]

这些意见和政治压力最终使得财政部长保罗·奥尼尔（Paul O' Neill）在

其国会证词中对经合组织的这种行为持保留意见："我觉得围堵税收竞争并不符合美国的利益，如同商业一样，税收竞争能迫使政府产生效率。"[28]

但奥尼尔的这种权衡并不意味着税收竞争获得了了不起的胜利，财政部的官员们应该很想强化美国繁杂的税制，这会使其中部分官员在这个议题上对经合组织妥协，以期获得更多美国人在国外投资的信息。的确，奥尼尔部长迫使几个低税负的地区和国家与美国达成了纳税人信息分享协议，尽管这些信息分享只限于特定投资，并不是一种宽泛性的搜罗证据。[29]

美国财政部的立场有几分虚伪。对于经合组织的这类行动，奥尼尔部长在国会作证时表示美国不应该"干涉他国的税收内政"，[30]但与此同时，财政部的官员确确实实地在迫使其他国家改变其对纳税人信息与财务隐私的保护政策，以便强化美国的繁杂税制。

在迫使他国共享纳税人信息的交易中，美国的决策者们必须非常谨慎，因为美国本身也是一个巨大的税收天堂。国外投资者在美国的投资所得可以免除利息税和资本利得税，而美国政府并不向金融机构收集相关信息，这使得美国政府在这方面没有什么信息可以与外国政府分享。[31]如果财政部迫使其他国家向美国国内税务服务署（Internal Revenue Service）提交美国纳税人的信息，其他国家也会向美国政府施加同样的压力，并迫使美国的金融机构扮演别国税务部门代理人的角色。

这并非杞人忧天，克林顿政府就曾应国外政府之要求而试图要求银行向美国国内税务服务署提交外国投资者获得的利息等数据，以便与外国政府分享。这当然立即遭到了国内金融服务业的强烈抗议，因为有超过 2.6 万亿美元国外投资者的资金存在美国的银行里。[32]正如一家美国银行所指出的那样，如果这一措施得以实施，美国国内税务服务署将泄露这些存款者的财务隐私，这会导致"外国人在美国银行的存款被大量取走"，[33]这些存款将会被那些能保护隐私的国家和地区吸引走。

布什政府最终没有决定实施这一管制措施，这回应了商业团体的呼声和金融理财行业的建议。没有实施这一措施也很可能是因为它将会面临法律挑战，因为管制措施必须符合目前的法律，不能违法。

现在，让我们再来看经合组织反税收竞争的战役。经合组织将低税负国家和地区列入黑名单，如果这些黑名单国家不放弃部分财政主权并签署承诺书保证协助其他国家维护高税收，经合组织便以金融保护主义的手段来威胁他们。

一开始，经合组织似乎将要赢得这场战役，有6个税收天堂在黑名单尚未公布之前就做出了妥协并签署了承诺书。[34]但是美国的反对声音在自由与繁荣中心的组织与领导下，使经合组织没有再取得新的胜利。布什政府上台之后，对经合组织的这些行动也没有兴趣，低税负国家和地区开始处于强势的地位。自由与繁荣中心认为经合组织的这些行为并不公平，因为经合组织成员国也存在一些有害的税法税规，但却从没有受到过警告。[35]

黑名单上的国家也想出一些招术来对付经合组织。他们表示同意签署承诺书，但承诺书必须加上一条，即只有经合组织全体成员国都同意做出相同的承诺，他们才会遵守承诺书的要求。[36]于是，因为一些经合组织成员国自己就是最大的税收天堂，这一“公平竞争”的条款就成了一个强有力的制约机制。

近些年来，经合组织不能再强迫低税负国家协助其建立起全球性的税收卡特尔垄断组织。像自由与繁荣中心等组织也已经向一些国会议员就这个问题陈述利害，而很多国会议员本能地站在了这些被经合组织压迫的小国一边。此外，黑名单上的国家和地区也开始懂得有策略地反击经合组织。他们用“公平竞争”的条款来揭露经合组织的伪善，成功地将他们的行动拖入了僵局。

当然，像卢森堡、瑞士、美国和英国等经合组织成员国放弃他们的税收天堂政策也是有可能的。这将会使其他低税负国家受到经合组织更猛烈的攻击。英国也有岛屿被列在经合组织的黑名单上，首相布朗①曾长期担任财政大臣，他一直想改变这一局面。在美国，民主党将在2008年赢得大选而入主白宫②，民主党目前的领袖对全球化与税收竞争总体上是持敌意态度的。

不过，像卢森堡和瑞士这样的经合组织成员国将仍然一如既往地捍卫他们的低税负政策，而像香港和新加坡这样的一些税收天堂也不太可能在这个问题上妥协而改变自己成功的低税负政策。然而，经合组织机构臃肿，雇员庞大，

---

① 2008年英国首相为布朗。

② 此书出版时美国2008年大选尚未结束。译者注。

这个官僚机构每年自身的预算就超过 4 亿美元，这帮官僚却能不断发动无情的活动来阻击税收竞争。

这就是为什么“公平竞争”的要求作为捍卫税收竞争的策略是非常必要的，但这还不够。倡导税收竞争还需要不断说服决策者和公众，让他们也懂得低税负国家和税收天堂是个好东西。不管是离岸的，还是大陆的，这些低税负的国家和地区拓展了全球贸易，繁荣了经济，也保护了人权。

不管是离岸的，还是大陆的，这些低税负的国家和地区拓展了全球贸易，繁荣了经济，也保护了人权。

另外，人们还需要对经合组织在这个问题上所起的作用进行批判性反思。对于一个政府间组织来说，发布其成员国的相关统计数据和政策报告是正常的事，但经合组织却越过了这根线，它总是为某项具体的政策强势地游说各国政府，并强迫成员国甚至非成员国都遵守它的法令，它竭力为全球税制制定标准，并试图把自己变成税制领域的世界警察。

经合组织的这些行动，本质上是自私地想将其标准强加给各国，而这个标准衷情于高税率的所得税，而且排斥低税率的基于消费税基的税制改革。经合组织的行动也需要从主权角度来审视，那些被经合组织施过压或威胁过的国家认为经合组织的这种行动违反了国际法，侵犯了他们的主权独立。[37]

经合组织还卷入了另外一些可疑行动。比如经合组织曾削弱“开放注册”（open - registry）的航运船队的竞争力。很大份额的全球贸易都是由这些“开放注册”的国家的船队承运的，比如巴拿马。这些国家允许其他国家的商船来登记注册，并为它们提供各种税收优惠与政策上的便利。“开放注册”的国家相互竞争着吸引航运船队来加入，这些国家也倾向于出台一些市场化取向的政策。而经合组织的海事委员会则组织了一场反对“开放注册”的阻击行动，就像阻击税收竞争的动机一样，这可以使那些在这方面没什么竞争力的国家借用经合组织的名义顺理成章地削弱来自低成本国家的竞争压力。

幸运的是布什政府最终收回了对经合组织在这一问题上的支持，部分原因可能是因为美国贸易有很大一部分是通过这些开放注册的船队运输完成的，努力打击这一制度将会增加贸易成本，经合组织的海事委员会最终也放弃了努力。现在，我们需要让经合组织也同样搁置那些有损税收竞争的行动和计划。

## 欧盟

欧盟的管理机构——欧盟委员会和欧洲议会——都是税收协调论的强力支持者，他们都反对税收竞争。欧盟的政策对于非欧盟国家来说具有非常重要的参考价值，因为这些政策背后的思维方式经常影响到经合组织、联合国以及其他国际组织。同样，欧洲内部的税收竞争也是很关键的，它为各国税制带来了持续性的压力，使得全球的税率在近几十年来不断下降。如果欧洲内部的税收竞争被阻止了，对维护税收竞争的人来说，这将是一个沉重的打击。

这里有一份欧洲议会的情况说明书，这份情况说明书非常典型地反映了欧盟的官方观点："为了在各国之间达成一个整体性的税收政策，最近采取的行动旨在阻止税收竞争的负面效应，特别是税基的跨国流动，例如一些公司为寻求最优惠的税收政策而在成员国之间搬迁。"[38]另一份情况说明书则呼吁对商业税进行税收协调"以阻止政府的税收收入被税收竞争淘空"。[39]

虽然欧盟的研究也承认税收竞争有积极的一面，但它的政策却是抑制这些积极因素。[40]例如，欧盟迫使欧洲的低税负国家对非本国公民的资本得利代扣代缴所得税，以阻止他们把钱投到这些低税负国家而享受到税收优惠；欧盟最近的活动又在呼吁在欧洲范围内对公司税的税基进行协调。

欧洲的领导者们经常性地抛出阻止税收竞争的提议。德国前总理施罗德呼吁出台一套完整统一的欧洲税法；[41]欧洲中央银行的领导称欧洲应该进一步对欧洲境内的所有税收进行协调。[42]法国前总理指责税收竞争为"财政倾销"，并宣称"公司税制度作为一个整体必须协调"。[43]

欧盟阻止欧洲的税收竞争的行动小有成效。就如我们所指出的，增值税、能源税以及消费税（excise tax）的税率在一定程度上已经全部被协调过。但欧盟其他的税收协调的计划却失败了，例如欧盟曾试图在很多场合协调各国企业所得税的税率，鲁丁委员会 1992 年的报告提议将 30% 规定为企业所得税的最低税率。[44] 在更早的时候，1975 年的一个法令草案就呼吁各国将企业所得税的税率统一在 45% 到 55% 之间。[45]

这些计划最终没能实现的很大原因就是因为个人所得税与企业所得税是"直接税"，欧盟协调这些税收必须征得每个成员国的同意。这一全体同意的要求非常重要，没有这个限制的话，欧盟协调企业所得税税率的计划很可能就成功了，那近些年来各国企业所得税税率大幅削减的事情也就不会发生了。欧盟国家企业所得税的平均税率已从 1996 年 38% 下降到 2007 年的 24%，[46] 税率的大幅下降改善了欧洲税制的效率，如果税收协调束缚住改革的话，这些好处都不会存在。

由于协调企业所得税税率的行动失败了，欧盟委员会最近又开始准备搞一种"共同而联合的公司税税基"，对交易中可税收入的界定采取"一刀切"的办法。这一提议的支持者称共同的公司税税基将会使跨境投资与税收管理变得更容易。

然而，这一办法将削弱税收竞争并向侵犯各国的财政主权迈开了一大步。这种协调过的公司税税基可能会为增加公司税打开了一个后门，因为与消费税的税基不同，企业所得税的定义复杂而且难以操作，[47] 政客们会有很多增税的办法，而且还不会引起公众的注意，例如随意减少折旧的减除额。

欧盟的另一个招术就是储蓄税指令（Saving Tax Directive）。储蓄税指令要求成员国要么对非本国居民的存款利息代扣所得税，要么采集他们的相关信息并转交给相应国家的政府部门，以使他们的利息收入能够被扣税。储蓄税指令还被推广到 5 个非欧盟国家，幸运的是这一指导方针在实际实施中已大打折扣，执行的内容远不如当初所设想的广泛，大家都看到了它实际上没什么效果。

坏消息是欧盟仍在尽力推广储蓄税指令，并且试图将更广泛的内容纳入进来以补充这个指导方针。欧洲的高税负国家对目前这个指导方针的不满主要有两个原因：第一是现存税制中存在许多漏洞，可以让纳税人规避代扣所得税或者逃避信息采集。一个简单的规避办法就是先注册一家公司，然后以这家公司的名义拥有银行帐户，这样一来即使各国都按储蓄税指令也没有办法，因为这个指导方针只针对自然人，而不针对企业法人。类似这种漏洞非常多，任何一个智商稍高的人都可以想出规避办法，以致储蓄税指令被德国媒体称作“哑巴税”。当然毫不奇怪，这些高税负国家的官僚们也很沮丧，因为他们没有得到期望之中的意外之财，这个指导方针并没给他们带来多少额外的税收收入。

第二个原因就是纳税人可以跨国转移资金而不受这个指导方针的监管。因为目前这个指导方针只应用于欧盟成员国及其海外领地，另外还包括安道尔、列支敦斯登、摩纳哥、圣马力诺以及瑞士这 5 个国家。这份名单也包括了部分世界级的金融中心，如英国、开曼群岛、瑞士等，但巴哈马群岛、香港、巴拿马、新加坡、美国以及其他一些重要的离岸金融中心都没有在这份名单之列。欧盟要求美国也实行这一指导方针，但布什政府拒绝了这一要求。而香港和新加坡则额外受益，因为欧洲的避税天堂都越来越容易被高税负国家施压而不得不做出一些退让。

面对储蓄税指令的这两大弱点，欧盟提出了一个更严厉的惩罚性方案。欧盟希望这个指导方针将更大范围的财产都纳入监管，不仅是个人持有的财产，企业持有的财产也要纳入；同时，欧盟希望包括香港和新加坡在内的一些地区和国家都加入到这个卡特尔垄断组织中来。然而，欧盟的这种努力似乎注定是要失败的，香港和新加坡都说了他们没有兴趣去损害自己的竞争力而维持欧洲国家的高福利。欧盟想要更多国家加入的努力似乎不会成功，而且如果储蓄税指令要推广到更多金融领域，瑞士也基本不可能默默接受这些做法。

说到瑞士，欧盟还有一个针对瑞士公司税制度的特别计划。因为瑞士税法允许地方政府制定税收优惠政策，欧盟就指责瑞士的这一税制违反了瑞士与欧盟的贸易协定。瑞士方面解释说税收事务不适用贸易协定，瑞士另外也指出即使把贸易协定扩展到税收领域，他们的地方税收制度也没有违反协定。瑞士的直接民主制以及去中心化的体制无论如何也不可能使欧盟在这件事情上如愿以偿。

令人乐观的是，随着时间的推移，欧盟内部的各种政治机构对税收竞争的威胁可能越来越小，因为欧盟扩大使得一些成员国越来越多地倾向于自由市场与竞争。这种变化虽然比较慢，但毫无疑问正在改变布鲁塞尔的政治氛围。更重要的是，欧盟的规则要求税收政策须征得成员国全体一致同意，这意味着倾向税收协调的一派需要27个成员国都同意这一卡特尔式的政策，在仅有15个成员国时这都难以做到，而现在像爱沙尼亚、斯洛文尼克这样一些亲市场的国家也成了欧盟成员国，这种协调税收的政策变得更加不可能了。

如果欧洲的高税负国家在欧洲都已经很难维持这样一个税收卡特尔垄断组织，那欧盟也不可能把这一套再强加给其他国家。这一点非常重要，因为储蓄税指令与经合组织的反税收竞争计划有着密切联系。经合组织巴黎总部的官僚总想对其黑名单上的国家和地区强加各种糟糕的政策，除非所有成员国都同意，这些设想也很难取得进展。但是如果欧盟成功扩展了储蓄税指令的内容与范围，那些经合组织所谓的“公平竞争”也可能会成功。幸运的是这基本是不可能的，但这并不意味着威胁不存在了。就像前面所说的，国际官僚机构拥有巨额的预算，他们能慢慢腐蚀税收竞争，特别是如果没有一个为税收竞争辩护的领导层去应对的话，情况会更加麻烦。

## 联合国

联合国因为它的国际地位以及中间偏左的政治形态，对税收竞争来说是一个巨大的潜在威胁。近年来，很多国际性机构和组织主张征收“全球税”、扼杀税收竞争，联合国的一些高级官员也在提议这些主张，联合国的很多部门还在努力推动这些提议。

2001年，联合国的发展筹资处（Financing for Development）有一个提案，它呼吁成立一个国际税收机构，这个新的官僚机构将负责说服各国“停止有害的税收竞争”，并拥有否决主权国家税收政策的权力。[48] 联合国称这个新的国际税收机构“将在制止税收竞争中发挥领导作用”，[49] 毫无疑问，这个新官僚机构对税收激励将存在巨大偏见。

联合国已经在不断地推动“全球税”的开征。1996年，联合国前秘书长加利（Boutros Boutros - Ghali）呼吁对机票和货币交易征收全球税；1999 年，联合国人类发展报告呼吁对互联网征全球税；2001 年，联合国的发展筹资处呼吁从“高收益的税收资源”中拿出一部分成立一个新的“全球资源基金”，[50]这个计划的报告还建议研究对外汇交易征收全球统一的“托宾税（Tobin Tax）”，以筹资提供“全球公共产品”。最近，海洋法公约悬而未决，联合国征税问题又开始升温。

联合国另一个危险的提议是成立国际税收组织对全球移民征收所得税。[51]一份联合国的报告称移民税是需要的，因为“一个国家的精英人士大量地移居外国，这个国家就有遭受经济损失的风险”。[52]从经济上来说，这样的征税计划会伤害到美国这样的移民国家，如果从公民自由的角度来看，这样的想法也同样非常令人不安，这样的观念假定个人都是政府的财产，至少也认为政府对个人收入拥有永久性的权利。尽管联合国的这一提议没有提供细节，根据它的想法，似乎是由国际税收组织负责对移民征税，比如对居住在美国的中国移民征税并将税款返还给中国政府。

> 我们可以看到，那些高税负的大国会聚在联合国的旗帜下保护自己的利益，同时协力谋划侵蚀那些低税负的小国。

现在，联合国还有一个所谓国际税务合作专家委员会（Committee of Experts on International Cooperation in Tax Matters）的机构，[53]这个委员会每年聚一次会，他们经常发布一些支持直接协调各国税收的报告。这个委员会过去叫国际税务合作临时专家组，2003 年，联合国秘书长安南建议将这个临时专家组升级为一个常设委员会，就像联合国儿童基金会一样，现在联合国已经将其正式更名了。

与发展筹资处一样，这个专家委员会并没有实质权力，但国际官僚机构多管齐下限制税收竞争、批评低税负国家与地区，这个委员会也是其中一员。这个委员会还影响联合国税收协议范本，这个税收协议范本与经合组织还有欧盟的协议范本类似，它所主张的所得税制度都对存款与投资抱有偏见。

在短期内，税收竞争的主要威胁还不是来自联合国，国际税收组织的创建在近期似乎也没有可能。征税权以及对国内税收的控制权都是国家主权的重要部分，绝大多数国家的政府都不会心甘情愿地放弃。

但是，从长远来看，联合国仍是一个威胁。尽管近年来遭受了巨大挫折，但联合国仍试图代表全世界的公民，并且对许多国家的官员来说，联合国的光环还是有不错的吸引力。我们可以看到，那些高税负的大国会聚在联合国的旗帜下保护自己的利益，同时协力谋划侵蚀那些低税负的小国。

## 结论

税收竞争的反对者们试图在全球建立起一个税收卡特尔垄断组织以抵制减税，到目前为止他们并没有获得成功。但经合组织与欧盟的论调、联合国一些报告的内容以及形形色色的政客的评论都是不祥之兆。许多官员甚至还想成立一个常设性的全球税收组织并相应地建立一套全球税制度，以便可能向全世界征税。

大多数国家的人最不需要的就是一个凌驾于各国税法之上的全球性的超级税收组织。如果我们设法阻止了这样一个全球性的税收卡特尔垄断组织，那些高税负国家的纳税人将成为最大的受益者。法国、瑞典等这些高税负国家的纳税人应该成为税收竞争的最大支持者，也应该成为反对政客们建立税收垄断组织的最坚定力量。

美国应该反对税收卡特尔的主张，它同时也应该为税收天堂辩护。税收天堂是善治之地，他们推动了很多好的财政政策，也保护了人权，美国不应该参与国际社会欺凌税收天堂的行动。[54]就像迪克·阿米（Dick Armey）指出的那样，对这些国家施加这样的压力会使他们在一些更重要的问题上变得不太乐意为我们提供帮助，比如监控恐怖活动或其他犯罪活动的资金动向。[55]

法国、瑞典等这些高税负国家的纳税人应该成为税收竞争的最大支持者，也应该成为反对政客们建立税收垄断组织的最坚定力量。

如果高税负国家想减少避税和逃税，他们应该把心思花在自己的税收制度上，降低税率，从根本上推动财税改革。诚如经合组织一名雇员的报告所说的那样：“堵住税制漏洞可以减少合法避税，加强税收征管可以控制非法逃税，但从大量案例来看，问题的根源似乎在于税率太高。”[56]

在下一章，我们将分析税收竞争所带来的公民自由。税收竞争反对者的一个关键目标就是想在各国政府之间建立一个大规模的信息交换机制，这将对个人的财务信息构成巨大的潜在威胁。税收竞争不仅是一个经济问题，它同时也应该从隐私与人权的角度来考虑。

## 参考文献

[1] Organization for Economic Cooperation and Development, Economic Outlook 63 (June 1998).

[2] European Parliament, "Value Added Tax (VAT)", Fact Sheet no. 3. 4. 5, October 19, 2000.

[3] Organization for Economic Cooperation and Development, Harmful Tax Competition: An Emerging Global Issue (Paris: OECD, April 1998).

[4] Organization for Economic Cooperation and Development, Harmful Tax Competition: An Emerging Global Issue (Paris: OECD, April 1998), p. 74.

[5] Organization for Economic Cooperation and Development, Harmful Tax Competition: An Emerging Global Issue (Paris: OECD, April 1998), p. 77.

[6] Organization for Economic Cooperation and Development, Towards Global Tax Co – operation: Progress in Identifying and Eliminating Harmful Tax Practices (Paris: OECD, 2000).

[7] For members of the Commonwealth, see www. thecommonwealth. org.

[8] Rajiv Biswas, "Introduction", in International Tax Competition: Globalisation and Fiscal Sovereignty, ed. Rajiv Biswas (London: Commonwealth Secretariat, 2002).

[9] Rajiv Biswas, "Introduction", in International Tax Competition: Globalisation and Fiscal Sovereignty, ed. Rajiv Biswas (London: Commonwealth Secretariat, 2002).

[10] Rajiv Biswas, "Introduction", in International Tax Competition: Globalisation and Fiscal Sovereignty, ed. Rajiv Biswas (London: Commonwealth Secretariat, 2002). p. 9.

[11] Ahmed Zorome, "Concept of Offshore Financial Centers: In Search of an Operational Definition", International Monetary Fund, April 2007.

[12] International Monetary Fund, "Offshore Financial Centers: The Assessment Program – A Progress Report", February 6, 2008.

[13] International Confederation of Free Trade Unions, "Having Their Cake and Eating It Too", July 2006. Available at www. icftu. org/www/pdf/taxbreak/tax_ break_ EN. pdf.

[14] Dhammika Dharmapala and James Hines, "Which Countries Become Tax Havens?" November 2006. Presented at a conference on "Tax Havens and Foreign Direct Investment", American Enterprise Institu-

te, December 11, 2006.

[15] Dhammika Dharmapala and James Hines, "Which Countries Become Tax Havens?" November 2006. Presented at a conference on "Tax Havens and Foreign Direct Investment", American Enterprise Institute, December 11, 2006, p. 1.

[16] James Hines, "Do Tax Havens Flourish?" undated. Presented at a conference on "Tax Havens and Foreign Direct Investment", American Enterprise Institute, December 11, 2006, p. 66.

[17] Mihir Desai, Fritz Foley, and James Hines, "Do Tax Havens Divert Economic Activity?" Economic Letters 90 (2006): 219 – 224..

[18] Marshall Langer, "Harmful Tax Competition: Who are the Real Tax Havens?" Tax Notes International, December 18, 2000.

[19] Government Accountability Office, "Company Formations: Minimal Ownership Information is Collected and Available", GAO 06 – 376, April 2006.

[20] Organization for Economic Cooperation and Development, Tax Co – operation: Towards a Level Playing Field (Paris: OECD, 2007).

[21] For example, Austria and Belgium have bank secrecy laws, and the Netherlands allows bearer shares. For an analysis of tax haven policies in 82 jurisdictions, see Organization for Economic Cooperation and Development, Tax Co – operation: Towards a Level Playing Field (Paris: OECD, May 2006).

[22] Richard J. Hay, "A Level Playing Field for Tax Information Exchange?" Tax Planning International Review, September 2003, p. 2. Available at www. itio. org.

[23] Organization for Economic Cooperation and Development, Harmful Tax Competition: An Emerging Global Issue (Paris: OECD, April 1998), p. 15.

[24] "Considerable Optimism Seen in World Economies, Summers Tells G – 7 Ministers", BNA Daily Report for Executives, July 11, 2000.

[25] For detailed background, see www. freedomandprosperity. org.

[26] www. freedomandprosperity. org.

[27] Dick Armey (R – TX), Letter to U. S. Treasury Secretary Paul O' Neill, March 16, 2002. And see Dick Armey (R – TX), Letter to U. S. Treasury Secretary Lawrence Summers, September 7, 2000.

[28] Paul O' Neill, "OECD Harmful Tax Practices Initiative", Testimony to the Senate Committee on Governmental Affairs, Permanent Subcommittee on Investigations, July 18, 2001.

[29] Paul O' Neill, "OECD Harmful Tax Practices Initiative", Testimony to the Senate Committee on Governmental Affairs, Permanent Subcommittee on Investigations, July 18, 2001.

[30] Paul O' Neill, "OECD Harmful Tax Practices Initiative", Testimony to the Senate Committee on Governmental Affairs, Permanent Subcommittee on Investigations, July 18, 2001.

[31] Proposed U. S. Treasury regulation REG - 126100 - 00. The U. S. currently only shares such information with Canada. For background, see Institute for Research on the Economics of Taxation, "IRET Congressional Advisory", no. 116, June 28, 2001.

[32] U. S. Bureau of Economic Analysis, Survey of Current Business, March 2007, Table G. 1.

[33] Robert Davis, America' s Community Bankers, Letter to Kate Hwa, Office of General Council, Internal Revenue Service, May 31, 2001.

[34] These were the Cayman Islands, Bermuda, San Marino, Malta, Cyprus, and Mauritius.

[35] Marshall Langer, "Harmful Tax Competition: Who Are the Real Tax Havens", Tax Notes, January 29, 2001, p. 667. Also see Yaron Reich, "Taxing Foreign Investors' Portfolio Investments: Developments and Discontinuities", Tax Notes International, February 1998, p. 9.

[36] See, for example, the letter sent to the OECD by the Bahamas, available on the OECD website at www. oecd. org/dataoecd/44/59/2075870. pdf.

[37] Bruce Zagaris, "Issues Low - Tax Regimes Should Raise When Negotiating With the OECD", Tax Notes International, January 29, 2001, p. 524. Also see Dan Mitchell, "An OECD Proposal to Eliminate Tax Competition Would Mean Higher Taxes and Less Privacy", Heritage Foundation, September 18, 2000, p. 20.

[38] European Parliament, "Fiscal Policy and Taxation", Fact Sheet 3. 4. 9, October 20, 2000.

[39] European Parliament, "Personal and Company Taxation", Fact Sheet 3. 4. 8, October 19, 2000.

[40] For example, see Ben Patterson and Alicia Martinez - Serrano, "Tax Coordination in the European Union", European Parliament, Working Paper Econ 125, December 2000.

[41] Robert Lee, "Schroeder Calls for EU Tax Powers", www. tax - news. com, February 25, 2002.

[42] Financial Times, "ECB Head Predicts Harmonization Call", January 24, 2002, p. 8.

[43] Daily Telegraph, "The French Plan Ideas Confirm Worst Fears of Skeptics", May 29, 2001.

[44] European Parliament, "Personal and Company Taxation", Fact Sheet 3. 4. 8, October 19, 2000.

[45] European Parliament, "Personal and Company Taxation", Fact Sheet 3. 4. 8, October 19, 2000.

[46] KPMG, "KPMG' s Corporate and Indirect Tax Rate Survey", 2007.

[47] Chris Edwards, "Replacing the Scandal - Plagued Corporate Income Tax with a Cash - Flow Tax", Cato Institute Policy Analysis no. 484, August 14, 2003.

[48] United Nations, Recommendations of the High - Level Panel on Financing for Development (New York: United Nations, June 22, 2001), p. 28, www. un. org/reports/financing. Also see Diana Gregg, "UN Panel Says Global Tax Organization Should Be Explored at 2002 Conference", Daily Tax Report, Bureau of National Affairs, July 6, 2001.

[49] United Nations, Recommendations of the High - Level Panel on Financing for Development (New York:

United Nations, June 22, 2001), p. 3, www. un. org/reports/financing.

[50] United Nations, Recommendations of the High – Level Panel on Financing for Development (New York: United Nations, June 22, 2001), p. 20, www. un. org/reports/financing.

[51] United Nations, Recommendations of the High – Level Panel on Financing for Development (New York: United Nations, June 22, 2001), p. 66, www. un. org/reports/financing.

[52] United Nations, Recommendations of the High – Level Panel on Financing for Development (New York: United Nations, June 22, 2001), p. 66, www. un. org/reports/financing.

[53] See www. un. org/esa/ffd/tax/index. htm.

[54] For a further discussion, see Dan Mitchell, "An OECD Proposal to Eliminate Tax Competition Would Mean Higher Taxes and Less Privacy", Heritage Foundation, September 18, 2000.

[55] Rep. Dick Armey (R – TX), Letter to U. S. Treasury Secretary Paul O' Neill, March 16, 2002, and Rep. Dick Armey (R – TX), Letter to U. S. Treasury Secretary Lawrence Summers, September 7, 2000.

[56] Organization for Economic Cooperation and Development, "Forces Shaping Tax Policy", Economic Outlook, June 17, 1998.

# 第九章 税收竞争的伦理价值

- 人权和个人安全
- 洗钱问题
- 财政主权
- 经济增长的道德效应
- 财务隐私
- 关于恐怖主义的不实指责
- 对付逃税
- 结论

人们通常将税收竞争作为一个经济问题来讨论，本书也主要关注降低税率和税制改革一类话题。但是，就税收竞争所产生的讨论同样也包含伦理因素。税收竞争非常有利于人权和个人自由的争取，低税负地区或避税天堂为那些寻求保护自己财产的受压迫者提供了避难所。税收竞争的反对者希望消灭避税天堂，我们也在之前的章节中解释了为什么这会是个糟糕的经济政策。本章中，我们将探究这些政策给自由和个人权利带来的沉重代价。

> 税收竞争非常有利于人权和个人自由的争取，低税负地区或避税天堂为那些寻求保护自己财产的受压迫者提供了避难所。

避税天堂的隐私法庇护了那些财产需要受到保护的人们，他们被政府以种族、宗教、政治等各种原因加以迫害。对生活在犯罪横行、腐败滋生、管理失调的国家的人们而言，能保护财务隐私的地区就是个人储蓄的避难所。此外，在数字时代，各国政府都在收集并共享公民的大量个人信息，财务隐私就显得尤为重要了，这应该给予保护。

税收竞争的争论同时还包含了“经济伦理”成分。税收竞争刺激了经济增长，提高了生活质量并创造了更多机遇。研究者们已经发现，经济增长有利于促进民主，并带来优良的治理以及更加宽容、幸福的社会。由此，维护其财政主权、并通过富有竞争力的税收政策来争取繁荣，这对于一个国家而言是非常重要的。

## 人权和个人安全

经济发达国家的纳税人时常抱怨过高的税率和铺张的政府，但至少他们生活在一个私权受到法治保护的社会，但世界大部分地方却并非如此。许多国家未能提供文明社会的基本保障，这些国家腐败猖獗、强制征收非常普遍、犯罪横行，而且充满了对异教徒、异议者、少数族群以及同性恋等等群体的迫害。

在这样的环境下，富人常常成为被迫害的对象。这些国家的金融机构时常被迫向政府提供信息，因而无法保护其客户的隐私。纳税申报过程已成为政府寻找掠夺对象的信息来源。同样，生活在饱受政治不稳定、犯罪滋生、经济失调的国家的人们很大程度上面临失去个人储蓄的风险，这也会让其整个家庭陷入险境。

如果能够利用避税天堂，人们则可以保护自己，至少可以在一定程度上防止政府施加的财务灾难。下面列举的例子虽是假设，但却是基于真实世界所存在的风险。每个例子中，如果他们能将财产置于安全的避税天堂，避税天堂将为他们避免财务灾难提供非常关键的保护作用。

**某委内瑞拉企业家**。委内瑞拉税务机关的腐败制造了这样一种可能：这名企业家的财务状况被税务机关卖给一伙暴徒，除非该企业家支付赎金，否则他女儿就会被绑架，并且耳朵或手指会被剁下来。一份来自美国的报告显示，“拥有巨额私人财产的人们是各种犯罪分子的目标。在一些地方，绑架已成为一个产业。”[1]然而，委内瑞拉企业家如果将钱存入迈阿密的一家银行，可以确保委内瑞拉政府没有办法获得这个账户的信息，由此则可以避免或减少他家庭受到的威胁。

**某刚果（金）商人**。根据自由之家（*Freedom House*）的评估报告，刚果（金）并不是个自由的国家，[2]世界银行称刚果（金）缺乏法治，[3]透明国际（*Transparency International*）在腐败这一项上给了刚果（金）低分。[4]在这种不幸的环境中，如果一个商人设法积累财产，她的私人财产将成为政府经常性掠夺的目标，由于腐败已经渗透到了司法系统，也没有法治可以保护她。如果她想积累储蓄扩大她的生意，她将需要一个国外的安全港，比如一个瑞士的银行账户。

**不自由国家的某少数宗教群体**。中东的犹太教徒、亚洲部分地区的基督教徒以及其他少数宗教群体常常成为不公正待遇的受害者。例如，开放国际（*Open Doors International*）列举了 24 个正在“残酷地迫害”　“严苛地限制”

或“压迫”基督徒的国家。[5]迫害有时与这些少数群体获得经济上的成功有关，他们的财产招致其他群体的嫉妒。在历史上，避税天堂为这些少数宗教群体提供了避难所，最著名的就是在希特勒控制德国后，他试图阻止犹太人保护自己的财产，接着瑞士于1934年大幅强化了保护银行信息的相关法律。[6]

**海地的勤劳之人。**据世界银行称，海地政府是世界上最没效率的政府之一。[7]任何努力工作并开始有了积蓄的人，都可能受到来自公权力或私人暴力的掠夺，并且几乎得不到救济。与其被海地的强盗政府榨干，纳税人可以理智地决定将其储蓄放在避税天堂，比如安圭拉岛，以避开自己国家政府里面的盗贼。一位专家说过，“在一些发展中国家存在这样的情况，违反法律才可以帮助人生存下去。如果人们想要创业、获得土地或建造住宅，他们将会面对高额交易成本……而逃税可以作为一个“退出”选项和纳税人表达不满的信号”[8]。

**津巴布韦的某个家庭。**据世界银行称，津巴布韦是世界上政治最不稳定的政权之一。[9]对于那些被国家的独裁者视为敌人的人们来说，政府征收是他们共同的威胁。2008年，极端的通货膨胀毁灭了所有以津巴布韦货币计价的存款的价值。高通货膨胀和货币贬值的威胁，往往是不稳定国家的人们将其储蓄转往国外更安全投资环境的首要原因。不幸的是，除了津巴布韦之外，世界上还有93个“不稳定”国家。[10]

**某阿根廷商人。**拥有离岸账户可以避免财政不稳定和政府征用的风险。在阿根廷，政府经常出现重大失职，使得公民陷入货币大幅度贬值与财政不稳定的泥潭，这已成常态。2008年，阿根廷的通货膨胀率为20%，然而又是一个经济白痴的政府在掌权。因为这种情况在世界上并不罕见，一位专家向国会作证说，避税天堂的“客户出于各种各样的动机，来建立自己的银行关系……包括出于规避外汇管制的目的、出于对货币贬值的担心以及对政变引发没收财产的恐惧”[11]。对于本例中的阿根廷商人，开设一个巴哈马银行账户是避免财产因政府无能而造成损失的最佳手段。

**某土库曼斯坦人权活动家。**在土库曼斯坦，政治少数派屡遭迫害，非政府组织频受骚扰。在独裁者统治的不成熟的民主制度下，反对党领袖和政治异见者常常是被迫害的对象。例如，如果这种国家的统治集团能够威胁到反对者的个人财产，民主之花将很可能枯萎。但是，如果政治少数派和民间组织能将他们的财产安置于隐私保护得力的国家，比如卢森堡，他们将有更大的能力为自由而战。根据自由之家所称，包括土库曼斯坦在内的121个国家没有出版自由。[12]

**在印度尼西亚的某中国企业家。**避税天堂对少数种族尤为重要。中国人在印度尼西亚、马来西亚、菲律宾等地以及印度人在东非，总是受到不公正的待遇。这种歧视多是来自于对其财务成功的嫉妒，因此对于这些少数种族而言，设法使个人储蓄避开公众视线显得尤其重要。一个安全的新加坡银行账户可以保护他们免受种族袭击。

**某沙特阿拉伯的同性恋者。**同性恋群体在许多国家遭受着迫害。在不同国家，同性恋者面临着各种挑战，从被排斥到被刑事处罚都有可能遭受。目前，全球还有84个国家制订了旨在限制同性恋者的法律。[13]无须赘言，能够在列支敦士登这种地方进行财务运营可能是同性恋者保卫财产免遭政府压榨的唯一途径。因为列支敦士登拒绝与对性少数群体进行打击的国家合作。

上述这些案例的关键联系在于，受压迫的人可以将储蓄转移到有强大财务隐私保护法律的地区，从而使自己的财产获得保护。这些人通常不是出于逃税动机，他们从避税天堂受益只是因为避税天堂能够提供财务隐私保护。避税天堂的金融机构通常没有责任协助执行外国法律，尤其是外国政府调查一些在低税负地区并未违法的行为时。这种“双重归罪”原则（“dual criminality” principles）在世界范围内是对公民自由的一种具有重要意义的保护。

但是，正如我们上一章所讨论的，诸如经合组织这样的国际组织将目光集中在摧毁低税负地区的财务隐私上，这将是一条颇为难走的路，因为全世办有很多有掠夺性的政以及犯罪团伙横行的国家。如果人们失去了保护自己避免勒索与掠夺的办法，结局可能是致命的。这并非是一个孤立的问题，在世界银行的一项评估活动中，支持法治114个国家在支持法治一项上被打了负分；而在反腐败这个问题上中，121个国家被打了负分。[14]

许多国家的政府权力不受限制，意味着人民极容易受到掠食性政治统治集团的攻击。根据自由之家的报告，全球有45个国家是“不自由”国家；[15]在透明国际（Transparency International）的1-10腐败程度评级中，130个国家得分不到5分。[16]与此同时，外交政策杂志（*Foreign Policy*）在其“失败国家索引”（Failed-States Index）中列出了60个国家。[17]而与此相反，正如我们上一章所述，几乎所有的避税天堂都有良好的治理，而且其治理质量在全球范围内也是极罕见的。

## 财务隐私

在数字时代，人们开始关注财务隐私，这是因为公司和政府在管理个人信息上过于草率。当数据网络被破坏、电脑磁盘被盗的情况下，我们每个人的身份信息在盗窃犯罪和其他相关犯罪面前都显得不堪一击。这正是避税天堂国家及其金融机构在财务隐私方面作用独特的原因，他们都是财务隐私专家，这些地区捍卫基本的隐私权，扮演着有价值的角色，因为太多政府置其公民的个人信息于无保护的状态。

在数字时代，人们开始关注财务隐私，这是因为公司和政府在管理个人信息上过于草率。

政府不断收集并共享各种各样的个人信息。在税务领域，政府间扩大信息共享的压力日益增加，但是，一个失去财务隐私且政府能将大量个人信息在网络上来回传送的世界，其前景却令人担扰。

一份联合国报告就上述问题阐述了一个重点观点：“信息全球共享意味着犯罪可以在最薄弱的环节侵入，从而使信息非法泄露带来的风险倍增。”[18]随着信息共享的扩大，个人纳税信息和财务信息所带来的政府腐败或政府犯罪的风险也随之增加。但对于发达国家的政府来说，比如英国和美国政府，一旦在电脑存储的大量个人资料失窃、泄露或丢失时，他们会耻辱地失去公众的信任。

最近一起英国丑闻则极好地说明了政府处理纳税人个人信息之草率。一个低级别税务官员丢失了两张电脑磁盘，内容包含了两千五百万英国人详细的税务、财务和银行记录。[19]光盘被邮递员送走后就不见了，再也没能找回来。

在美国，联邦政府造成过很多次严重的数据流失。2006 年，退伍军人事务部（Departmen of Veterans Affairs）的一个职员家里被偷走了 1975 年以后所有退伍军人的电子记录。两千六百万退伍军人的资料，包括姓名、社会保障号码和其他个人信息可能已经落入犯罪分子手里。[20]

2006 年，美国交通部（Department of Transportation）丢失了一部保存着 133000 份佛罗里达居民个人信息的笔记本电脑。2007 年，美国交通安全管理局（Transportation Security Administration）丢失了一个电脑硬盘，硬盘里存有其 100000 名员工的个人信息，包括社会保障号码和银行存款记录。[21] 美国交通安全管理局是联邦国土安全局的一个分支，但是美国联邦政府保管着海量未受妥善保护的个人信息数据库，这正在把美国变得不安全。

美国国内税务服务署（IRS）在管理低效、腐败滋生和数据流失等方面劣迹斑斑。2007 年的一份由其美国内部检察机构出具的报告称，2003 年至 2006 年间，IRS 的 490 台经常存有不加密纳税人个人信息的笔记本电脑在该机构失窃。[22] 当涉及到公民个人信息时，美国政府完全就是不可靠的人。但是我们认为美国政府在隐私权方面的记录不比其他发达国家的政府差，更别说世界上那些腐败和不民主的政府了。

在一个政府无能且渎职的时代，避税天堂的角色是财务隐私保护的最后避难所。瑞士是一个既有低税率、又以财务隐私保护而闻名的避税天堂。《纽约时报》的一篇报道引述了一位来自日内瓦贝克麦肯齐律师事务所的律师评价该国家政策的话："除了税收优惠外，外国富人之所以被吸引是因为（避税天堂）国家更安全，对于那些渴望摆脱在自己国家内被绑架的威胁的拉丁美洲人来说，这是一个极具吸引力的因素"。[23] 的确，据世界贸易投资组织（International Trade and Investment Organization）所称，甚至"经合组织中任何一个成员国的富裕纳税人都会对税务资料被卖给寻找绑架目标的犯罪集团这件事感到恐惧"。[24]

最近备受关注的俄罗斯尤科斯事件是一个能说明避税天堂对于财务隐私之重要性的案例。[25] 俄罗斯以欺诈和逃税指控了能源公司尤科斯的前任一把手米哈伊尔·霍多尔科夫斯基，并将其送到西伯利亚服刑，这在很多人看来是一个具有政治导向性的举动。俄罗斯政府曾试图获取霍多尔科夫斯基在瑞士的银行账户信息，但是瑞士最高法院阻止了克里姆林宫的这一举动，拒绝向其提供银行文件，并指责对该公司的持续调查仅仅是俄国政府的一场权力游戏。瑞士政府认为，与政治游戏和仅凭一个外国政府的要求而交出私人银行信息之行为相比，法治则更为重要。信仰法治的国家，如美国，应当对瑞士和其他保护财务隐私力度大的国家予以支持。

具有讽刺意味的是，一些承认个人隐私重要性的国际组织同时也在试图破坏世界上避税天堂的隐私法律。联合国官员通常都反对税收竞争并试图消灭财务隐私，但是，联合国人权宣言将个人隐私作为一项基本人权予以承认并保护。[26]一份联合国报告称，“当政府参与到一些违反人权的活动时，问题变得就严重了。在20世纪的大部分时间里，世界范围内的政府都在监视其公民，以实现政治控制。政治自由取决于将完整个人信息隐藏在政府触手之外的能力”。[27]

瑞士政府认为，与政治游戏和仅凭一个外国政府的要求而交出私人银行信息之行为相比，法治则更为重要。

联合国不是唯一一个在这个问题上自相矛盾的组织，就连经合组织反税收竞争运动的领袖杰弗里·欧文斯也承认避税天堂在保护人权方面的作用。根据伦敦《观察》(*Observer*) 的报道，“欧文斯……强调避税天堂对于生活在不稳定政权统治下的人们来说是至关重要的。”[28]一位曾与经合组织反税收竞争运动有密切联系的前克林顿政府财政部官员后来承认，“我们在处理信息交换、保密问题、隐私问题上究竟要走多远？这些问题与政府腐败息息相关，也危及到我们自己与子女的安全。这件事情应该坐下来讨论一下了。”[29]

经合组织承认银行保密制度“在一些国家有着深远的历史和文化渊源”，并且“也是任何健全银行制度的基本要求”。[30]但是经合组织——正如联合国一样——明显希望以不健全的税收政策为由，收起其重要的人权保护伞。这些官僚正在将高税收政府的利益置于全世界公民的安全和自由之上。

## 洗钱问题

到目前为止，这些税收竞争的反对者们对避税天堂的攻击并未奏效，他们都受挫了，他们没能使人们相信低税率是件坏事，于是他们同时也宣称避税天堂极易被卷入洗钱行为，试图以此来打击避税天堂。这是个严厉的指控，但是证据显示，非法钱财更多存在于各大国的国内银行，而不是这些离岸银行。

指挥反洗钱斗争的国际机构金融行动专责委员会（Financial Action Task Force）有一个关于洗钱的黑名单，但“不合作”地区（包括避税天堂）早已不在这个黑名单上了。[31]而且，每个主要的避税天堂都是艾格蒙国际防制洗钱组织（Egmont Group）的成员，艾格蒙组织的成员资格并不向那些对洗钱持松懈态度的国家开放，这进一步说明了低税负、财务隐私与非法钱财并没有必然联系。此外，所有主要避税天堂都从美国国内税务服务署（IRS）获得了合格中介人的资质（Qualified Intermediary，QI），这说明他们有高质量的反洗钱立法。[32]

这些并不奇怪，因为世界上绝大部分非法之财都来源于在美国等一些国家中的毒品交易。美国国务院有报告称，与离岸的避税天堂相比，大陆（Onshore）国家更容易成为“洗钱大国”。这些认为毒品交易者与其他罪犯利用离岸账户的观点毫无道理，因为他们必须先把钱存到大陆国家国内银行的账户后，才能汇出到离岸账户。但是如果他们能把钱存进大陆国家国内银行的账户，那洗钱其实就已经成功了。罪犯们没有任何理由需要想办法把钱直接汇到离岸账户去，这反而会引起别人的注意。因此，犯罪所得的大部分钱款都在富裕的工业国家被洗干净了，而非在避税天堂。据估计，大约一半的洗钱活动都是通过美国的金融机构完成的。[33]聪明的罪犯会为了防止给有关部门放出明显信号而选择避开了避税天堂。

美国国务院有报告称，与离岸的避税天堂相比，大陆（Onshore）国家更容易成为“洗钱大国”。

## 关于恐怖主义的不实指责

自从“9·11”之后，开始有人担心恐怖分子是否会利用低税负地区的隐私法律掩护他们的恐怖活动。反避税天堂主义者借人们对恐怖主义的恐慌情绪向避税天堂施压。但是，目前根本就没有证据表明恐怖分子曾经用过离岸金融中心。比如，“9·11”事件的恐怖分子依靠的是美国、欧洲和中东的银行体系，包括非正式的哈瓦拉汇款体系（Hawala System）。[34]

离岸中心的低税负和财务隐私规则并不需要同重大犯罪的调查相冲突。许多银行业中心，比如开曼群岛和瑞士，都和美国签订了法律援助双边协议，协议包括在不涉税的问题上进行信息交换。[35]其他银行业中心也都明确表示愿意配合美国法律对恐怖分子的财务进行打击。即使那些拒绝配合的离岸中心，也会被美国施压以使其配合。

> 避税天堂有很强的动力将恐怖分子和其他作恶者拒之于门外。

避税天堂有很强的动力将恐怖分子和其他作恶者拒之于门外。想想“9·11”事件的恐怖分子们带来了什么吧，调查者发现这些恐怖分子最初把钱存在了美国银行佛罗里达支行。没有人跳出来说这透露出美国银行法的败象，也没有人说这家银行是恐怖分子的同谋。但是想象一下，如果恐怖分子在巴哈马开了银行账户的话，又会发生些什么？批评者们将会不断地认为根源问题在于巴哈马的“银行保密”法，同时将会对巴哈马金融服务业采取行动。低税负地区明白自己需要达到比非离岸银行更高的标准，因此，他们有更大的动力去积极铲除恶劣客户，并拒绝与之进行商业交易。

最后，有时候往往是高税负而非低税负帮助了恐怖分子。特别是许多国家对烟草征收的税率过高，反而建立了一个由犯罪集团控制的国际性黑市。众所周知，这些烟草走私是恐怖分子的资金来源，[36]像美国的烟草走私就已经成为了中东恐怖组织真主党的资金来源。[37]

## 财政主权

围剿避税天堂的运动侵犯了这些地区财政自主的权利，特别是他们有利于经济增长的税收政策被干涉了。尽管他们无所得税或所得税负低是被经合组织列为避税天堂的关键原因，但是多数经济学家认为低所得税率是健康且有利于经济增长的政策。[38]

很多避税天堂都很富裕，特别是经合组织成员中的那些避税天堂，如卢森堡和瑞士。一些在经合组织的避税天堂黑名单上的国家也很富裕，比如百慕大、开曼群岛和列支敦士登。任何国际组织对这些国家帮助其公民实现富裕和繁荣的政策进行批评，都是相当没有道理的。

有的避税天堂是欠发达国家，他们试图通过模仿瑞士之类的国家的政策以实现富裕。经合组织打击这些实行低税负政策的发展中国家的做法，更是显得特别不公。毕竟，大部分经合组织成员国自己在19世纪并没有所得税，而那时他们已经开始从农业社会的贫困攀向中产阶级的繁荣。美国获得繁荣的部分原因就是因为它在1913年之前并未被所得税压榨。那么发展中国家遵循同样的低税负发展策略，又有什么错呢？

对低税负地区进行虚伪的不公平的打击的另一个原因就在于对资本流动和劳动力流动全然不同的态度。比如经合组织这样的税收竞争的反对者对资本流入低税负的发展中国家非常不满，但是经合组织成员国却是人才流动的受益者，这些熟练工人都是从发展中国家外流出来的。[39]

我们认为，对于全球经济和个人自由而言，劳动力和资本的国际流动都是好事。但是我们常常听到经合组织成员国的首脑在实施引进熟练劳动力政策的同时，也在抱怨资本外流。在第五章，我们讨论了经合组织成员国的一些旨在吸引熟练工人的移民政策和税收减免政策。我们知道经合组织并未就阻止熟练工人流入其成员国作出过任何行动，那么吸引了资本的国家为什么要帮经合组织阻止资本外流呢？

## 对付逃税

另一个反对避税天堂的常见理由就是避税天堂使一些高税负国家的人们能够逃税。这是毫无疑问的，但是纳税人即使不通过离岸账户，逃税的办法也是多种多样的，对于决策者而言，更需要关心的应该是逃税的潜在原因。若高税负国家的决策者们希望减少各种各样的逃税，他们关注的重点应该是降低税率，而不是将问题归咎于实行了更高效税收体系的国家。[40]

没人知道美国逃税的总规模有多大，更没有人知道国外避税天堂在其中所占比重了。当然，政客和税务征收机关愿意夸大逃税的现状，为增加更高的预算和更多的雇员寻找理由，因此，某些数据会增加。有个老生常谈的论断就是认为避税天堂造成联邦税收每年700亿美元的损失。但这并非官方估计，这仅是参议员约翰·克里（John kerry）团队中的某个前职员编造的数据。这个职员后来也承认这仅是他的个人猜测，这个数据自然也就不可信了。[41]

一些评估报告错误地认为避税天堂的所有资金都是为了逃税。一些新闻报道和国会听证会有时会用图表展示开曼群岛的存款总金额，但是这些数据几乎无法体现逃税的信息。这是因为大部分的开曼存款都是机构资金，包括完全合法的资金，比如对冲基金和银行同业存款，更何况这些资金中很大一部分都是来自于美国之外的国家。另外，由于开曼群岛与美国之前签订了税务信息交换协议，常识告诉我们，几乎没有钱能逃得过美国国内税务服务署的法眼。

学者们一般都认为在全球范围内，逃税情况很严重，但是不同国家之间有很大差异。专家们认为高税率是逃税的主要原因，甚至可能是最重要的原因。奥地利约翰开普勒大学经济学教授弗里德里希·施耐德（Friedrich Schneider）可能是目前研究地下经济的首席专家，这位曾经为世界银行和国际货币基金组织提供过建议的专家在研究中发现，“不断增长的税负与社保费用、以及劳动力市场的管制政策是地下经济的驱动力”。[42]

在施耐德的研究中，他发现在比如香港、新加坡、瑞士和美国这些地区的税收遵从率非常高。的确，在为国际货币基金组织所进行的研究中，施耐德发现在所研究的国家中，美国的地下经济规模最小。[43]相反，像法国和德国等高税负国家，地下经济规模明显更大。我们从中可以得知，高税负和各种妨碍合法生产活动的政策壁垒往往是逃税的原因。

税收竞争反对者们的另一个欺骗性说法就是，一部分人利用避税天堂进行逃税的做法使我们这些守法的人承担了更重的税负。事实恰恰相反，全球各国政府一直在降低税率，部分原因就是他们希望阻止人们将钱移到境外。换言之，作为税收竞争中的一环，避税天堂帮助高税负国家降低了税负，从而使我们这些遵守税法的人从中受益。

我们讨论过税负水平在1960年代和1970年代是如何骤升的，一旦税收竞争产生压力时，税负又是如何在1980年代开始取得平衡的。尽管我们不可能知道如果没有税收竞争的话，税负会增加多少，但是我们仍可以自信地断定，税收竞争——包括来自于离岸避税天堂的竞争——将纳税人从高税负中解救了出来。逃税的人可能不是什么道德高尚者（至少对于那些政府诚实、税负合理的国家的逃税者来说），但是他们的冒险却为政府制造了更大的财政约束力，从而为我们所有人创造了福祉。

## 经济增长的道德效应

政府的第一要务是保护公民免遭外部侵略和内部犯罪，第二要务是为经济增长和机遇增加创造一个富于引导性的环境。创造这样一个环境需要诸多因素，比如产权、法治和稳定的货币。实现繁荣的另外一个条件是，创建一个并不过分阻碍生产性活动的税收制度。

实行有益于经济发展的政策并非仅仅是和经济有关，政府本来就负有义务不得阻碍个人在社会上的发展、经商以及追求幸福。若是政府未能执行良好的政策，就会剥夺人们的机遇，并给那些最缺乏保护的弱势群体制造困难。

本明杰·弗里德曼最近的一本书《经济增长的道德后果》中提到了人们

对道德层面的关注。弗里德曼是哈佛大学的自由派（liberal）经济学家，他本人是倾向于民主党的，但是他承认经济增长有着非常积极的作用。[44]他强调，“经济增长——意味着大多数公民生活标准的提升——往往创造了更多机遇、对多元化的更多包容、更好的社会流动性、更多公平正义以及对民主的奉献”。[45]

这些和税收竞争有什么关系？答案就是税收竞争鼓励政府实行合理的有利于经济增长的政策。随着世界的税收体系变得更加简单，全球收入的经济蛋糕越做越大，这使得各国人们的生活水平都在改革中得到了提高。与此同时，高收入又带来了高幸福感，越来越多的经验研究都证明了这一点。[46]在贫穷国家，收入的增长更是大幅提高了幸福感。亚当·斯密在200多年前指出了收入增加和幸福感之间的关系：

> 并不是在已经富裕的社会中，而是在正在向更高目标发展处于上升状态的社会里，劳动人民是最幸福和最满意的，这些人占了大多数。[47]

经济增长使得人们可以吃到更加美味的食物、穿上更加高档的衣服、住上更加宜居的住宅，也使人们可以负担得起更好的医疗保健，同时对医学研究也可以有更多的投入。[48]较为富裕的国家往往也是较为健康的国家，较为富裕国家的国民也比贫穷国家的国民寿命要长。

尽管政府支出使人们生活质量得到了一定程度的提高，但是市场竞争和个体创新才是富裕国家之所以富裕的主要原因。国际货币基金组织前首席经济学家维托·坦齐（Vito Tanzi）认为，“经济学家们从理论上提出了各种理由，试图为政府在经济活动中的角色正名，比如扶贫，事实上，这些功能都可以用比现有多数工业化国家所占用GDP更少的支出的方式来实现。”[49]通过对大样本数据的观察，维托·坦齐还发现，一个更大的政府对于改善诸如教育成果、婴儿死亡率或预期寿命等衡量“人类发展”的指标并没有优势。换言之，更大的政府并不能创造更有智慧、更健康的人民。

私营经济的增长同样对公民社会大有裨益。本明杰·弗里德曼写道，“生活水平提升所带来的价值不仅仅体现在其对人们生活水平切实的提高，同样也在于其对社会、政治以及最终对人们道德品质的改善。”[50]《经济学人》也表示赞成：

历史证明，走向繁荣能够使人们更加宽容，更加愿意和平解决争端，更加倾向于热爱民主。经济停滞和倒退总是伴随着不宽容、种族冲突和专制……如果人们相对自己过去的生活水平更为富裕，他们就不会那么关心自己相对于其他人所处的地位；而如果人们相对自己过去的生活水平没有更为富裕，他们则会更关心自己相对于他人所处的地位——造成的结果将是挫败、不宽容和社会摩擦。经济发展有着物质和道德的双重益处。[51]

经济发展甚至关系到武装冲突的减少以及民主在世界范围内的传播。[52]格雷格·伊斯特布鲁克（Gregg Easterbrook）在《国际先驱论坛报》撰文称：

民主大行其道的一个原因可能在于，随着生活水平提高，人们就要求有更多自由。随着民主的传播以及工资水平的提高，越来越多的人在全球经济体系中分到了一杯羹，从而可以预见到战争将会减少。事实也确实如此，马里兰大学的国际发展和冲突管理中心（Center for International Development and Conflict Management）的一项研究发现，即使将伊拉克也算在内，当前世界上争端的范围与密度大约只有15年前的一半。[53]

经济发展也并非是灵丹妙药，它不能解决所有问题，但是更繁荣的经济一定可使很多问题更容易解决。税收竞争通过鼓励减税而刺激生产和投资、并限制了政府规模的扩大，这都有助促进经济发展。

## 结论

税收竞争和避税天堂应当受到欢迎，而不是遭受打击。现代世界经济的特点就是鼓励政府出台政策促进增长并创造机遇。税收竞争鼓励政府减少对投资与储蓄征税，其作用非常关键。税制改革推动了经济增长，普通民众由此获得了高收入和相关福利，从而实实在在地提高了生活水平。

税收竞争和避税天堂应当受到欢迎，而不是遭受打击。现代世界经济的特点就是鼓励政府出台政策促进增长并创造机遇。

在一个政府可以收集大量私人信息并可以实现随时跨国共享的世界，避税天堂也为财务隐私提供了庇护所。避税天堂保护了人们免受来自政治、种族和宗教的迫害，为生活在腐败无能的国家的人们提供了避难所。舒适地生活在经济发达政治民主的国家中的人们，常常会忘了这个世界上很多人还生活在并不自由的国家里。对于这些人而言，避税天堂能帮他们获得在自己国家中无法获得的安全和财务保障。

## 参考文献

[1] United Nations, "Financial Havens, Banking Secrecy, and Money Laundering", Office on Drugs and Crime, 1998. Available at www. imolin. org/imolin/finhaeng. html.

[2] Freedom House ratings are available at www. freedomhouse. org.

[3] The World Bank, "Governance Matters 2007: Worldwide Governance Indicators 1996 – 2006" . Available at http://info. worldbank. org/governance/wgi2007.

[4] Transparency International' s "Corruption Perceptions Index" is available at www. transparency. org.

[5] The Open Doors' World Watch List is available at http://sb. od. org.

[6] Maurice Aubert, "Swiss Banking Secrecy", Schellenberg and Haissly, Geneva, March 1997.

[7] World Bank, "Governance Matters 2007: Worldwide Governance Indicators 1996 – 2006" . Available at http://info. worldbank. org/governance/wgi2007.

[8] Benno Torgler, "Tax Morale: Theory and Empirical Analysis of Tax Compliance", Dissertation, University of Basel, July 11, 2003.

[9] World Bank, "Governance Matters 2007: Worldwide Governance Indicators 1996 – 2006" . Available at http://info. worldbank. org/governance/wgi2007.

[10] World Bank, "Governance Matters 2007: Worldwide Governance Indicators 1996 – 2006" . Available at http://info. worldbank. org/governance/wgi2007.

[11] Antonio Giraldi, Testimony to the Senate Committee on Government Affairs, Permanent Subcommittee on Investigations, November 10, 1999.

[12] Freedom House, "Press Freedom Survey 2007" . Available at www. freedomhouse. org.

[13] Information available at International Gay and Lesbian Human Rights Commission, www. iglhrc. org
[14] World Bank, "Governance Matters 2007: Worldwide Governance Indicators 1996 – 2006". Available at http://info. worldbank. org/governance/wgi2007.
[15] Freedom House, "Press Freedom Survey 2007". Available at www. freedomhouse. org.
[16] Transparency International' s "Corruption Perceptions Index" is available at www. transparency. org.
[17] Foreign Policy, "Failed States Index 2007", July/August 2007. Available at www. foreignpolicy. com.
[18] United Nations, "Financial Havens, Banking Secrecy, and Money Laundering", Office on Drugs and Crime, 1998. Available at www. imolin. org/imolin/finhaeng. html.
[19] Mary Jordan, "U. K. Premier Apologizes for Vanished Disks", Washington Post, November 22, 2007, p. A32.
[20] Christopher Lee, "Veterans Angered by File Scandal", Washington Post, May 24, 2006, p. A21.
[21] Matt Apuzzo, "TSA Loses Hard Drive With Personal Info", Washington Post, May 4, 2007.
[22] U. S. Department of the Treasury, Inspector General, "The Internal Revenue Service Is Not Adequately Protecting Taxpayer Data on Laptop Computers and Other Portable Electronic Media Devices", March 23, 2007.
[23] Quoted in Doreen Carvajal, "Swiss Tax Deals Lure the Superrich, but Are They Fair", New York Times, January 14, 2007.
[24] International Tax and Investment Organization and the Society for Trust and Estate Practitioners, "Towards a Level Playing Field", 2nd Edition, October 2003. Available at www. itio. org/documents/Towards – A – Level – Playing – Field – Second%20Edition. pdf.
[25] Anton Troianovski, "Swiss Court: Yukos Case is Political", Washington Post, August 25, 2007, p. A11.
[26] United Nations, "Universal Declaration of Human Rights", 1948. Available at www. un. org/Overview/rights. html.
[27] United Nations, "Financial Havens, Banking Secrecy, and Money Laundering", Office on Drugs and Crime, 1998. Available at www. imolin. org/imolin/finhaeng. html.
[28] Nick Mathiason, "Where the Rich Stash Their Cash", The Observer, March 27, 2005.
[29] Joseph Guttentag, "Appropriate Responses to International Tax Competition", American Enterprise Institute, December 9, 2003.
[30] Organization for Economic Cooperation and Development, Improving Access to Bank Information for Tax Purposes (Paris: OECD, 2000).
[31] Financial Action Task Force, "Non – Cooperative Countries and Territories", www. fatf – gafi. org/document/4/0, 3343, en_ 32250379_ 32236992_ 33916420_ 1_ 1_ 1_ 1, 00. html.
[32] U. S. Department of State, "International Narcotics Control Strategy Report", 2008. Available at www.

state. gov/p/inl/rls/nrcrpt/2008/vol2/.

[33] Julie Wakefield, "Following the Money", Government Executive, October 1, 2000. Also see William Schroeder, "Money Laundering: A Global Threat and the International Community' s Response", Law Enforcement Bulletin, Vol. 70, No. 5, Federal Bureau of Investigation, May 2001.

[34] Dan Mitchell, "U. S. Government Agencies Confirm That Low – Tax Jurisdictions Are Not Money Laundering Havens", Prosperitas, Center for Freedom and Prosperity, January, 2002.

[35] Dan Mitchell, "Money – Laundering Bill Should Target Criminals, Not Low Taxes", Heritage Foundation, October 16, 2001.

[36] Financial Action Task Force, "Terrorist Financing", February 29, 2008, p. 19.

[37] Patrick Fleenor, "Cigarettes, Black Markets, and Crime", Cato Institute Policy Analysis no. 468, February 6, 2003, p. 13.

[38] Organization for Economic Cooperation and Development, Harmful Tax Competition: An Emerging Global Issue (Paris: OECD, 1998).

[39] Devesh Kapur and John McHale, "Are We Losing the Global Race for Talent?" Wall Street Journal, November 21, 2005.

[40] For background on tax evasion, see Daniel Mitchell, "The Tax Gap Mirage", Cato Institute Tax and Budget Bulletin no. 44, March 2007.

[41] Congressional Research Service, Letter to Congressman Dick Armey, July 23, 2001.

[42] Friedrich Schneider, "Shadow Economies and Corruption All Over the World: What Do We Really Know?" Paper presented at the 8th INFER Annual Conference, University College, Cork, Ireland, September 22 – 24, 2006.

[43] Friedrich Schneider and Dominik Enste, "Shadow Economies Around the World: Size, Causes, and Consequences", International Monetary Fund, Working Paper 00/26, February 2000.

[44] Dan Seligman, "Good and Plenty", Commentary, December 2005.

[45] Benjamin M. Friedman, The Moral Consequences of Economic Growth (New York: Knopf, 2005), Chapter 1.

[46] Will Wilkinson, "In Pursuit of Happiness Research", Cato Institute Policy Analysis no. 590, April 11, 2007.

[47] Adam Smith, An Inquiry into the Nature and Causes of The Wealth of Nations, (Chicago: University of Chicago Press, 1976), Book I, Chapter 8, Paragraph 42.

[48] Daniel J. Mitchell, "The Deadly Impact of Federal Regulations", Journal of Regulation and Social Cost 2, no. 2 (June, 1992).

[49] Vito Tanzi, "A Lower Tax Future? The Economic Role of the State in the 21st Century", Politeia (Lon-

don), 2004, p. 7. Available at www. politeia. co. uk.

[50] Benjamin M. Friedman, The Moral Consequences of Economic Growth (New York: Knopf, 2005), Chapter 1.

[51] Economist, "Why the Rich Must Get Richer", November 10, 2005.

[52] The link between growth and peace is explored in considerable detail in Fraser Institute, Economic Freedom of the World (Vancouver: Fraser Institute, 2005).

[53] Gregg Easterbrook, "Economic Growth as an Engine for Social Progress", International Herald Tribune, November 24, 2005.

# 第十章 美国政策的选择

- 反对限制税收竞争
- 降低个人所得税税率
- 降低企业所得税税率
- 对企业采用属地型税制
- 制定单一税
- 接过税制改革的接力棒

我们已经记述了在近几十年来席卷全球的税收竞争。英国与美国率先削减所得税税率，由此开始的税收竞争引发了全球雪崩式的税制改革，现在每个洲的税率都在下降。与30年前相比，现在几乎所有工业化国家的税收体系的负面影响都大大降低了。低税率的个人所得税更受个人与企业家的欢迎，低税率的企业所得税促进了投资，也提高了薪水。减少对股息、资本利得、财产、房地产和跨国投资征税则鼓励了更高的储蓄，并促进了经济增长。

在21世纪，税收竞争将是维持有限政府的工具，这就是为什么美国需要成为保护并促进税收竞争的领头羊的原因。

尽管税率大幅度降低了，多数国家的税收收入并未减少，税收竞争并未迫使各国政府缩减财政规模并减少支出。但是“小政府”的支持者们完全可以放心——税收在GDP中所占的比例不再像1980年代那样迅速上升了。相反，在多数国家里，税收占GDP的比重已达到最高点，并已经稳定下来了。包括爱沙尼亚、匈牙利、爱尔兰、拉脱维亚、荷兰、波兰和斯洛伐克在内的这些国家的税收所占GDP的比例近年来已有所下降。

在接下来的几十年中，我们希望税收竞争能在限制政府膨胀方面起到关键作用。随着福利体系成本的不断上升，美国和其他一些国家都将面临很大的增税压力。政府也许会采取一些措施对这些福利计划进行改革，以避免大幅度的税负增加。但如果政府不这么选择，活跃的税收竞争将会让他们感觉到压力。税率越高，税基越会缩水，最终政府将不得不控制支出规模。

在21世纪，税收竞争将是维持有限政府的工具，这就是为什么美国需要成为保护并促进税收竞争的领头羊的原因。美国的决策者应该反对税收协调、反对设立全球税务机关、抵制政府间广泛的信息交换以及其他种种抑制竞争的把戏。

美国的决策者同样也需要拥抱税制改革，因为美国人的工资和收入取决于税收制度的效率。美国的总体税负比起其他许多发达国家来说并没有那么繁重，但是美国的税收体系在许多方面落后于其他发达国家的“最佳实践”。针对企业所得、企业资本利得、股息、房产等项目的联邦税收都比大多数国家高，个人所得税和企业所得税的税收体系也非常复杂与扭曲。如果在别的国家都在进一步改革的时候，政府还抱着现有税法不放，美国将在最富裕和最具竞争力国家的排名上暴跌。

像爱沙尼亚、爱尔兰和斯洛伐克这样的国家已经走出一条富有成效的有利于增长的变革之路，而美国却在税制改革的门槛上徘徊了二十年。在这一章里，本书将讲述美国如何回到税制改革的正轨上来。首先的办法就是将个人所得税税率降低至15% ~25%，并将税法中的各种税收减免、税收优惠措施废除。公司税率应当降至15%，并采用属地制的方式征税。税制改革的长远目标是制定低税率的单一税，对所有纳税人实行无差别待遇，以鼓励投资和发展。

税制改革的长远目标是制定低税率的单一税，对所有纳税人实行无差别待遇，以鼓励投资和发展。

## 反对限制税收竞争

全球税收革命不可能发生在1950年代，那时世界经济环境处在各国的严格监管之下。那个时候贸易壁垒很高、资本流动管制严格、外商投资受限，并且几乎没有流动的劳动力。正是接下来的几十年里，对劳动力、资本和贸易的限制被解除了，这些措施降低了之前的高税率，解除了全球经济发展的束缚。

时至今日，几乎没有国家的决策者想要像1950年代那样管控贸易和资本流动，但是，试图控制并限制税收竞争的危险行为却时有发生。正如我们所讨论的，这些行为是由一些国际机构领导，如经合组织、欧洲委员会和联合国。

这些机构和一些政府的决策者似乎想要回拨表盘，建立一个税收领域的欧佩克（OPEC）以将政府隔离在税收竞争之外。这是坏的一方面。好消息是，美国处于保护和促进税收竞争的独特位置。美国在世界经济中仍然是个巨人，因此，在没有美国的支持下限制税收竞争，就好比在没有沙特阿拉伯的参与下管理欧佩克一样。因此，美国的决策者应当这么做：

**利用美国在经合组织内部的影响力，废除反税收竞争的计划。**

美国是经合组织最大的赞助者，为经合组织提供了四分之一左右的经费，这意味着美国政府有能力阻止经合组织对低税负地区的继续打击。一个先例是美国曾阻止了经合组织打击“开放注册”的航运船队，美国的努力制止了这种反竞争行为，这也是我们在第八章讨论过的一个案例。

**拒绝欧盟邀请，无视他们卡特尔式的税收政策倡导（如储蓄税指令）。**

我们在第八章已经讨论过，欧盟希望美国加入储蓄税指令计划，但是布什政府拒绝了这一邀请。美国的拒绝，连同瑞士的抵制，使得这一指令在2005年执行时被弱化了。但是欧盟未轻言放弃，现在欧盟仍想要扩大该指令的范围，并想要更多国家加入其中。

**阻止联合国可能提出的全球税、全球性税制以及全球税收组织的计划。**

幸运的是，联合国在这些方向尚无进展，但仍时常就这些议题展开讨论，若纳税人不保持警惕的话，这些议题可能就会成为现实。

**阻止美国税制朝反竞争方向的改革。**

例如，克林顿时代的一项关于非居民取得利息收入需进行申报的提案应当被撤销。[1]同时，也应该反对美国扩大全球型税制的应用范围。最后，应当抛弃决策者将低税负国家和地区列入黑名单的做法。

**确保美国站在税收竞争这边的一个有效办法就是推动改革美国税制。**

在美国现行税收体系下，政客们时常苦恼于公司将利润转移到开曼群岛之类的地方，并且这些政客们在税收政策上容易和高税负国家站在一边。如果美国税制进行大改革，美国将成为吸引投资与人才的磁铁，决策者们和公众就会更容易理解开放税收竞争的好处。

## 降低个人所得税税率

为什么美国不应该拥有世界上最简单、最有利于增长的税收制度？本书第二、三、四章讲述了全球经济环境是如何迅速变化的，我们希望美国的决策者们大梦初醒，并对此作出回应。爱尔兰拥有最低的公司税率；爱沙尼亚已经将其企业所得税替换为简单的股息代扣税；许多国家对资本利得税和遗产税实行零税率。与此同时，25 个国家和地区已经废除了其复杂的所得税，取而代之的是简单的单一税。

这些改革没有在美国推行不下去的理由。没错，正因为我们拥有自由市场之遗产，也正因为我们有承诺有限政府之宪法，美国本应成为第一个单一税国家。写在联邦最高法院正面的那句“法律面前人人平等”，最应当成为联邦税制改革的指引方针。现行税法中混乱的多层级税率和各种税收减免不仅仅是糟糕的经济政策，简直是对基本正义的侮辱。美国应当向制定平等对待纳税人、最大化促进发展的税法迈进，这就意味着，实行低税率的单一税。

没错，正因为我们拥有自由市场之遗产，也正因为我们有承诺有限政府之宪法，美国本应成为第一个单一税国家。

第一步就是处理 2001 年和 2003 年制定的、将于 2010 年底失效的税收减免政策①。这些税收优惠政策一半是出于刺激生产和投资，另一半是有关社会政策的税收减免。[2] 为了促进经济发展，这些出于刺激生产和投资的税收减免应当成为一项永久的政策。这些减免包括所得税税率降低、股息税和资本利得税税率降低，以及废除不动产税等。

如果这些税收优惠政策都到期失效的话，联邦个人所得税的最高税率将会骤增至 40%。再加上各州的平均税率，税率将会达到 46%，这将超过经合组织 43% 的平均税率。更糟的是，如果允许废除现有税收减免政策的话，美国将会轻而易举地拥有所有工业化国家中最高的股息税税率。

从经济上来说，美国成为税率最高的国家毫无意义，但在改革迟钝的情况下，这却正成了美国前进的方向。资本利得税是另外一个需要引起注意的问题，事实上所有大国都为资本利得提供了更优惠的待遇，不少国家对资本利得实行零税率。我们不该对储蓄与投资双重征税，零税率才是最合适的税率，这应当成为美国税制改革的最终目标。

---

① 译者注：本书英文版原著出版于 2008 年，当时美国的这些税收优惠政策尚未到期。

在处理完这些即将过期的税收减免政策之后，决策者们应当对所得税进行一次大检讨。现行税法应当被摒弃，以仅有15%和25%两档税率的简单税收体系取而代之。[3]事实上，除了基本免征额之外，所有的个人所得税扣除与抵免都应被废除，另外一些特别条款还是要保留，比如401（k）计划①和个人养老账户，这些可以避免储蓄被重复征税。另外，个人股息和资本利得也应当按照15%的税率征税。

以威斯康辛州众议员保罗·瑞恩（Paul Ryan）、德克萨斯州众议员杰布·亨萨林（Jeb Hensarling）和加利福尼亚州众议员约翰·坎贝尔（John Campbell）为首的一班保守派众议员，在2007年提出了一个类似的双税率税制计划，[4]这一计划包括废除替代性最低税（alternative minimum tax），并且将适用10%和25%两档税率的分界点定为个人收入5万美元与夫妻共同收入10万美元。

在这种税制下，双税率计划能够在2007年实现1500亿美元规模的减税，相当于大约6%的联邦财政收入。[5]财政收入的降低可以相应地减少联邦支出，以达到收支平衡。[6]

结合我们所提议的个税改革，公司税税率应降至15%。表10.1说明了这些改革方案之下的基本税率结构，工资、股息、利息和经营收入的最高税率将大幅度降低，此外，各种类型的收入将合并到一起，按25%的最高税率征税。在这一计划下，债权与股权的税收待遇大致相当，现行税法中最扭曲的问题之一将会得到解决。如果这一计划实现了，美国将会享有自1920年代末期以来最有效率的税法。[7]

**表10.1　　双税率税收改革方案与联邦所得税最高税率**

| | 现行法律 | 建议方案 |
|---|---|---|
| 企业所得税税率 | | |
| 资本利得 | 35% | 15% |
| 股息 | 35% | 15% |
| 利息 | 0% | 0% |
| 工资 | 0% | 0% |

① 译者注：401K计划的名称取自美国1978年《国内收入法》中的401K条款，是美国一种可以享受税收优惠的特殊的退休储蓄计划。

续表

| | 现行法律 | 建议方案 |
| --- | --- | --- |
| 个人所得税税率 | | |
| 资本利得 | 15% | 15% |
| 股息 | 15% | 15% |
| 利息 | 35% | 25% |
| 工资 | 35% | 25% |
| 小型企业利润 | 35% | 25% |
| 企业与个人所得合并税率 | | |
| 股息 | 45% | 28% |
| 利息 | 35% | 25% |
| 工资 | 35% | 25% |
| 小型企业利润 | 35% | 25% |

降低边际税率在税制改革中至关重要。降低边际税率会一方面增加生产性活动，另一方面会减少非生产性行为，如避税和逃税。[8]如果公司税税率降低至15%，美国将成为吸引全球投资的磁铁，并且很可能带来长期的经济繁荣。

降低个人所得税最高税率同样重要，因为美国半数经营所得都来源于按照个人所得税法缴税的企业。[9]个人所得税边际税率对小型企业的雇佣、投资和发展至关重要。[10]例如，最高边际税率降低5%，预计可以使小型企业的资本支出增加10%。[11]2006年，小型企业收入的72%都来自于税率层级最高两档的纳税人，这些纳税人在我们的改革方案中将会适用更低的边际税率。[12]

## 降低企业所得税税率

我们提出的改革方案的核心在于将联邦企业所得税税率由35%降至15%。这将会是一次显著的降低，会立即给美国带来一个远富有竞争力的税收体系。尽管有些决策者可能认为减税幅度过大，但是15%的税率仍比爱尔兰要高。再加上州税后，美国企业所得税的总体税率将会在20%上下，这仅比欧洲平均税率24%略低一点。

15%的企业所得税税率在税法上将可以保持税收中性，股息和资本利得无论是在公司层面还是个人层面都将被征以15%的税，企业与个人的股息税率合并之后为28%，这与我们提议的工资及小型企业的25%的最高税率差不多。[13]在这个建议方案下，公司的资本利得税也将降至15%，这将与其他大国的税收待遇相一致。

美国联邦机构的决策者们也清楚，美国需要降低企业所得税税率。众议院筹款委员会主席查尔斯·兰格尔（Charles Rangel）曾经建议将企业所得税税率从35%降至30.5%，财政部长亨利·保尔森（Henry Paulson）也曾提出一项降低企业所得税税率的建议。不幸的是，国会和财政部都采用了零和思维模式，认为任何企业所得税税率的降低都必须与增税措施相结合，比如扩大企业所得税的税基。[14]

税率降低须与增税措施相结合的观点是导致上一次联邦税制改革的主要缺陷的原因。1986年，国会将企业所得税税率从46%降至34%，但同时采取了一些扩大税基的办法，如对歧视投资的税收偏见加重了，公司资本利得税税率也提高了。事实上，部分投资的实际税率因为1986年的税制改革反而提高了，有人认为这在美国造成了一定程度上的资本外流。[15]

美国不需要再来一次像1986年那样的大杂烩改革。1986年扩大税基给我们带来了有害的“子规则F”（如我们在第六章所讨论的），也带来了企业替代性最低税，这使得“公司为了遵守两种不同税收体系而进行耗费大且繁重的任务，而税收收入却没有明显增加”。[16]

美国联邦机构的决策者们需要摒弃他们试图榨取企业每一分钱的顽固想法。美国企业受到复杂税制的压榨可能比其他任何地方的企业都大，我们并非反对填补税法中的漏洞，但是想到既修补漏洞又不造成经济上的损失，这种想法就有点天方夜谭了。

然而，公司利润是非常具有流动性的，我们也讨论了公司将利润从高税负国家转移到低税负国家的许多方法。比如通过转移定价来进行利润的转移，这给政府和企业制造了许多管理上的麻烦。对付利润转移最为有效的办法是降低公司税税率。如果企业所得税税率降至15%，公司的利润将从世界各个角落流入美国，美国联邦金库的资金将会多得装不下。

在第三章和第六章，本书讨论了美国联邦政府是如何因为公司税的高税率而失去收入的。降低税率将会产生连锁反应，可能会带来更多的联邦税收收入。我们认为，美国联邦个人所得税税率降至25%，长远看来并不会损失联邦收入。

为了使税率进一步降至15%，可以废除那些造成扭曲的范围狭窄的税收减免措施，例如制造业企业的特别税收减免、州和地方债券的利息收入免税、房产税抵免等等。[17]但是税率降低的损失也可以通过减少联邦预算中的行业补贴来补偿，这些补贴每年消耗约900亿美元。[18]此外，美国联邦预算中还有数千亿美元其他各类补贴，这也都可以取消了。[19]

但是，把增加财政收入的注意力仅放在公司税上，可谓只见树木，不见森林。公司税减税革命正在席卷全球，美国也应该紧跟步伐，否则美国经济会遭受严重损失。随着全球投资的迅猛增长，美国企业所得的高税率造成的危害也在增加。

公司税专家马丁·沙利文（Martin Sullivan）在《税务快讯》（*Tax Note*）的撰文对关于降低税率的论据进行了总结：

> 如果说税收政策可以改变行为，而行为又反过来产生税收效益的话，这里就是一个例子。通过改革公司税，整个经济都会增长（不仅企业所得税的税收收入会增加，各种来源的收入都会增长）。一些直接投资将会转移到美国——关厂歇业的情况将会减少，对内投资将会增加。最后，利润转移出美国的速度会慢慢减缓，并会激励国外利润转移到美国来。[20]

公司税税率降低不应该成为一个党派问题。正如我们所讨论的，公司税税率降低的长期效应是增加工作积极性和提高工资。英国、加拿大和德国的左翼政府似乎也明白这一点，并支持降低公司税税率。

除了联邦税制改革之外，美国各州也应当降低或最好废除公司税。2007

年，有44个州有自己的企业所得税，最高税率为7.4%，比1980年的7.0%略微增加了一点。[21]州企业所得税恐怕是这个国家最无效率的税，仅仅使州财政收入提高了三个百分点，管理上却极为复杂。[22]在今天经济竞争非常激烈的形势下，把这些州税负担加在美国公司头上完全没有道理。

经济学家怀疑企业所得税的大部分被转嫁给了最不具有全球流动性的目标，即企业员工。因此，应当支持废除企业所得税，倾向劳工的自由派人士尤其应该支持。

当然，美国联邦政府也可以废除联邦企业所得税。尽管在经济理论上找不到什么依据，但联邦企业所得税却已经存在了将近一个世纪。普林斯顿大学的乌威·莱因哈特（Uwe Reinhart）对企业所得税的问题给出了一个很好的总结：

> 彻底废除企业所得税或许是最符合供给学派经济学观点的……公司不可能自己缴纳企业所得税，因为公司并非人。相反，企业所得税总是被完全转嫁到以下三类人中的某一类或全部三类：通过高售价转嫁给消费者，通过资本低回报转嫁给股东，或者通过低税后工资转嫁给雇员。在激烈的全球竞争之中，企业所得税转嫁给消费者的可能性有限。同样，在全球资本市场中，企业所得税也不能轻而易举地转嫁给那些可以将资本投入到其他地方的资本所有者。因此，经济学家怀疑企业所得税的大部分被转嫁给了最不具有全球流动性的目标，即企业员工。因此，应当支持废除企业所得税，倾向劳工的自由派人士尤其应该支持。[23]

企业所得税造成了比其他税种更严重的扭曲。企业所得税抑制了投资、鼓励债权而非股权，浪费企业领导者的时间和精力。不幸的是，废除企业所得税存在政治上的阻力。企业所得税幸存下来的理由“是基于公司应当缴纳合理份额税款的这种流行观点。虽然这在政治上可能是一个有力的辩护，但在经济上是站不住脚的”。[24]

但是，确实有很多税务专家出于管理的原因支持企业所得税。公司扮演了一个对最终流向个人的资本收入进行税收代扣代缴的中介。同样，企业所得税的废除会导致一些外国政府——拥有“全球型”税收制度的政府——从美国产生的利润中吸取税收收入，而成本则由美国政府承担。这样带来的结果，“多数国家对公司利润征税的一个原因就是，多数国家都在对公司利润征税”。[25]

这类技术问题依然是可以解决的。比如，爱沙尼亚就证明了企业所得税可以在所得税税收体系内被实质废除。在爱沙尼亚，公司收入只有在以股息的方式支付出去时才会征税。我们认为废除公司税对于美国来说是一个长期目标，第一步仍是将税率降到15%。

幸运的是，通过持续不断的全球税收竞争，企业所得公司税会最终走向衰亡。英国税务专家迈克·德佛罗（Michael Devereux）认为，“如果我能做一个大胆的预测，我会说企业所得公司税会最终消亡——完全不会再有企业所得公司税，部分是因为国家间税收竞争的进程，部分是因为公司可以对其事务进行有效管理从而降低公司税”。[26]

## 对企业采用属地型税制

全球经济中，税务政策的一个关键议题是如何处理跨国公司的问题。在第六章中，我们讨论了美国在1960年代创立的但现已过时的“全球型”税制。这种制度很复杂，妨碍了国外收入的回流，并导致美国企业在海外市场竞争中处于劣势。

越来越多的人支持将“全球型”税制改为“属地型”税制，“属地型”税制已被三分之二的工业化大国和多数发展中国家所接受。这种制度会使美国公司的国外附属企业的经营收入得到美国联邦税的豁免，有时被称为“股息豁免”。

对国外利润免征美国税是个合乎常理的方法。毕竟，国外来源的收入已在其取得的当地被国外政府征过税了。另外，这些国外附属企业的主要员工也是国外人，大约四分之三的资金也来自于国外。[27]国外附属企业受益于国外政府提供的基础设施，并在国外进行国外经济活动，并没有花美国纳税人的钱。事实上，正如我们在第二章所讨论的，国外附属企业在很多方面对美国经济都是有益的。

改为“属地型”税制有两个关键优势。第一，将会结束国外利润回流现存的税务障碍；第二，将会帮助美国成为适宜设立跨国公司总部的国家。

关于第一点，我们知道回流的国外利润需缴纳35%联邦公司税，这抑制了国外利润的回流。[28]英特尔的主席克雷格·贝瑞特解释了这对企业产生的影响：

> 一旦一台晶片制造设备被安装在一家国外工厂，来自该国的收入很有可能被投入到扩大海外工厂规模，而不是在美国进行投资。如果收入返回美国，在被征收35%的美国联邦企业所得税后，只剩下65%的收入可以用于在美国投资了；但是相反，在国外，有时几乎所有的税后收入（像在爱尔兰87.5%的收入）都可以留作投资之用。[29]

由于在利润返回存在税收上的障碍，美国公司在国外沉淀了大量的利润。在2004年暂行改革之前，沉淀的利润已达8000亿美元。[30]这些沉淀的利润未能返回美国并用于投资美国，这可能对美国经济造成了损失。马丁·沙利文解释道：

> 当国外子公司的股息实际上被挡在美国国境之外，因为这边等候它的是税负，美国本土经济也因此付出了代价。毕竟，国外利润是美国资本的一个潜在资金来源。更多的资本意味着更高的生产力，更高的生产力意味着工资可以在不考虑通货膨胀的影响下真正增加。[31]

改而采用“属地型”税制能够解决利润回流的问题，这方面人们已达成了广泛共识。耶鲁大学的迈克尔·葛瑞兹（Michael Graetz）指出，“豁免制度最大的好处就在于消除国外利润回流美国的负担，并排除在美国投资的障碍”。[32]

当国会在2004年通过一项利润返回的暂时性税收减免措施时，“属地型”税制的优势就显现出来了。[33]这项措施允许企业将其沉淀的国外利润以低税率汇回，给美国带来了利润回迁的浪潮，短短一年时间内回迁的国外利润总计3000亿美元。[34]多数利润返回发生在有流动税基的产业，比如制药业和高科技行业。英特尔公司汇回了60亿美元，为亚利桑那州建造新设备融到了资金。

“属地型”税制的第二个主要优势在于，这将提高跨国公司在美国设立总部的吸引力。目前，高税率和“全球型”税制使美国成为“设立跨国公司总部最没有吸引力的工业化国家之一”。[35]多年以前，英特尔的一位领导在国会前作证说，“如果我在英特尔成立之初就知道我现在所了解的国际税务规则，我会建议将母公司设立在美国之外”。[36]

如果美国改为“属地型”税制，公司可以在国外赚取利润，而无需在已缴纳过外国政府的税收后再承担美国税收。这将使企业扩展其国外经营变得更加容易，反过来也易于扩大美国总部的经营规模，正如本书在第二章所述。总部在管理、融资和研发方面创造了高技术含量的工作，税务专家加里·赫夫鲍尔（Gary Hufbauer）和艾莉尔·爱沙（Ariel Assa）认为，总部是“创造有趣且高薪工作”的“人力资源孵化器”。[37]我们注意到，美国跨国公司的研发工作有86%都是在美国进行的。[38]赫夫鲍尔和爱沙主张美国应当采用“属地型”税制并启动其他改革措施，以吸引跨国公司的总部。[39]

“属地型”税制当然是必走之路，但是仍有些障碍需要克服。2005年，美国联邦税改革总统顾问小组（President's Advisory Panel on Federal Tax Reform）和税收联合委员会（Joint Committee on Taxation）曾提出“属地型”税制改革计划。[40]但这些计划也包含了一些对美国竞争力不利的因素。比如，税收联合委员会的计划实质上不允许部分美国研发经费在税前扣除，这将会抑制企业在美国进行研发活动。[41]

同样，在这两种方案下，美国公司的国外特许权使用费收入将被征收比现行税法下更重的税。[42]目前，因为国外税抵免制度仍有效，大部分国外特许权使用费收入都不征税，[43]现在的办法鼓励了在美国进行研发支出。

但是在这两种“属地型”税制计划中，特许权使用费将会全部被征税，这比现行办法下的待遇更为严苛。这将会导致研发活动和美国无形资产被转移到海外的低税负环境中去。[44]也因为这一点，许多大型企业都不赞成这些“属地型”税制改革方案，这正是公司税税制改革的一个主要症结所在。[45]

一个可能的解决方案是，在“属地型”税制税收体系之下，对国外特许权使用费免税，这将鼓励美国公司继续在美国进行研发活动。但是，该政策可能也会鼓励知识密集型的生产活动转移到境外，从而强化了现行规则下存在的偏见。[46]对国外特许权使用费一半征税、一半免税，作为一个妥协方案，也是可能的。[47]

特许权使用费和知识产权为税制改革带来了复杂的问题，但这些问题如果不改革会更难解决，因为美国公司税税率太高了。如果决策者们将公司税税率大幅削减至15%，这些问题将会消失，美国和国外的跨国公司都会将其研发中心、总部机构和生产中心放在美国，企业也不会再有动力将经营活动搬到海外，因为美国的低税将成为一块吸引投资的磁铁。美国应当采取“属地型”税制，但是这项改革应当与大幅度降低税率相结合。

## 制定单一税

单一税有两种，一种是胡佛研究所在1980年代由罗伯特·霍尔和阿尔文·拉布什卡提出了一种纯单一税理论，这一单一税在1990年代得到了迪克·阿米和史蒂夫·福布斯的支持。[48]还有一种就是我们在第四章讨论过的一种现实世界的单一税，目前已在25个国家和地区实行这种单一税。

尽管目前实行的现实世界的单一税达不到学术模型的简单和中立，但这些单一税国家毫无疑问地推动了全球税制改革。世界上至少有24种以上税收制度的运作模式比美国和其他大多数国家的税收体系更加有效率。

然而，不管人们是否喜欢霍尔－拉布什卡的单一税或者正在爱沙尼亚和斯洛伐克等国家实行的单一税，改革的要旨是相同的。税制改革的目标就是让个人和企业承担税率相同的低税负，并废除有限的税收减免，减少对储蓄和投资的税收偏见。

让我们更加仔细地看一下霍尔－拉布什卡的方案。[49]这个方案将在基本免税额之外，对所有个人统一征以19%的单一税。[50]个人收入中的利息、股息或资本利得免税，因为这些收入已在企业层面纳过税了。把税后收入存起来作为积蓄，就不需要额外再交税。[51]现行税制对储蓄有非常复杂的处理，这导致了财务筹划中诸多头痛的问题，单一税能消除这些麻烦事。

税制改革的目标就是让个人和企业承担税率相同的低税负，并废除有限的税收减免，减少对储蓄和投资的税收偏见。

企业无论大小都需要进行同样的纳税申报，利润按现金周转总量计算，并以19%的税率交税。[52]企业税的税基相当于收入减去工资和其他正常支出，而且企业还可以在购买设备和房产时一次性扣除购买设备和房产的全部成本。[53]这种将固定投资视作“资本性支出（capital expensing）”的处理办法将简化税法，并消除对投资的扭曲。目前的做法是把企业固定投资“资本化”，并在一定年限内进行折旧扣除。

单一税不仅仅是简化的所得税，它是以消费为基础的税收体系，这消除了所得税体系对储蓄和投资的偏见。[54]单一税的经济影响就相当于废除所得税并以19%的国民销售税取而代之。

霍尔－拉布什卡方案旨在以19%的税率，获得与现行个人所得税和企业所得税体系大致相等的收入。我们认为单一税更好的税率是15%，我们所提议的方案也是朝着这个方向走的。一方面，15%的税率会减少因税制改革而可能面临增税的纳税人数量；另一方面，考虑到税制改革的动态影响，如果不为美国政府谋求更多的税收收入，单一税的税率将会低于19%。除此之外，我们注意到美国联邦预算中有数千亿美元的支出可以消减，这可以为税制改革提供资金支持。[55]

单一税是如何对美国在全球经济中的竞争力产生影响的？第一，将固定投资视作“资本性支出”的处理办法将会刺激本土投资，并吸引国外企业到美国投资生产；第二，单一税是“属地型”性质，这将会吸引公司总部，鼓励国外利润的回流，并可以使美国公司在国外市场上更富有竞争力。

确实，因为单一税具有地域性，一些美国公司为了寻求低税率，他们有动力把利润转移到海外。但是，如果美国自身税率低的话，许多国外的公司就会把投资和利润转移到美国来。总之，在低税率的单一税制度下，美国会成为避税天堂。

尽管霍尔－拉布什卡的单一税方案具有地域性，但它却并没有出口退税这样的过境调整措施，这是税制改革支持者们所关心的问题。出口退税意味着对进口商品征税，但是对出口商品免予征税，以使美国生产商在国际市场上更具竞争力。零售税和增值税就是过境调整的税收典型例子。

税制改革派的领袖们有很多倾向于支持出口退税，如宾夕法尼亚州众议员菲尔·英格利希（Phil English）、国会赋税委员会前主席比尔·安克（Bill Archer）以及税制改革专家欧内斯特·克里斯汀（Ernest Christian）和加里·赫夫鲍尔（Gary Hufbauer）。[56] 他们相信美国公司需要出口退税这样的政策以便在全球市场公平地参与竞争。

但是，其他专家对此持怀疑态度。比如，经济学家阿伦·维亚德（Alan Viard）主张出口退税不能产生其支持者们宣称的“永久性的竞争力收益”。[57] 维亚德等人认为，外汇汇率的变动将会抵消出口退税创造出的一切竞争力优势。尽管如此，市场汇率反映诸多因素，可能在税制改革多年后才能达到新的平衡。同样需注意的是，重大税制改革会作用于那些影响贸易的其他因素，比如本地储蓄水平。

我们认为，如果公司税率降至 15% 的话，出口退税问题也将随之消失。低税率与单一税制度下的“资本性支出”办法相结合，将赋予美国一套极为优越的税收体系。美国公司将在国际市场中获得巨大的竞争优势，创造出更高的生产力，美国工人的工资也将随之提高。

## 接过税制改革的接力棒

美国应当拥有世界上最佳的税收制度。美国决策者们应当从爱沙尼亚和爱尔兰的领导者手中接过税制改革的接力棒继续跑下去。美国已经在二十多年内没有进行过重大税制改革了，但是现在改革的需要却史无前例的迫切。税收竞争在“扁平化”的全球经济中也越发激烈。

采纳我们提出的这些改革建议，这是把美国拉回到经济自由与繁荣第一大国的重要而巨大的一步。降低税率是改革的关键，特别是降低最具流动性的税基（比如公司利润和个人储蓄）的税率。消除储蓄和投资障碍的低税率单一税制度，这是决策者们应当瞄准的改革目标。

美国决策者们同样应当确保税收竞争能在全球经济持续发展中扮演重要角色。税收竞争是优化税制的推动力，未来，失控的福利开支使增税的压力越来越大，而税收竞争也将是对抗这种压力的有力保障。美国应当拒绝一切试图建立全球性税收规则的尝试与努力，并领导争取经济自由、增长和税收竞争的斗争。

美国应当拒绝一切试图建立全球性税收规则的尝试与努力，并领导争取经济自由、增长和税收竞争的斗争。

## 参考文献


[1] Daniel J. Mitchell, “Clinton – Era IRS Regulation Threatens Economy and Financial Markets”, Heritage Foundation Executive Memorandum no. 842, November 27, 2002.

[2] Chris Edwards, Testimony to the Senate Committee on the Budget, September 28, 2006.

[3] For a discussion of a similar two – rate tax plan, see Chris Edwards, “Options for Tax Reform”, Cato Institute Policy Analysis no. 536, February 24, 2005.

[4] The plan by the House Republican Study Committee is the Taxpayer Choice Act, which features a Simplified Tax with individual rates of 15 and 25 percent.

[5] Leonard Burman, Greg Leiserson, and Jeffrey Rohaly, “Revenue and Distributional Effects of the Thompson Tax Plan”, Tax Notes, January 7, 2008, p. 207. This figure assumes that the choice aspect of the Thompson plan is stripped out of the proposal. Note that the Thompson plan is the same as the RSC plan.

[6] Chris Edwards, Downsizing the Federal Government (Washington: Cato Institute, 2005). This book provides a detailed plan to cut hundreds of billions of dollars of federal spending.

[7] In the late – 1920s, the top individual income tax rate was 25 percent and the top corporate rate was 14 percent or less.

[8] See Chris Edwards, “Economic Benefits of Marginal Rate Cuts”, U. S. Congress, Joint Economic Commit-

tee, April 2001.

[9] U. S. Department of the Treasury, "Treasury Conference on Business Taxation and Global Competitiveness", Background Paper, July 23, 2007, p. 13.

[10] See Robert Carroll, Douglas Holtz - Eakin, Mark Rider, and Harvey Rosen, "Entrepreneurs, Income Taxes, and Investment", National Bureau of Economic Research Working Paper no. 6374, January 1998; Robert Carroll, Douglas Holtz - Eakin, Mark Rider, and Harvey Rosen, "Income Taxes and Entrepreneurs' Use of Labor", National Bureau of Economic Research Working Paper no. 6578, May 2000; and Robert Carroll, Douglas Holtz - Eakin, Mark Rider, and Harvey Rosen, "Personal Income Taxes and the Growth of Small Firms", National Bureau of Economic Research Working Paper no. 7980, October 2000.

[11] Robert Carroll, Douglas Holtz - Eakin, Mark Rider, and Harvey Rosen, "Entrepreneurs, Income Taxes, and Investment", National Bureau of Economic Research Working Paper no. 6374, January 1998.

[12] U. S. Department of the Treasury, "Treasury Conference on Business Taxation and Global Competitiveness", Background Paper, July 23, 2007, p. 15.

[13] The combined tax rate on dividends would be (15) +.15 * (100 - 15). The combined capital gains rate would be different because tax on gains can be deferred until gains are realized.

[14] U. S. Department of the Treasury, "Treasury Conference on Business Taxation and Global Competitiveness", Background Paper, July 23, 2007.

[15] Joel Slemrod, "Impact of Tax Reform Act of 1986 on Foreign Direct Investment", in Joel Slemrod, ed., Do Taxes Matter? The Impact of the Tax Reform Act of 1986, (Cambridge: MIT Press, 1990), p. 172, 173.

[16] U. S. Department of the Treasury, "Approaches to Improve the Competitiveness of the U. S. Business Tax System for the 21st Century", December 20, 2007, p. 105.

[17] U. S. Department of the Treasury, "Treasury Conference on Business Taxation and Global Competitiveness", Background Paper, July 23, 2007.

[18] Chris Edwards and Tad DeHaven, "Corporate Welfare Update", Cato Institute Tax and Budget Bulletin no. 7, May 2002.

[19] Chris Edwards, Downsizing the Federal Government (Washington: Cato Institute, 2005).

[20] Martin Sullivan, "A New Era in Corporate Taxation", Testimony to the Senate Committee on Finance, June 14, 2006.

[21] Authors' calculations based on data from the Tax Foundation. Michigan was excluded because of the unique nature of its corporate tax. Note that states have been able to partly resist tax competition because state taxes are deductible against the federal income tax.

[22] Chris Edwards, "State Corporate Income Taxes Should Be Abolished", Cato Institute Tax and Budget

Bulletin no. 19, April 2004.

[23] Uwe Reinhardt, "Who Really Pays U. S. Corporate Tax? You and I Do", letter, Wall Street Journal, December 7, 2007.

[24] Michael Devereux and Peter Birch Sorensen, "The Corporate Income Tax: International Trends and Options for Fundamental Reform", Committee on Fiscal Affairs, Organization for Economic Cooperation and Development, October 2005, p. 22.

[25] Richard Bird, "Why Tax Corporations", Canadian Department of Finance, Technical Committee Working Paper no. 96 - 2, December 1996, p. 7.

[26] Quoted in Ruud de Mooji, "Will Corporate Income Taxation Survive?" De Economist 153, no. 3, 2005, p. 278.

[27] In 1999, about three - quarters of the financing of U. S. CFCs was from foreign debt, foreign equity, and reinvested foreign earnings. See U. S. Bureau of Economic Analysis, U. S. Direct Investment Abroad, Final Results from the 1999 Benchmark Survey (Washington: Government Printing Office, March 2004), p. 125, 127.

[28] Peter Merrill et. al., "Restructuring Foreign - Source Income Taxation: U. S. Territorial Tax Proposals and the International Experience", Tax Notes, May 15, 2006, p. 811.

[29] Craig Barrett, Intel Corporation, Testimony to the House Committee on Ways and Means, Subcommittee on Select Revenue Measures, June 22, 2006.

[30] Joann Weiner, "Dividend Repatriation and Domestic Reinvestment", Tax Notes International, November 26, 2007, p. 827.

[31] Martin Sullivan, "Economic Analysis: High - Tech Firms Bring Home $58 Billion", Tax Notes, August 14, 2006, p. 556.

[32] Michael Graetz, Testimony to the House Committee on Ways and Means, Subcommittee on Select Revenue Measures, June 22, 2006.

[33] This was under the American Jobs Creation Act of 2004.

[34] Joann Weiner, "Dividend Repatriation and Domestic Reinvestment", Tax Notes International, November 26, 2007, p. 827.

[35] Glenn Hubbard, "Comments on Sen. McCain' s Tax Policy Toward U. S. Multinationals", Tax Notes, March 6, 2000, p. 1435.

[36] Bob Perlman, Intel Corporation, Testimony to the Senate Committee on Finance, March 11, 1999.

[37] Gary Hufbauer and Ariel Assa, U. S. Taxation of Foreign Income (Washington: Peterson Institute for International Economics, 2007), p. 116.

[38] Raymond Mataloni, "Operations of U. S. Multinational Companies in 2005", Survey of Current Business

(Washington: Government Printing Office, November 2007), p. 46.

[39] Gary Hufbauer and Ariel Assa, U. S. Taxation of Foreign Income (Washington: Peterson Institute for International Economics, 2007), p. 119.

[40] See President' s Advisory Panel on Federal Tax Reform at www. taxreformpanel. gov, and see Joint Committee on Taxation, "Options to Improve Tax Compliance and Reform Tax Expenditures", JCS – 02 – 05, January 27, 2005, p. 186.

[41] Peter Merrill et. al., "Restructuring Foreign – Source Income Taxation: U. S. Territorial Tax Proposals and the International Experience", Tax Notes, May 15, 2006, p. 799.

[42] For a discussion, see Gary Hufbauer and Ariel Assa, U. S. Taxation of Foreign Income (Washington: Peterson Institute for International Economics, 2007), p. 74.

[43] Harry Grubert and Rosanne Altshuler, "Corporate Taxes in the World Economy: Reforming the Taxation of Cross – Border Income", Working Paper, December 12, 2006, p. 13.

[44] Discussed in U. S. Department of Treasury, "Approaches to Improve the Competitiveness of the U. S. Business Tax System for the 21st Century", December 20, 2007, p. 58, 62.

[45] U. S. Council for International Business, Testimony to the House Committee on Ways and Means, Subcommittee on Select Revenue Measures, June 22, 2006.

[46] Gary Hufbauer and Ariel Assa, U. S. Taxation of Foreign Income (Washington: Peterson Institute for International Economics, 2007), p. 120, 131, 142, 159, 171.

[47] Suggested to the authors by Gary Hufbauer. A precedent under the current tax code is a rule that treats half of income earned from U. S. exports as foreign – source.

[48] Robert Hall and Alvin Rabushka, The Flat Tax, 2d ed. (Palo Alto: Hoover Institution Press, 1995).

[49] For a detailed discussion, see Chris Edwards, "Options for Tax Reform", Cato Institute Policy Analysis no. 536, February 24, 2005. And see Chris Edwards, "Simplifying Federal Taxes: The Advantages of Consumption – Based Taxation", Cato Institute Policy Analysis 416, October 2001.

[50] Some static analyses have found that a flat tax rate of 20 percent or a bit higher would raise the same amount of revenue as the income tax system.

[51] The exception is pension benefits, which would be subject to the individual tax because contributions were from pretax income.

[52] The Hall – Rabushka tax is an "R – based" (R for real) cash – flow tax under which financial flows such as interest and dividends would be disregarded. By contrast, an R + F cash – flow tax would include real and financial flows in measuring the tax base. See Peter Merrill and Chris Edwards, "Cash – Flow Taxation of Financial Services", National Tax Journal 49 (September 1996): 487 – 500.

[53] Business expenses that would not be deductible under the flat tax include interest, dividends, nonpension

fringe benefits, the employer' s share of payroll taxes, and bad debts.

[54] Another tax plan that provides neutral treatment of savings and investment comes from the Institute for Research on the Economics on Taxation. See "The Inflow – Outflow Tax – A Savings – Deferred Neutral Tax System" at www. iret. org.

[55] Chris Edwards, Downsizing the Federal Government (Washington: Cato Institute, 2005).

[56] Phil English has proposed a "Simplified USA Tax" to overhaul the federal tax code. See www. house. gov/english/pdf/SUSATbrfg. pdf. And see Ernest Christian, "The International Components of Tax Reform", Institute for Policy Innovation, Policy Report no. 66, February 2002.

[57] Alan Viard, "Border Adjustments Won' t Promote Competitiveness", Tax Notes, October 4, 2004. See also Congressional Budget Office, "The Economic Effects of Comprehensive Tax Reform", July 1997, p. 28.

# 附　录

**附表1**　　**经合组织成员国个人所得税最高税率**

| 国家 | 1980 | 1985 | 1990 | 1995 | 2000 | 2005 | 2007 | 变化（1980～2007） |
|---|---|---|---|---|---|---|---|---|
| 澳大利亚 | 62 | 60 | 49 | 47 | 47 | 47 | 45 | －17 |
| 奥地利 | 62 | 62 | 50 | 50 | 50 | 50 | 50 | －12 |
| 比利时 | 76 | 76 | 58 | 61 | 60 | 53 | 53 | －23 |
| 英国 | 83 | 60 | 40 | 40 | 40 | 40 | 40 | －43 |
| 加拿大 | 64 | 57 | 49 | 49 | 48 | 44 | 44 | －20 |
| 捷克 | n/a | n/a | n/a | 43 | 32 | 32 | 32 | －11 |
| 丹麦 | 66 | 73 | 68 | 64 | 59 | 59 | 59 | －7 |
| 芬兰 | 68 | 67 | 60 | 57 | 54 | 53 | 52 | －16 |
| 法国 | 60 | 65 | 60 | 62 | 61 | 56 | 49 | －11 |
| 德国 | 65 | 65 | 53 | 57 | 56 | 44 | 47 | －18 |
| 希腊 | 60 | 63 | 50 | 45 | 43 | 40 | 40 | －20 |
| 匈牙利 | n/a | n/a | 50 | 44 | 40 | 38 | 36 | －14 |
| 冰岛 | 63 | 56 | 40 | 47 | 45 | 39 | 36 | －27 |
| 爱尔兰 | 60 | 65 | 58 | 48 | 42 | 42 | 41 | －19 |
| 意大利 | 72 | 81 | 66 | 67 | 51 | 44 | 44 | －28 |
| 日本 | 75 | 70 | 65 | 65 | 50 | 50 | 50 | －25 |
| 韩国 | 89 | 65 | 64 | 48 | 44 | 39 | 39 | －50 |
| 卢森堡 | 57 | 57 | 56 | 50 | 47 | 39 | 39 | －18 |
| 墨西哥 | 55 | 55 | 40 | 35 | 40 | 30 | 28 | －27 |
| 荷兰 | 72 | 72 | 60 | 60 | 52 | 52 | 52 | －20 |
| 新西兰 | 62 | 66 | 33 | 33 | 39 | 39 | 39 | －23 |
| 挪威 | 75 | 64 | 51 | 42 | 48 | 40 | 40 | －35 |

续表

| 国家 | 1980 | 1985 | 1990 | 1995 | 2000 | 2005 | 2007 | 变化（1980～2007） |
|---|---|---|---|---|---|---|---|---|
| 波兰 | n/a | n/a | n/a | 45 | 40 | 40 | 40 | -5 |
| 葡萄牙 | 84 | 69 | 40 | 40 | 40 | 40 | 42 | -42 |
| 斯洛伐克 | n/a | n/a | n/a | 42 | 42 | 19 | 19 | -23 |
| 西班牙 | 66 | 66 | 56 | 56 | 48 | 40 | 39 | -27 |
| 瑞典 | 87 | 80 | 65 | 50 | 55 | 56 | 56 | -31 |
| 瑞士 | 38 | 40 | 38 | 37 | 36 | 34 | 34 | -4 |
| 土耳其 | 75 | 63 | 50 | 55 | 45 | 40 | 40 | -35 |
| 美国 | 73 | 55 | 38 | 43 | 43 | 39 | 39 | -34 |
| 平均 | 68 | 64 | 52 | 49 | 47 | 43 | 42 | -26 |

数据来源：James Gwartney & Robert Lawson, *Economic Freedom of the World*（Vancouver：Fraser Institute，2007）。2007 年数据为作者补充，数据包括中央税与地方税平均税率。

**附表 2　经合组织成员国企业所得税最高税率**

| 国家 | 1996 | 1998 | 2000 | 2002 | 2004 | 2006 | 2008 | 变化（1996～2008） |
|---|---|---|---|---|---|---|---|---|
| 澳大利亚 | 36 | 36 | 36 | 30 | 30 | 30 | 30 | -6 |
| 奥地利 | 34 | 34 | 34 | 34 | 34 | 25 | 25 | -9 |
| 比利时 | 40 | 40 | 40 | 40 | 34 | 34 | 34 | -6 |
| 英国 | 33 | 31 | 30 | 30 | 30 | 30 | 28 | -5 |
| 加拿大 | 45 | 45 | 45 | 39 | 36 | 36 | 34 | -11 |
| 捷克 | 39 | 35 | 31 | 31 | 28 | 24 | 21 | -18 |
| 丹麦 | 34 | 34 | 32 | 30 | 30 | 28 | 28 | -6 |
| 芬兰 | 28 | 28 | 29 | 29 | 29 | 26 | 26 | -2 |
| 法国 | 37 | 42 | 37 | 34 | 34 | 33 | 33 | -4 |
| 德国 | 57 | 57 | 52 | 38 | 38 | 38 | 30 | -27 |
| 希腊 | 40 | 40 | 40 | 35 | 35 | 29 | 25 | -15 |
| 匈牙利 | 33 | 18 | 18 | 18 | 16 | 16 | 16 | -17 |
| 冰岛 | 33 | 30 | 30 | 18 | 18 | 18 | 18 | -15 |
| 爱尔兰 | 38 | 32 | 24 | 16 | 13 | 13 | 13 | -25 |
| 意大利 | 53 | 41 | 41 | 40 | 37 | 37 | 31 | -22 |

续表

| 国家 | 1996 | 1998 | 2000 | 2002 | 2004 | 2006 | 2008 | 变化（1996～2008） |
|---|---|---|---|---|---|---|---|---|
| 日本 | 52 | 52 | 42 | 42 | 42 | 41 | 41 | -11 |
| 韩国 | 33 | 31 | 31 | 30 | 30 | 28 | 28 | -5 |
| 卢森堡 | 40 | 37 | 38 | 30 | 30 | 30 | 30 | -10 |
| 墨西哥 | 34 | 34 | 35 | 35 | 33 | 29 | 28 | -6 |
| 荷兰 | 35 | 35 | 35 | 35 | 35 | 30 | 26 | -9 |
| 新西兰 | 33 | 33 | 33 | 33 | 33 | 33 | 30 | -3 |
| 挪威 | 28 | 28 | 28 | 28 | 28 | 28 | 28 | 0 |
| 波兰 | 40 | 36 | 30 | 28 | 19 | 19 | 19 | -21 |
| 葡萄牙 | 40 | 37 | 35 | 33 | 28 | 28 | 25 | -15 |
| 斯洛伐克 | n/a | n/a | 29 | 25 | 19 | 19 | 19 | 19 |
| 西班牙 | 35 | 35 | 35 | 35 | 35 | 35 | 30 | -5 |
| 瑞典 | 28 | 28 | 28 | 28 | 28 | 28 | 28 | 0 |
| 瑞士 | 29 | 28 | 25 | 25 | 24 | 21 | 21 | -8 |
| 土耳其 | 44 | 44 | 33 | 33 | 33 | 30 | 20 | -24 |
| 美国 | 40 | 40 | 40 | 40 | 40 | 40 | 40 | 0 |
| 平均 | 38 | 36 | 34 | 31 | 30 | 29 | 27 | -11 |

资料来源：毕马威会计事务所，Corporate and Indirect Tax Rate Survey，2007. 2008 年数据为作者补充，数据包括中央税与地方税平均税率。

# 索　引